Bibellese-Buch
# *mittendrin*
## 2013

bibellesebund
*mit der Bibel leben*

# Erleben Sie Gott *mittendrin* im Alltag

**Liebe Leserin und lieber Leser!**

*„Nur wenn wir es einmal wagen, uns so auf die Bibel einzulassen, als redete hier wirklich der Gott zu uns, der uns liebt und uns mit unseren Fragen nicht allein lassen will, werden wir an der Bibel froh."* Dietrich Bonhoeffer

Dieser Satz lässt uns nicht mehr los, seit wir ihn gelesen haben. Denn das, was der Christ und Märtyrer Dietrich Bonhoeffer sagt, ist unsere persönliche Erfahrung. Wir haben es in unserem Leben immer wieder erfahren: In den Texten der Bibel spricht der Gott zu uns, der uns liebt. Der Gott, der uns nicht allein lässt mit unseren Fragen, Sorgen oder Herausforderungen. Hier begegnet uns der Gott, der uns durch sein Wort mitten in unserem alltäglichen Leben nahe ist. Der uns eine Richtung weist. Der uns Trost spendet. Der uns segnet. Der uns vergibt. Der uns korrigiert. Der uns ermutigt.

Das heißt nicht, dass wir auf alle Fragen eine Antwort haben. Oder dass wir keine Fragen mehr zum Leben oder Glauben hätten. Im Gegenteil! Doch in der Bibel begegnet uns der Gott, der auch unsere Fragen aushält und uns darin nicht allein lässt. Das ist eine sehr froh-machende Erfahrung. Darum lieben wir die Bibel und brauchen sie für unser Leben.

Das, was Dietrich Bonhoeffer sagt, ist auch die Erfahrung der Autorinnen und Autoren von *mittendrin*. Mit ihren lebensnahen und persönlichen Auslegungen der biblischen Texte laden sie Sie ein, liebe Leserin und lieber Leser, diesem Gott zu begegnen, der Sie liebt. Auf ihn zu hören. Ihn zu erfahren. Mitten im Alltag. In den Fragen, die Ihr Leben aufwirft.

Egal, ob Sie bereits mit der Bibel vertraut sind oder nicht: Wir ermutigen Sie, sich auf dieses einzigartige Buch einzulassen, *als redete hier wirklich der Gott zu Ihnen, der Sie liebt und Sie mit Ihren Fragen nicht allein lassen will.* Mögen Sie in diesem Sinne froh werden mit der Bibel als Ihrem Lebens-Buch (siehe dazu auch die nächste Seite!).

Gott segne Sie im Jahr 2013!

Anja Gundlach & Markus Giger

Anja Gundlach
Redakteurin
Deutschland

Markus Giger
Redakteur
Schweiz

Alle, die mit der Gute Nachricht Bibel arbeiten, können den Tagestext schnell finden, denn wir haben im Bibellese-Buch jeweils die Seitenzahl angegeben (immer oben nach der Textangabe). Beispiel GNB (Gute Nachricht Bibel) 245

Das Bibellese-Buch *mittendrin* arbeitet mit dem ÖAB—Bibelleseplan für EinsteigerInnen (ÖAB = Ökumenische Arbeitsgemeinschaft für Bibellesen). Dieser Bibelleseplan richtet sich an Jugendliche und Erwachsene, die in abwechslungsreichen und überschaubaren Leseportionen mit dem regelmäßigen Bibellesen beginnen wollen. Der Plan führt in vier Jahren durch das Neue Testament und durch eine Auswahl der wichtigsten Texte aus dem Alten Testament.

# Die Bibel – (m)ein Lebensbuch

## Ein persönliches Statement
## von mittendrin-Autorin Claudia Filker

Ich möchte Ihnen gern meine ganz persönliche Bibel vorstellen. Die habe ich mir 1974 als Jugendliche gekauft. Sie begleitet mich inzwischen seit fast 40 Jahren. Und ganz ehrlich: So sieht sie auch aus. Der Lederumschlag ist abgegriffen, speckig und voller Altersflecken. Viele Seiten sind mit Tesafilm geklebt. Manche Ecke fehlt oder sieht aus, als hätten Mäuse daran geknabbert. Meine Bibel war auch schon beim Buchbinder, sonst hätte ich nur noch lose Seiten...

Sie merken, ich kann mich von dem guten Stück einfach nicht trennen. Diese Bibel ist meine Lebensbegleiterin. Sie war mit mir auf vielen Reisen und ist mehrfach mit mir umgezogen. Neben ihr sind meine Kinder groß geworden. Auf jeder Seite ist etwas unterstrichen. Viele Randnotizen, Fragezeichen, Ausrufezeichen und Jahreszahlen wecken in mir Erinnerungen.

Ich komme aus einem Elternhaus, in dem der christliche Glaube keine Rolle spielte. Im Bücherschrank meiner Eltern gab es noch nicht einmal eine Hochzeitsbibel. Aber als Schülerin lernte ich Christen kennen, die mich faszinierten. Die so ansteckend von Gott sprachen, dass ich mehr wissen wollte. Gemeinsam lasen wir in einem Jugendkreis die Bibel. Ich hatte tausend Fragen!

Inzwischen bin ich, genau wie meine Bibel, in die Jahre gekommen. Und ebenso mein Glaube. Manches Mal bin ich im Laufe des Lebens auch ernüchtert worden. Etwa über die Wirklichkeit von Gemeinde. Es gab immer wieder auch trockene Zeiten, in denen *meine* Bibel fast Staub ansetzte. Ebenso gab und gibt es aber immer wieder neue Entdeckungen. Aha-Erlebnisse beim Bibellesen. Echte Begeisterung über dieses großartige Geschenk, in dem ich so viel von Gott erfahre. Einen Zipfel seiner Größe erahne. Mein Glaube braucht die Bibel und ich vertraue ihr. Gott als mein Vater, Jesus Christus als mein Retter sind darin zu entdecken.

Darum mache ich Ihnen Mut: Begeben Sie sich auf Entdeckungsreise in diesem Buch. Hinterlassen Sie dabei auch Spuren in *Ihrer* Bibel. Unterstreichen Sie, setzen Sie Fragezeichen oder Ausrufezeichen an den Rand. Lassen Sie so Ihre Bibel zu *Ihrer* Bibel werden. Denn dieses Buch ist nicht nur Ihr Lesebuch, sondern *Ihr Lebensbuch*.

*Claudia Filker ist 55 Jahre alt und lebt mit ihrem Mann in Berlin. Sie hat fünf erwachsene Kinder und engagiert sich als Pfarrerin im Ehrenamt bei der Berliner Stadtmission. Sie ist viel und gern als Referentin unterwegs und arbeitet auch als Buchautorin.*

# Bibellesen:
# Täglich aus der Quelle trinken

Wenn Sie bisher noch nie oder nur wenig in der Bibel gelesen haben, sind Sie vielleicht ein wenig unsicher und wissen nicht, wie Sie beim Bibellesen vorgehen können. Unsere Hinweise zum Bibellesen wollen Ihnen dabei helfen.

## Beten

Bitten Sie Gott, dass er durch die Bibel zu Ihnen redet – und sein Heiliger Geist Ihnen hilft, angemessen darauf zu reagieren.

## Lesen

Lesen Sie den Bibelabschnitt sorgfältig durch, am besten zweimal und halblaut.

## Entdecken

→ Bevor Sie sich die Erklärung in *mittendrin* ansehen, entdecken Sie selbst die Bedeutung des Gelesenen, indem Sie betend darüber nachdenken – zum Beispiel anhand folgender Fragen:

→ Was erfahre ich über Gott, Jesus oder den Heiligen Geist? Wie lerne ich Gott dadurch besser kennen?

→ Wie hilft mir dieser Bibelabschnitt, mich selbst zu verstehen, meine Situation und meine Beziehungen?

→ Gibt es eine Aufforderung, eine Zusage, eine Warnung oder etwas, woran ich mir ein Beispiel nehmen soll?

## Antworten

Was hat Gott Ihnen in seinem Wort heute gezeigt? Ihre Antwort darauf kann Anbetung sein, Umkehr, Veränderung in Ihrem Leben oder Gebet für Sie und andere.

Halten Sie Ausschau nach Möglichkeiten, Ihre Bibelentdeckungen mit anderen zu teilen.

Hebräer 13,14 → GNB/NT 301
*Jahreslosung*

### Der Schnee schmilzt

Der Frühling kam - und mit ihm die Tränen. Das Iglu, das ich zusammen mit meinem Sohn in den Winterwochen gebaut und bewohnt hatte, schmolz langsam dahin. Nur ein kleiner Schneehaufen trotzte noch lange den immer wärmer werdenden Sonnenstrahlen. Ein letztes Stück Erinnerung an die kalten Hände, die frohen Stunden. Mein Sohn weinte, weil unser Schneehaus das Ende des Winters nicht überlebte. Und damit zu einem Bild für die Vergänglichkeit wurde. Nur zu gern hätte er die Zeit angehalten und der Vergänglichkeit des Schnees im Frühling getrotzt. Nicht nur Schnee schmilzt dahin, sondern auch unser irdisches Dasein.

Es gibt keinen Ort auf dieser Erde, an dem wir für immer sein können. Einmal kommt für alle und alles auf dieser Welt das Ende. Aber: Jesus hat von einem *bleibenden* Ort, einer zukünftigen und ewigen Stadt im Himmel, gesprochen. Noch sind wir nicht da, aber wir sind unterwegs dorthin. Gott verspricht allen, die an ihn glauben, ewiges Leben und das Bürgerrecht für diese unvergängliche Stadt (Philipper 3,20). Glauben Sie mir: Schnee schmilzt. Glauben Sie Gott: Diese Welt wird vergehen. Seine Worte an uns, seine Liebe zu uns und seine Heimat für uns werden bleiben. In Ewigkeit.

*Markus Giger*

**8**

# Mittwoch, 2. Januar

*Lukas 3,1-6 → GNB/NT 77*

*Ein Prediger in der Wüste*

„Wie soll es nur weitergehen!"
Wie oft habe ich diesen Satz im
Gespräch mit Menschen schon
gehört. Wir stecken so oft in
scheinbar ausweglosen Situationen.
Ich kann gut nachempfinden,
dass das Leben einem da manchmal wie eine Wüste vorkommt.
Unsere Seele sitzt auf dem Trockenen, traurig und einsam. Dann
türmen sich auch noch Berge von
Problemen auf und wir wissen
nicht mehr, wie es weitergehen
soll. Da hilft uns die Stimme des
Predigers in der Wüste.
Johannes beginnt sein Wirken,
indem er die Menschen dazu
auffordert, ihr Leben ganz Gott
zu überlassen. Er macht ihnen
Mut, von sich selbst und ihrer
Begrenztheit wegzusehen. Er
richtet den Blick aus auf Gott.
*Seine* Wege. *Seine* Möglichkeiten.
*Seine* Rettung.
Damit Gott in meinem Leben
ankommen kann, muss ich ihn
dazu einladen. Ihm die Erlaubnis
geben, Veränderung zu bewirken.
Täler aufzufüllen. Berge abzu-
tragen, Wege durch die Wüste
meines Lebens zu bahnen. Und
ich werde erleben, dass Gott mir
Rettung bringt, wenn ich ihn
darum bitte.
*„Herr Jesus Christus, du bist wirk-
lich der Herr! Ich bitte dich, mein
Leben heute in deine gute Hand zu
nehmen. Zeige mir neue Wege. Hilf
mir über alle Hindernisse hinweg
dich im Blick zu haben. Amen."*
Constanze Nolting

# Donnerstag, 3. Januar

*Lukas 3,7-14 → GNB/NT 78*

*Glaube fordert Taten*

Unser Glaube ist ein Geschenk.
Aber es liegt an uns, was wir
mit diesem Geschenk machen.
Johannes macht mit harten und
kompromisslosen Worten deutlich: Gott erwartet, dass wir sein
Geschenk auch *benutzen*. Den
Glauben zu schenken und zu ermöglichen ist Gottes Sache. Aber
*zu glauben* ist unsere Sache! Ich
meine damit, dass Glaube sich
durch konkrete Worte und Hand-
lungen zeigt. An denen abzulesen
ist, dass wir Gott *vertrauen*. Denn
an Gott zu *glauben* bedeutet ihm
zu *vertrauen*.
Die Worte von Johannes rütteln
mich auf. Ich frage mich, ob ich in
meinem Leben etwas verändern
muss. Was bedeutet das konkret
für mich: Ehrlich zu sein, mich an
die Gesetze zu halten, Steuern
zu zahlen, anderen nichts weg-
zunehmen? Kann ich nicht viel
mehr geben als bisher?
Darum fasse ich heute den Ent-
schluss, mehr von mir, meinen
Sachen, meinem Geld wegzu-
schenken. Mein Herz nicht mehr
zu verhärten gegen Menschen in
Not. „Das geht mich nichts an!",
ist ein Satz, den ich gelernt habe.
So habe ich gelernt wegzusehen.
Aber Gott kennt alle Menschen
mit Namen. Sie sind ihm wichtig.
Er lehrt mich hinzusehen. Egal,
um wen es geht: Den Bettler in
der Innenstadt, das weinende
Kind im Supermarkt oder die
einsame, alte Nachbarin.
*Constanze Nolting*

## Freitag, 4. Januar

*Lukas 3,15-20* → *GNB/NT 78*

### Es geht nicht zuerst um mich!

Wir leben in einer Kultur, in der Individualität sehr wichtig ist. Der Einzelne ist etwas Besonderes. Wir gehen davon aus, dass jeder Mensch die Möglichkeit hat, mit seinem Leben etwas zu bewegen. Viele Predigten, Seminare und Bibelauslegungen lehren mich: „Ich bin wichtig!" Und das stimmt auch! Ich bin Gottes geliebter Schatz, sein wunderbares Kind. Nie wieder möchte ich die Erkenntnis aus meinem Herzen verlieren, dass Gottes Vaterliebe mir immer und kompromisslos gilt.

Dennoch erlebe ich, dass meine Gebete (scheinbar) nicht alle erhört werden. Dass Dinge nicht so laufen, wie ich sie mir für mein Leben vorgestellt habe. Manchmal kann ich dann nur vermuten, dass Gott noch andere Dinge geplant hat...

Johannes weiß, wer er ist. Dass er wichtig und von Gott geliebt ist. Und er weiß auch: „Es geht nicht zuerst um mich!" Sein Leben und Wirken ist Hinweis auf einen Größeren – Jesus den Retter.

Ich wünsche mir für mein Leben diese selbstverständliche Einstellung von Johannes: „Es geht nicht zuerst um mich. Es geht in meinem Leben um *Jesus*. Er ist der Mittelpunkt!" Denn das ist eine ungeheuer befreiende Botschaft.

*Constanze Nolting*

## Samstag, 5. Januar

*Lukas 3,21-22* → *GNB/NT 78*

### Die Kraft des Heiligen Geistes

Der Pastor nimmt den Plastikdeckel von der Hundefutter-Dose. „Vertraut ihr mir?", fragt er. „Dann kommt nach vorn, um von dem köstlichen Doseninhalt zu probieren. Nur die besten Zutaten! Testet selbst." Die Zuhörer winden sich und kichern leicht angeekelt. Hundefutter? Zwei mutige junge Frauen gehen schließlich nach vorn. Amüsiert sehe ich, wie die beiden unter Kreischen und Johlen der Jugendlichen das Hundefutter löffeln. Dann die Erleichterung: In der Dose ist eine Schokoladen-Fruchtspeise mit Gelatine! Genussvoll schlecken die Frauen ihre Löffel ab.

Wovor haben wir Angst, wenn wir uns für die Kraft des Heiligen Geistes öffnen? Gott macht uns damit ein großartiges Geschenk: *Seine* Gedanken, *sein* Mut, *seine* Liebe, *seine* Kraft. Das ist *sein* Heiliger Geist.

Jesus selbst erlebt die Erfüllung mit diesem Geist zu Beginn seines Wirkens. In der Kraft dieses Geistes verändert er die Welt! Nicht nur direkt am Wasser sehen die Menschen die Wirkung des Heiligen Geistes. Das ganze Leben von Jesus ist geprägt durch diese Kraft.

Ich will Gott vertrauen und mutig das Unbekannte „probieren", das Gott mir schenkt – für jeden Tag eine frische Portion *Heiliger Geist*.

*Constanze Nolting*

## Sonntag, 6. Januar

*Lukas 4,1-4 → GNB/NT 79*

### Hunger nach mehr

Wild, öde, trocken. Bröckliger
Kalkstein und glühende Hitze.
40 Tage mutet Jesus sich diese
Wüste zu. 40 Tage, um sich darauf
vorzubereiten, den Menschen
die Freundlichkeit Gottes nahe
zu bringen. Und wen wundert´s?
Wenn wichtige Entscheidungen
zu treffen sind, dann gibt auch der
Teufel seinen Senf dazu. Das war
bei Jesus nicht anders als bei uns.
„Mach doch Brot aus den Millionen Steinen um dich herum. Dann
hat nicht nur dein Hunger ein
Ende. Dann kannst du auch alle
anderen satt machen." Wäre garantiert ein Volltreffer in Sachen
„Werbegeschenke"!
Mit Gottes Wort und einer tiefe-
ren Logik lässt Jesus den Teufel
abblitzen: Vom Brot allein wird
keiner satt! Es gibt eine Sehnsucht,
die mit materiellen Mitteln nicht
zu stillen ist. „Gehen nach Orten,
die durch Gehen nicht erreicht
werden können, muss man sich
abgewöhnen." Hat Bert Brecht
treffend gesagt.
Jesus wusste das längst. Er kam in
die Welt, um die zu suchen und selig zu machen, die verloren sind. Die
nach echtem Leben hungern. Jesus
ist ein volles Herz wichtiger als ein
voller Magen. Dafür zahlt er nicht
erst am Ende einen hohen Preis.
*Marion Buchheister*

## Montag, 7. Januar

*Lukas 4,5-8 → GNB/NT 79*

### Einmal ist keinmal?

Mal angenommen: Jesus wäre
vor dem Teufel nur dieses eine
Mal niedergefallen...
Seine Mission wäre, kaum begon-
nen, schon zerronnen gewesen.
Alles wäre anders gelaufen.
Zachäus wäre ein Schurke geblieben. Reich, aber unglücklich.
Unzählige Blinde, Lahme und
Aussätzige wären krank geblie-
ben. Mit dem Gedanken, selbst
schuld daran zu sein.
Jairus und seine Frau hätten ihr
Kind beerdigen müssen.
5000 Predigthörer wären sicher
nicht von nur fünf Broten und
zwei Fischen satt geworden...
Wenn Jesus dem Teufel nur die-
ses eine einzige Mal entgegenge-
kommen wäre.
Dann hätte Jesus nicht die Ab-
lehnung der Menschen ertragen
müssen.
Judas hätte ihn nicht verraten.
Petrus hätte ihn nicht verleugnet.
Das elende Sterben am Kreuz
wäre ihm erspart geblieben.
Aber dann ...
Dann hätte niemand den Schuld-
brief zerrissen, der mit seinen
Forderungen gegen uns stand.
Dann hätten wir keinen Fürsprecher bei Gott.
Dann würde uns keiner in Gottes
neuer Welt mit offenen Armen
willkommen heißen, wenn das
Leben auf dieser Erde zu Ende ist.
*Marion Buchheister*

## Dienstag, 8. Januar

*Lukas 4,9-13 → GNB/NT 79*

*Spektakulärer Glaube*

Eine Zeitungsannonce im Jahr 1972 machte die Leute von P. auf folgendes aufmerksam: Eine Gruppe von Christen wollte durch Fasten und Beten den Berg vor der Stadt versetzen. Sie luden alle Bewohner zu dem Ereignis ein. Diese Christen wollten mit ihrer Aktion einen ultimativen Beweis für Gottes Existenz liefern! Das geschah wahrscheinlich in bester Absicht. Verbunden mit dem Wunsch, dass jeder tief beeindruckt wäre durch solch eine Demonstration der Macht Gottes. Allerdings war an dem besagten Sonntag in P. keinerlei Erdbewegung zu verzeichnen. Trotz der Gebete. Der Berg erhebt sich auch 40 Jahre später noch da, wo er immer war.
Der Teufel schlägt Jesus vor, sich vorsätzlich in Gefahr zu bringen. Um Gottes Macht spektakulär hervorzulocken. Um Eindruck zu machen. Um die Menschen zu überzeugen.
Da spielt Jesus nicht mit. Denn er weiß, was sich dahinter verbirgt. Die Suche nach dem Glanz des Eindrucksvollen ist der Zweifel daran, ob wir vollständig und bedingungslos von Gott angenommen sind. Dahinter steht die Frage, worin unsere wahre Identität liegt.
Jesus vertraut der leisen Stimme Gottes in seinem Herzen: „Du bist mein geliebter Sohn!" Darin liegt seine Identität.
Welche Stimme hören Sie?
*Marion Buchheister*

## Mittwoch, 9. Januar

*Lukas 4,14-21 → GNB/NT 79*

*Ging´s nicht diplomatischer?*

Warum begnügt Jesus sich an dieser Stelle nicht einfach mit der Lesung der alttestamentlichen Weissagung? Warum sagt er ohne Umschweife, dass diese Worte in *ihm* in Erfüllung gehen? Warum so wenig Diplomatie? Warum setzt er von Anfang an nicht nur seinen guten Ruf, sondern auch sein Leben auf´s Spiel? Sicher, was einer sagt, soll wahr sein. Aber muss er deshalb gleich alles sagen, was wahr ist?
Vielleicht wollte er nicht verhindern, sondern bewirken, dass die Leute Position beziehen! „Weichzeichner" und „Je-nachdemer" sind anderen keine Hilfe, wenn es gilt einen klaren Standpunkt zu finden. Und in der Begegnung mit Jesus ist genau das gefragt. Jesus geht es wohl auch nicht zuerst um die Dauer, sondern um die Intensität seines Lebens. Vor allem kam er nicht, um sein Leben zu retten. Sondern um es hinzugeben, damit andere gerettet werden. Auch Sie und ich.
Wir können die fehlende Diplomatie in den Worten von Jesus feststellen. Aber wichtiger ist *Ihre* persönliche Antwort auf die Frage: Wie reagiere ich auf diese Worte von Jesus?
*Marion Buchheister*

*Lukas 4,22-30 → GNB/NT 79*

### Schubladen-Denken

Nicht gleich die Nase rümpfen über diese Leute aus Nazaret! Man muss sich das mal vorstellen: Einige von ihnen schliefen vielleicht in einem Bett, das Josef geschreinert hatte, der Vater von Jesus. Und Jesus hatte ihm möglicherweise geholfen, die Bretter dafür zu sägen. Vielleicht bezogen sie auch seit Urzeiten Brennholz aus der Werkstatt von Josef. Den kannten doch alle in diesem kleinen Ort! Josef, ein Mann des Handwerks und nicht des Mundwerks.
Und dessen Sohn hält plötzlich große Reden? Und vollmächtige dazu! Nicht solche, die sich mit einem Wisch vom Tisch fegen lassen.
Ich wäre genauso misstrauisch gewesen wie die Bewohner von Nazaret. Jesus rechnet ja selbst nicht damit, in seiner Heimat einen Fuß auf den Boden zu bekommen.
Wie geht er damit um?
Von hartnäckigen Versuchen die Leute umzustimmen, ist nicht die Rede.
Er lässt sie sozusagen „links stehen". Und zieht weiter. Dahin, wo keine "Schubladen" seiner Mission im Weg stehen.
Welche Schubladen verhindern in Ihrem Leben, dass Jesus wirken kann?
*Marion Buchheister*

*Lukas 4,31–37 → GNB/NT 80*

### Jesus ist stärker!

Krankheiten, deren Ursachen man nicht kannte, galten in der Zeit von Jesus als Beweis für dämonische Einflüsse. Das ist heute zum Glück anders.
Dass Böses einen Menschen besetzt hält und ihn gegen Gott rebellieren lässt, ist allerdings kein Schnee von gestern.
So werden Menschen zum Beispiel von dem Vorhaben getrieben, anderen das Leben zur Hölle zu machen. Weil sie andere politische Meinungen vertreten oder einen anderen Glauben haben.
Deswegen wurden Weihnachten 2011 in Nigeria 49 Christen getötet, 17 von ihnen während eines Gottesdienstes.
In Nordkorea werden viele zehntausende Menschen in Arbeits- und Straflagern vermutet. Der Grund dafür ist bei vielen ihr christlicher Glaube. Alle drei Minuten wird auf dieser Welt ein Christ getötet. Das schreit zum Himmel.
Und doch: Die Sache Gottes ist nicht klein zu kriegen.
Wo Menschen Jesus begegnen, verschwindet das Böse nicht einfach von der Bildfläche. Aber es verliert seine Hoheitsrechte. Das wird in dieser Geschichte deutlich.
Wenn den Teufel etwas zum Zittern bringt, dann ist und bleibt es die Gegenwart und das Wort von Jesus Christus. Das ist heute nicht anders als vor 2000 Jahren.
*Marion Buchheister*

## Samstag, 12. Januar

*Lukas 4,38-44 → GNB/NT 80*

*Geben und Nehmen*

Ein schönes Geben und Nehmen in dieser kleinen Szene: Jesus braucht ein Nachtquartier. Simon stellt es ihm zur Verfügung. Er und seine Frau sorgen sich um die kranke Mutter. Jesus nimmt sich ihrer Sorge an und heilt die Schwiegermutter. Als sie wieder bei Kräften ist, krempelt diese Frau wiederum die Ärmel hoch und tut den anderen Gutes.
Menschen durch Wort und Tat die Freundlichkeit Gottes spüren zu lassen – das war Jesus wichtig. Er sucht die Nähe der Leute, lässt sich ihre Gastfreundschaft gefallen. Bekommt mit, was ihnen auf dem Herzen liegt und hilft ihnen in ihrer konkreten Situation. Sie bekommen, was sie brauchen. Und haben nun ihrerseits etwas für andere übrig.
Geben und Nehmen! Jeder nimmt. Auch Jesus wohlgemerkt! Jeder gibt. Keiner gibt nur. Keiner nimmt nur. Jeder bekommt, was er braucht. Darum hat jeder auch etwas für die anderen übrig. Klasse !
Das möchte ich mir abschauen und anwenden!
Ich bete darum, dass so die Freundlichkeit Gottes für alle, die mit mir zu tun haben, mehr ist als ein sentimentaler Sonntagsgedanke.
*Marion Buchheister*

## Sonntag, 13. Januar

*Lukas 5,1-11 → GNB/NT 80*

*Versager nicht ausgeschlossen*

Eigentlich soll es um die Zukunft des Geschäftes gehen. Doch dann entwickelt sich ein sehr persönliches Gespräch. Der Sohn des Chefs, der den Betrieb übernehmen sollte, leidet an Depressionen und fühlt sich von der Aufgabe überfordert. „Wir haben in seiner Kindheit viel versäumt. Das Geschäft ging immer vor", stellt der Vater traurig und voller Schuldgefühle fest.
Petrus fällt vor Jesus nieder und bekennt: „Geh fort von mir! Ich bin ein sündiger Mensch." Das Wunder der vollen Netze zu dieser ungewöhnlichen Tageszeit hat die Erkenntnis bewirkt: zwischen Jesus und mir liegen Welten. Er ist der Gesandte Gottes – ich bin nur ein Mensch, verstrickt in Schuld. Jesus aber sieht hinter dieses Gefühl des Unvermögens in das Herz von Petrus und sagt: „Ich will mit dir arbeiten!" Gerade die Erkenntnis der eigenen Unzulänglichkeit macht Petrus zu einem Menschen, den Jesus gebrauchen kann.
Besser als selbstsichere Helden kann Jesus beim Bau seines Reiches *begnadigte Sünder* gebrauchen. Menschen, denen bewusst ist, dass sie schuldig sind und es auch immer wieder werden. Wir dürfen mit unserer Schuld zu Jesus kommen und sie ihm bringen. Und uns dann von ihm gebrauchen lassen.
*Monika Ramsayer*

## Montag, 14. Januar

*Lukas 5,12-16 → GNB/NT 81*

*Psst – Geheimnis!*

„Aber bitte behaltet es für euch!" verabschiedet die Lehrerin ihre Klasse. Sie hat ihnen gerade anvertraut, dass sie ein Kind erwartet. Noch bevor sie das Klassenzimmer fertig aufgeräumt hat, kommen einige Schüler zurück und sagen enttäuscht: „Die anderen Lehrer wussten es ja schon!" Eigentlich unverständlich, dass Jesus diesen Leprakranken zum Schweigen verpflichtet. Ist eine solche Aufforderung nicht die Garantie, dass sich etwas besonders schnell verbreitet? Er heilt den Mann, der wegen seiner Krankheit von jeder menschlichen und religiösen Gemeinschaft ausgeschlossen war. Dessen Krankheit häufig als Strafe Gottes verstanden wurde. Und trotzdem spricht er dieses Verbot aus. Er möchte nicht, dass sich die Menschen ein falsches Bild von ihm machen: Jesus – *der Wunderheiler*. Jesus ist Gottes Sohn. Der in die Welt kam, um uns Menschen *heil* zu machen. Und das ist mehr als gesund. Denn es bedeutet nicht, dass Menschen, die Jesus nachfolgen, ohne Krankheiten oder Probleme leben. *Heil* werden bedeutet in ungebrochener Gemeinschaft mit Gott zu sein – egal unter welchen Umständen. Dahin eröffnet er allen Menschen den Weg.
Und diese Erfahrung mit ihm *sollen* wir dann sogar anderen weitersagen!
*Monika Ramsayer*

## Dienstag, 15. Januar

*Lukas 5,17-26 → GNB/NT 81*

### Echte Freundschaft

Ohne meine Freundin Gisela wäre mein Leben viel ärmer. Sie gibt mir manchen guten Rat. Aber sie packt auch praktisch mit an. So kommen besonders ihre geschickten Hände zur Geltung, wenn sie bei Familienfesten die Tische mit wundervollen Blumengestecken dekoriert.
Der gelähmte Mann braucht keine Freunde, die ihm beim Ausrichten eines Festes helfen. Das war für ihn Vergangenheit. Er braucht Menschen, die ihn in der Zeit seiner Krankheit versorgen und begleiten. Die ihn tragen – praktisch und im Herzen. Das tun diese Freunde. Sie kommen auf die Idee, ihn zu Jesus zu bringen. Wenn ihm jemand helfen kann, dann der! Dieser Gedanke motiviert sie so stark, dass sie sich davon durch schwierige Umstände nicht abbringen lassen und auch ungewöhnliche Wege gehen! „Die Fantasie ist die Tochter der Liebe", heißt es. Und Jesus hilft dem Kranken. Auch weil er beeindruckt ist vom Glauben seiner Freunde.
Ich finde das sehr ermutigend: Wir können Menschen, die uns am Herzen liegen, zu Jesus bringen. Wir dürfen sie zu ihm tragen – mit unserer Liebe, unseren Gebeten, unserer praktischen Hilfe. Wer braucht in Ihrem Umfeld Ihren Glauben, Ihre Liebe und Fantasie, damit er zu Jesus gelangt?
*Monika Ramsayer*

## Mittwoch, 16. Januar

*Lukas 5,27-32 → GNB/NT 81*

### Erste Wahl

Stolz führt die Tochter ihren neuen Rock vor. Er sitzt perfekt! Aber die Ziernaht ist an einer Stelle aufgegangen. Es ist nicht möglich, sie wieder so zu nähen, dass es nicht auffällt. Ärgerlich, aber der Rock muss umgetauscht werden. Schließlich war er nicht billig. Dafür will man auch „erste Wahl".
Die Menschen um Jesus herum sind oft nicht gerade „erste Wahl". Er verbringt viel Zeit mit Zöllnern und anderen Sündern. Wie in der heutigen Geschichte. Da isst er mit Levi. Dem werfen die Pharisäer vor, dass er freiwillig mit der römischen Besatzungsmacht zusammenarbeitet. Er nimmt für die Römer den Zoll ein und wirtschaftet dabei kräftig in seine eigene Tasche. Deshalb machen die religiösen Führer der Gesellschaft einen weiten Bogen um ihn. Der ist in ihren Augen keine „erste Wahl".
Jesus meidet den Kontakt nicht. Er sucht gerade die Menschen, die nicht fehlerfrei sind. Die sich nicht für frei von aller Schuld halten. Sein Auftrag ist es, gerade ihnen einen neuen Anfang zu ermöglichen. Jesus sucht wie ein Arzt die Bedürftigen! Um ihnen mit der göttlichen Barmherzigkeit zu begegnen.
Ein heilsames Angebot – auch für Sie und mich!
*Monika Ramsayer*

## Donnerstag, 17. Januar

*Lukas 6,1-5 → GNB/NT 82*

*Den Vater im Blick*

Der Vater bezahlt auf dem Markt nur schnell. Als er sich umdreht, ist sein kleiner Sohn verschwunden. Der Schreck ist groß, vor allem für den Kleinen. Wie strahlt der, als er endlich seinen Vater wieder sieht und dessen Hand fassen kann.

So verstehe ich den Ruhetag: Wir dürfen unseren himmlischen Vater ansehen und ganz neu seine Hand fassen. Der Sonntag als Ruhetag ist eine gute Gabe Gottes an uns Menschen, zu unserer Freude und unserem Heil!

Bei den Pharisäern war die Betonung anders. Ihnen ging es vor allem um die Einhaltung einer (äußeren) Form. So reagierten sie sehr heftig auf das Verhalten der Jünger. Die Pharisäer sahen darin nicht das Bedürfnis der Jünger, ihren Hunger zu stillen – was erlaubt war. Für sie war es „ernten" – was verboten war. Sie dachten nicht vom Menschen her, wie Jesus es tut. Und verkannten so den eigentlichen Sinn des Sabbat. Heute verteidigen die christlichen Kirchen mit Recht den Sonntag als Ruhetag. Was wäre, wenn alle Menschen am Sonntag ruhen würden? Wären dann vielleicht auch unsere Gottesdienste voller?

Wir dürfen die Menschen um uns herum einladen, am Sonntag ganz neu den Herrn des Sonntags anzuschauen und seine Hand zu fassen.

*Monika Ramsayer*

## Freitag, 18. Januar

*Lukas 6,6-11 → GNB/NT 82*

*Der hat sie wohl nicht alle*

„Das darf doch einfach nicht wahr sein! Was bildet sich dieser Wanderprediger eigentlich ein? Wir müssen ihm schnellstens und ein für allemal das Handwerk legen." So ähnlich mag die fromme Oberschicht damals gedacht haben. Da kam der Mann mit der abgestorbenen Hand wie gerufen. Als Mittel zum Zweck. Es ging nicht um ihn. Sie wollten sein Leid für ihre Intrige nutzen. Hatten diese Leute denn überhaupt kein Empfinden? Schon lange war in ihnen wohl jedes Mit-Gefühl und Mit-Leid abgestorben. Mausetot. Kennen Sie solche Menschen auch - am Arbeitsplatz, in der Schule, in der Nachbarschaft?

Doch es geht weniger um die anderen. Die Frage lautet vielmehr: Wie sieht es bei *mir* aus? Halte ich Jesus Abgestorbenes hin, damit er es heilen kann? Selbst das, was ich schon längst aufgegeben und in mir begraben habe? Er kann und will es zum Leben erwecken. Das ist unglaublich, aber wahr!

Dann verwandeln sich auf einmal Menschen, die mir das Leben schwer machen wollen, zu unbedeutenden Statisten.

So ähnlich mag der geheilte Mann es damals empfunden haben. Als ihm in Jesus das Leben die Hand reichte.

*Volkher Brinkmann*

## Samstag, 19. Januar

*Lukas 6,12-19 → GNB/NT 82*

*Der hat wirklich was drauf*

Zauberhafte Töne, die ein begnadeter Jazzmusiker seinem Instrument entlockt, lassen mich innerlich dahinschmelzen. Auch die perfekte Dribbeltechnik meines Lieblingsfußballers löst in mir tiefen Respekt aus. Dabei sehe ich in der Regel nur das Ergebnis. Doch was verbirgt sich hinter solchen Leistungen an Begabung, Fleiß und Einsatz! Das liegt meistens *unter* der Oberfläche.

Viele Menschen damals und heute sind begeistert und fasziniert von Jesus. Von seinen Wundern. Ich auch! Doch wir sollten nie vergessen, dass er einen unglaublich hohen Preis bezahlt hat, damit wir mit ihm leben können. Die Kraft und Weisheit diesen Weg zu gehen, kam vor allem aus seiner engen Gemeinschaft mit Gott. So wie er auch hier nach dem nächtlichen Gespräch mit dem himmlischen Vater seine engsten Jünger beruft. Und viele Menschen an Leib und Seele heilt.

Je mehr wir diesen Blick auf ihn gewinnen, desto mehr gewinnt unsere Faszination am Sohn Gottes an Tiefe. Dann kann auch heute bei uns kommen, was will. Es wird nicht dazu führen, unser Leben mit Jesus aus den Angeln zu heben.

*Volkher Brinkmann*

## Sonntag, 20. Januar

*Lukas 6,20-23 → GNB/NT 83*

*Freut euch, ihr Armen, Hungernden, Verfolgten!*

Kein normaler Mensch käme wohl auf die Idee, solche Zustände mit Freude in Verbindung zu bringen. Ob Jesus diese Freude auslösen kann? Er wollte damals und will heute geplagten und benachteiligten Menschen versichern, dass das Reich Gottes gerade für sie da ist. Dass gerade sie darin einen Platz haben.

Jesus stellt sich dabei in eine Reihe mit diesen Menschen. Was noch der Ärmste bei uns hat, ein Bett, hatte Jesus nicht. Er wurde nicht im Bett geboren, und er ist auch nicht im Bett gestorben. Als Bibelleser im reichen westlichen Europa frage ich mich: Könnte es sein, dass Arme und Benachteiligte tatsächlich mehr Grund zur Freude haben als ich? Ohne die Armut an sich zu glorifizieren: Liegt darin eine Freiheit und Unabhängigkeit, die ich als *Reicher* nicht erleben werde? Sitzt mir nicht immer die Angst im Nacken, der ganze Reichtum (finanzielle Sicherheiten und Vorsorgen usw.) könnte sich in Nichts auflösen?

Arme dagegen sind buchstäblich auf Gott und seine Fürsorge angewiesen. Rechnen damit und erleben auch, dass Gott sie versorgt.

Verzichte ich heute auf etwas, weil ich im Vertrauen auf Gott weiß, dass ich nicht alles haben muss, um glücklich zu sein?

*Jürg Hochuli*

## Montag, 21. Januar

*Lukas 6,24-26 → GNB/NT 83*

*Weh euch, ihr Reichen*

Hoppla! Jetzt bin ich ganz direkt angesprochen als reicher Europäer. Aber leider nicht mit „Freut euch!", sondern mit „Weh euch!". Jesus stimmt ein Klagelied an. Reich-Sein betrachtet er nicht als Privileg oder Glück. Reich-Sein ist nicht mehr und nicht weniger als ein unverdienter Zustand. Und in seinen Augen ein beklagenswerter Zustand, wenn das nämlich alles ist. Wenn das Glück sich auf meinen Besitz beschränkt. „Wehe" meint dann: Da hast du deinen Lohn schon empfangen. Reich-Sein verbinden wir mit unbeschränkten Möglichkeiten. Bei Jesus kommt zum Ausdruck: Wer so lebt, lebt im Grunde beschränkt. Denn er erwartet alles von der Gegenwart. Wehe, wenn sich das Blatt wendet! Der Reiche will alles jetzt und sofort haben, erwartet nichts Großes mehr. Solche reichen Menschen will Jesus aufrütteln, sie aufmerksam machen auf das *kommende* Eingreifen Gottes. Gott gibt sich mit dem Gegenwärtigen nämlich nicht zufrieden. Seine Pläne gehen weiter, reichen über unser jetziges Leben hinaus. Dafür lohnt es sich alles einzusetzen, was man hat. Mit dieser Perspektive kann man sterben. Dafür soll auch der Reichtum eingesetzt werden. Hier und heute. Dazu ist er uns anvertraut.
*Jürg Hochuli*

## Dienstag, 22. Januar

*Lukas 6,27-31 → GNB/NT 83*

*Liebt eure Feinde*

Auf Gewalt mit Gegengewalt zu reagieren – davon sind die Medien voll. Das ist der Alltag, normal in unserer Welt.
Ganz anders wirken dagegen die Zeugnisse in der Weltgeschichte, bei denen Menschen gewaltlos Widerstand geleistet haben. Die machen auf mich echten Eindruck! Da ist Stephanus, der wie sein Meister Jesus für die betet, die ihn steinigen. Martin Luther King, der sich gewaltlos für die Rechte der Schwarzen in Amerika einsetzt. Mahatma Gandhi, der sich in Indien gewaltlos gegen die britische Kolonialmacht wehrt. Wie wehrlos, wie machtlos wirken da plötzlich die Mächtigen, wenn sie mit Gewaltlosigkeit konfrontiert werden! Aber nur wenige sind in der Lage, ihre Feinde zu lieben und wir fragen uns, wie *wir* das schaffen sollen. Verlangt Jesus da nicht zuviel von uns? Kann ich z. B. dem Kollegen, der mich aus der Firma gemobbt hat, vergeben und ihn dann noch segnen und beschenken? Jesus hat uns die Feindesliebe vorgelebt. Er hat selbst denen vergeben, die für seinen schrecklichen Tod am Kreuz verantwortlich waren. Auch uns kann das schier Unmögliche gelingen. Aber nur wenn wir ihm auf der Spur bleiben und unser Herz öffnen für *seine* Liebe und *seine* Kraft.
*Jürg Hochuli*

## Mittwoch, 23. Januar

*Lukas 6,32-35 → GNB/NT 83*

### Adoptiert

Wäre das schön, wenn wir aus dem Innern heraus richtig handeln könnten! Wenn das Gute einfach so aus uns heraus geschehen würde, ohne dass unser Kopf sich dazwischen schaltet. Also nicht aus kühler Berechnung: Ich tue hier eine gute Tat, Gott sieht das bestimmt und vermerkt es auf meinem Konto. Später bekomme ich dann die Belohnung dafür. Aber so funktioniert es nicht bei Gott.

Alltäglich ist: Lieben, andere gut behandeln, leihen - weil ich sicher bin, dass ich es auch zurückerhalte. Die Herausforderung ist: Lieben, Gutes tun und leihen, wo bestimmt nichts zurückkommt. Aber gerade da, wo nichts zu erwarten ist, kommt von anderer Seite reicher Lohn: „Ihr werdet zu Kindern des Höchsten. Denn auch er ist gut zu den undankbaren und schlechten Menschen."

Wer also aussteigt aus der berechnenden Gegenseitigkeit zur echten Feindesliebe, der kann eine ganz unerwartete Gnade erleben. Nämlich die göttliche Adoption. Auf diesem Wege werden wir Gottes Kinder! Menschen können noch so undankbar und böse sein, Gott bleibt gütig. Seine Liebe ist zuvorkommend, dauerhaft und selbstlos. Und - Gott sei Dank - zuverlässig. So sei auch die Haltung der *Gotteskinder* ihren Feinden gegenüber!

*Jürg Hochuli*

## Donnerstag, 24. Januar

*Lukas 6,36-38 → GNB/NT 83*

### Überfließend

Ich bin am Bild des Maßes hängengeblieben. Ich sehe einen großzügigen Händler vor mir. Er füllt das Korn ins Messgerät. Er schüttelt es, damit sich der Inhalt setzt und noch mehr reinpasst. Er drückt es fest und macht es so übervoll, dass es über den Rand fließt. Das ist ein überfließendes Maß! Und das ist ein Händler, der nicht kleinlich zumisst, sondern ein froher Mensch, der gern gibt. Nicht Berechnung, sondern großzügige Güte strahlt da auf.

Jesus verlangt nicht von uns, dass wir einfach alles hinnehmen. Er hat nichts gegen eine vernünftige Einschätzung von Menschen und Sachverhalten. Aber wir sind oft in der Gefahr, Urteile über Menschen zu fällen. Sie mit Etiketten zu versehen, sie in Kategorien einzuteilen und darin zu belassen.

Da zeigt Jesus einen anderen Weg: Wer ihm nachfolgt, *darf* vergeben! Nicht um berechnend-egoistisch am letzten Tag selbst Vergebung zu erlangen. Sondern weil mit der Botschaft von Jesus die Vergebung in unser Leben getreten ist. Das stellt alles unter ein neues Vorzeichen. Auch mein Handeln im Alltag: großzügig, überfließend, weil mein Vater im Himmel mich so behandelt.

Seien Sie gespannt, was heute bei Ihnen Überfließendes geschieht!

*Jürg Hochuli*

### Der berühmte Balken im Auge

Mensch, was rege ich mich immer auf, wenn der oder die wieder ... Und merke erst, wenn ich etwas Abstand habe, dass genau diese Schwäche bei mir noch viel ausgeprägter ist.

Immer wieder gibt es Spannungen zwischen Menschen - auch unter Christen. Häufig geht es um ganz Menschliches. Die einen fühlen sich geistlich fortgeschrittener als andere – und lassen sie das auch spüren, indem sie diese belehren wollen. Schnell wird dann be- und geurteilt über andere. Jesus bezeichnet das als blind.

Im krassen, überzeichneten Bild von Splitter und Balken treibt es Jesus auf die Spitze. Aber so ist es nun mal: Ich entdecke beim Gegenüber das kleinste Splitterchen und rege mich deswegen auf. Während ich für mich erwarte, dass gröbere „Schwächen" durchgehen mögen.

Wie sieht der Weg zur Besserung aus? Ich setze mich nicht als Richter über andere, sondern bin offen für die Worte von Jesus, die mich verändern können. Ich bin also bereit, mich zuerst mal mit *meinen* Fehlern auseinanderzusetzen. Daran zu arbeiten. Dabei geht es ums Massive, um den Balken.

Erst dann kann ich als Bruder oder Schwester für andere eine minimale Änderung (Splitter) vorschlagen.

Ob bei mir heute ein Balken dran ist?
*Jürg Hochuli*

### ... wovon das Herz voll ist

In einer Zeit, in der oft geredet wird, ohne dass man etwas zu sagen hat, staunen wir über diese alte Weisheit. Denn danach wird erst gesprochen, wenn genügend auf dem Herzen liegt. Wenn es überfließt.

Zunächst geht es um Früchte. Früchte meint dabei das, was mein Leben hervorbringt - für meine Mitmenschen und Mitgeschöpfe. Jesus redet bei den faulen Früchten nicht etwa von Menschen, die ohne Gott leben. Weil sie Gott oder die Bibel gar nicht kennen. Er redet zu Menschen, die sich als Christen bezeichnen, die ihren Glauben aber nicht konkret umsetzen. Ihr Glaube bringt keine Früchte. Da, sagt Jesus, ist etwas faul. Denn wichtig ist nicht, was ein Christ meint oder sagt, sondern einzig, was er tut.

Und wie das Reden beginnt auch das Tun in unserem Inneren. Von der Qualität des Herzens, vom „Schatz des Herzens", ist die Rede. Durchs Hören auf Jesus kann mit der Zeit ein wunderbarer Schatz heranwachsen, aus dem man schöpfen kann. Bibellesen zum Beispiel legt immer neue Schätze an. Aber diese sollen nicht wie in einem Tresor verschlossen gehütet werden. Sie sollen konkrete Auswirkungen im Alltag haben. In diesem Sinne wünsche ich Ihnen und mir einen fruchtbaren Tag!
*Jürg Hochuli*

### Nicht nur reden, sondern handeln!

Das muss Jesus absolut wichtig sein! Denn er bringt ein weiteres Bild, um das deutlich zu machen: Ihr könnt noch so salbungsvoll beten, so hingegeben loben, so eindrücklich predigen – wenn ihr nicht *tut*, was ich sage, dann vergesst es!

Die Botschaft von Jesus muss ganz tief in unser Innerstes eindringen und so ein starkes Fundament (Fels!) in uns bilden. Das geht aber nicht schnell, von heute auf morgen. Langsam, aber stetig kann Jesus mein Leben zum Guten hin verändern, wenn ich mich immer wieder seinen Worten, wenn ich mich der biblischen Botschaft aussetze. Gehen dann die Stürme des Lebens über mich hinweg, zeigt sich, ob ich Halt habe. Ob die Worte von Jesus mein Leben durchdringen oder ob sie nur „Verzierung" waren. Das zeigt sich an meinem aktiven Einsatz und meinem Handeln, das der Botschaft von Jesus entspricht.

Meine Befürchtung: Kann ich mich so an die Botschaft von Jesus gewöhnen, dass sie mein Innerstes nicht mehr erreicht? Ich will darum beten, dass Gottes guter Geist die Worte von Jesus immer wieder neu lebendig und aktuell werden lässt. Damit mich das trifft, was mich angeht. Und ich entsprechend handle.

*Jürg Hochuli*

22

## Montag, 28. Januar

*Psalm 105,1-8 → GNB/AT 572*

*Seine Nähe spüren*

Jasmin schreibt ihrem prominenten Vater, der sich für längere Zeit im Ausland aufhält: "Papa, du bist der Größte und alle schwärmen von dir. Du hast mir meinen größten Wunsch erfüllt: Das Pony ist so lieb! Papa, ich habe ein wunderschönes Lied für dich gemacht. Aber nun kommen mir die Tränen. Ich habe dich so gern, aber ich sehe dich nie. Du gehst nicht mit mir spazieren und gibst mir keinen Gute-Nacht-Kuss. Kannst du mir nicht meinen allergrößten Wunsch erfüllen und zu mir kommen und bei mir bleiben?"
Jasmin muss vielleicht noch lange warten, bis sie ihren Vater hautnah erleben kann. Aber alle, die erfüllt sind von den Wunderwerken ihres himmlischen Vaters, müssen nicht mehr warten. Sie können ihm sofort sehr nahe kommen. "Sucht seine Nähe zu aller Zeit!" Das lese ich hier. Genau das soll heute zu Ihnen "rüberkommen".
Bei mir ist es angekommen. Ich verzichte deshalb auf jede Art analytischer Betrachtungsweise des Textes. Ich will jetzt einfach Gott genießen. Zeit mit ihm verbringen. Und Sie?
*Reinhold Frey*

## Dienstag, 29. Januar

*Psalm 105,9-15 → GNB/AT 572*

*Regenbogen*

Immer wenn ich einen Regenbogen sehe, legen meine Gefühle ihren Arm um meine Gedanken und beide tanzen miteinander. Die Gedanken betrachten die riesige Bandbreite des elektromagnetischen Wellenspektrums. Sie stellen fest, dass nur ein winziger Teil davon für uns sichtbar ist. Es ist der Farbfächer von Ultraviolett bis Infrarot - der Regenbogen. Die Gefühle übernehmen dann die Führung beim Tanz. Und ich lasse mich überwältigen vom Gesamteindruck dieses Farbenspiels, das die unfassbare Größe Gottes widerspiegelt.
Dann sind die Gedanken wieder dran. Gott sagte es Abraham zu. Er bestätigte es Isaak gegenüber. Er versprach es Jakob: "Ich gebe euch ganz Kanaan." Gott steht zu seinen Verheißungen, obwohl es zeitweise ganz anders aussah und das ungehorsame Volk bestraft und zerstreut wurde. Aber es kehrte zurück. Gott vergisst niemals den Bund mit seinem Volk. Weil er sich selbst treu bleibt.
Der Regenbogen ist ein ausdrucksstarkes Zeichen der Treue Gottes.
Das ist großartig! Da gehen doch wieder die Gefühle mit mir durch und ich danke, singe, lobe und schwärme von ihm. So will der Psalm verstanden sein.
*Reinhold Frey*

## Mittwoch, 30. Januar

*Psalm 105,16-25 → GNB/AT 572*

*Gott - ein Puppenspieler?*

Die spannende Geschichte von Joseph in Ägypten wird hier im Zeitraffer dargestellt. Im Mittelpunkt steht dabei der „Regisseur" der Handlung - der lebendige Gott. Er lenkt seinem Plan entsprechend die Geschicke.
Meine Ehrfurcht vor dem großen Gott, dem Souverän der Welt- und Heilsgeschichte, ist groß. Doch bevor ich ihn dafür anbete, muss ich noch etwas bedenken. Das Bild von einem Puppenspieler taucht vor mir auf. Ich sehe im Geiste, wie Gott die Fäden zieht. Der mächtige Pharao ist nicht Herr seiner selbst. Er wird gelenkt. Ist das so? Sind wir alle fremdbestimmt? Ist alles vorherbestimmt? Sind wir nur Marionetten und letztlich doch nicht verantwortlich für unser Tun und Lassen? Es scheint so zu sein. Gott ist unser Schöpfer und er hat alle Macht. Er ist Herr der Geschöpfe, der Geschichte und der Zeit. Er hat aber auch Naturgesetze geschaffen und dem Menschen Freiheit gegeben. Wir haben enorme Entfaltungsmöglichkeiten. Wir können Entscheidungen treffen und sind somit auch verantwortlich für unser Leben. Ich entscheide mich, den wunderbaren Gott anzubeten und ihm für mein Leben zu vertrauen.
*Reinhold Frey*

## Donnerstag, 31. Januar

*2 Mose 1,1-14 → GNB/AT 55*

*Spannend und ermutigend*

„Das sind also unsere Vorfahren." Mein Vater gab mir schon mal gut gemeinte Erklärungen zu unserem Stammbaum. Bei mir als Junge ging dann die Klappe zu. Stimmungsblocker mit Hustenreiz-Gefahr...
Heute finde ich geschichtliche Linien spannend. Zum Beispiel diese: Am Anfang standen die grundlegenden Verheißungen, die Gott Abraham und dann auch Isaak und Jakob gab: *„Ich will dich zum Vater eines mächtigen Volkes machen."* Und: *„Dieses Land will ich deinen Nachkommen geben."* Wo ist das große mächtige Volk? Hier wird uns eine 70-köpfige Jakob-Sippe vorgestellt, die sich unter ägyptischen Herrschern in deren Land wohl fühlt. Als sie sich vermehren, werden sie als gefährlich eingestuft und zu Sklaven degradiert. Gott muss Notzeiten kommen lassen, um das Sehnen nach dem Land der Väter zu wecken. 400 Jahre später ist Israel dann ein Volk von ca. drei Millionen Menschen und zieht in das von Gott verheißene Land. Das dauerte lange und hier im Text ist erst ein Etappenziel erreicht...
So weit - so spannend. Und was ist ermutigend? Gott hat uns zum Beispiel zugesagt: „Fürchte dich nicht, denn ich bin mit dir und will dich segnen." Kommt er nicht auch mit Ihnen Schritt für Schritt weiter? Er erreicht sein Ziel!
*Reinhold Frey*

**„Geht zum Herrn, sucht seine Nähe!"**

Manchmal fließen *Worte aus dem Herzen in die Feder.* Mir ging es so beim Nachdenken über diesen Bibelvers aus Psalm 105,4.
Dabei wurde mir klar, dass ich die Nähe zu meinem himmlischen Vater brauche und sie immer wieder gesucht habe. Vor allem wenn ich in Not war. Auf meine Bitte um Hilfe blieb seine Antwort auch nie aus.
Da fiel es mir wieder einmal wie Schuppen von den Augen, dass ich diese enge Gemeinschaft mit ihm ja viel öfter erleben kann. Auch wenn ich nicht in Schwierigkeiten stecke. Um der Einsicht Nachdruck zu verleihen, suchte ich bewusst Gottes Nähe. Und ich musste nicht lange darauf warten, dass mich tiefe Dankbarkeit erfüllte. So war ich dann auch beim Schreiben mit ganzem Herzen beteiligt.
Und das ist ja eines der Anliegen von *mittendrin*: Menschen schreiben *frei vom Herzen weg,* was sie mit Gott erlebt haben. Das geht dann auch zu Herzen!

**Reinhold Frey**

*Ich bin Jahrgang 1942, verheiratet und habe zwei erwachsene Kinder. Bis zum Jahr 2007 war ich Generalsekretär des Bibellesebundes in Deutschland. In meinem Ruhestand leite ich dort immer noch gern Freizeiten, schreibe Bücher und arbeite mit bei mittendrin. Ich bin überzeugt, dass Gott uns nicht nur sonntags mit seinem Wort erreichen will, sondern mittendrin in Alltag, Beruf und Familie.*

*2 Mose 1,15-22* → *GNB/AT 55*

*2 Mose 2,1-10* → *GNB/AT 56*

*Schifra und Pua*

Zwei Namen, die ich mir merken will. Unglaublich mutige und beherzte Frauen. Wahre Heldinnen des Glaubens und echte Vorbilder für alle Zeiten. Sie werden reich belohnt und zu wichtigen Segensträgerinnen.
*Irena Sendler.* Auch ein Name, den man sich merken sollte. Während des Zweiten Weltkrieges erhielt sie eine Arbeitserlaubnis als Klempnerin im Warschauer Ghetto. Sie schmuggelte mit Helfern 2500 jüdische Kinder in ihrer Werkzeugkiste und in Leinensäcken aus dem Ghetto. Sie brachte sie in Familien, Klöstern und Waisenhäusern unter. 1943 wurde sie von der Gestapo verhaftet und zum Tode verurteilt. Unter Folter – man brach ihr beide Beine und Füße – sollte sie die Namen der geretteten Kinder preisgeben. Doch sie verriet nichts. Später konnte sie freigekauft werden. Die Namen der Kinder bewahrte Irena in einem Glas auf, das sie unter einem Baum vergraben hatte. 2003 erhielt sie für ihre Tapferkeit die höchste Auszeichnung Polens.
Es geht nicht um Ehrenzeichen und Medaillen. Viele Menschen sind völlig unbemerkt ebenso gottesfürchtig, mutig und tapfer. Es geht um den Segen Gottes. Und den will ich auch weitergeben.
*Reinhold Frey*

*Das Scheusal Schicksal*

Paul liest seiner kleinen Tochter Mia eine biblische Geschichte vor: „Die Mutter des kleinen Mose ist verzweifelt. Der König von Ägypten lässt alle neugeborenen Jungen umbringen. Ihr jüngster Sohn ist in höchster Gefahr! Doch sie schmiedet einen Plan. Sie versteckt ihren Sohn in einem Schilfkörbchen am Ufer des Nil. Ob das Schicksal es gut meint mit Mose?" Mia kennt das Wort Schicksal noch nicht und sagt: „Das *Scheusal* darf das Baby nicht finden..." Glauben Sie an das *Scheusal* Schicksal? Der amerikanische Autor N. D. Walsch meint sarkastisch: „Und wieder einmal brachte Schicksal, das Scheusal, Trübsal statt Labsal." In seinem Buch „Gespräche mit Gott" führt er aus, dass Angst unser Schicksal sein kann: „Angst krallt und klammert sich an alles, was wir haben, Liebe gibt alles fort, was wir haben. Angst hält eng an sich, Liebe hält wert und lieb. Angst reißt an sich, Liebe lässt los."
Die Mutter des kleinen Mose hatte auch Angst. Aber ihre Liebe und ihr Vertrauen zu Gott gewinnen die Oberhand. Und Gott meint es gut mit ihr und ihrem Sohn.
Er meint es auch gut mit Ihnen. Sie müssen sich nicht vom *Scheusal Schicksal* quälen lassen. Sie können Gott vertrauen!
*Reinhold Frey*

*2 Mose 2,11-14 → GNB/AT 56*

*Ab-Bruch*

Irgendwann macht es bei dem jungen Mann „klick". Mose erkennt: Ich bin zwar als Ägypter erzogen, aber von der Hautfarbe, vom Denken und Sein her bin ich ein Hebräer. Er macht sich auf die Suche nach seiner Identität. Dabei begegnet er seinem Kindheitsschmerz. Mose identifiziert sich schließlich mehr mit den Unterdrückten als mit den Unterdrückern. Das bringt ihn in die Krise. Auf der Baustelle kommt es zum Knall. Sein Kindheitstrauma, seine Zerrissenheit, sein unreifes Konfliktverhalten bricht sich in einer unangemessenen Handlung Bahn: Er erschlägt einen Ägypter. Damit stellt er sich in einer zweifachen Weise ins Abseits. Er verliert damit seinen Status als Adoptivsohn. Und die, für die er zu kämpfen glaubt, entgegnen dem selbsternannten „Rächer": „Willst du mich auch umbringen wie den Ägypter?"
Mose bekommt an dieser „Lebenskreuzung" schmerzhaft gespiegelt: Wer sich den Defiziten seines Lebens nicht stellt, dem geht es wie dem Hasen im Rennen gegen den Igel. Atemlos läuft er (vor sich selbst) davon und muss doch immer wieder hören: „Ich bin schon da!"
Welchem Schmerzpunkt im „Rennen des Lebens" sollten Sie sich stellen, anstatt davor wegzulaufen und sich das Leben zerstören zu lassen?
*Rüdiger Jope*

*2 Mose 2,15-25 → GNB/AT 56*

*Re-boot*

Er saß vor mir und dicke Tränen kullerten über sein Gesicht. Erschrecken über sich selbst hatte ihn gepackt. Mein Herz sagte mir: Lass ihn nicht im „Regen" stehen. Ich brachte ihm Verständnis entgegen. Ich half ihm materiell weiter. Ich fuhr ihn zur Alkohol-Entgiftung... Kurze Zeit später begegneten wir uns auf der Straße. Er wechselte die Seite. Es ging ihm sichtlich schlechter als bei unserer letzten Begegnung. Das Erschrecken ist gut, aber es zieht nicht automatisch eine wirkliche Veränderung nach sich.
Wie macht Mose weiter? Er beendet seine Flucht. Mose macht nicht mehr sein Kindheitstrauma, nicht mehr die anderen für sein Unglück verantwortlich, sondern wird ehrlich zu sich selbst. Er übernimmt die Verantwortung für sein Leben.
Er rastet an einem Brunnen, dem Mittelpunkt des sozialen Lebens im Alten Orient. Mose bewährt sich in den Alltäglichkeiten. Dort, in der „Mitte des Lebens", reift sein Charakter nach. Er nutzt die Chance seines Erschreckens und seines Scheiterns zur Veränderung.
Denken Sie heute über das Motto des unterlegenen US-Präsidentschaftskandidaten Mike Huckabee nach: *„Denke über das Geschehen nach (reflect), ruhe aus (rest), regeneriere dich (renew) und fang neu an (re-boot)."*
*Rüdiger Jope*

## Dienstag, 5. Februar

*2 Mose 3,1-12 → GNB/AT 57*

### Gottesbegegnung im Mist

Mose arbeitet mit im Familienbetrieb seines Schwiegervaters. Er steht wie jeden Morgen im Mist. Er ist müde. Um ihn herum ein Haufen blökendes Kleinvieh. Vom feuchten Gras hat er sich nasse Füße geholt. Die Sonne brennt ihm auf den Schädel. Der Wind hat ihm Sand in Augen und Mund getrieben. Mose steckt mitten drin in seinem alltäglichen Trott. Er ist nicht auf einer „Feuerkonferenz" und nicht auf dem „Jakobsweg". Und genau in dieser Alltagsroutine brennt Gott ein Feuer ab. Mose erlebt Gott mitten im Lärm der blökenden Schafe. Gott ist da im Mist. Gott begegnet uns gerade dort, wo wir bedürftig sind, wo es stinkt, wo es wüst und leer ist, wo uns der Schweiß auf der Stirn steht, wo wir am wenigsten damit rechnen! Der Theologe Rob Bell schreibt: „Gott ist immer da. Wir sind es, die aufkreuzen." Von Mose können wir lernen: Gott ist immer (schon) da. Wir sind es, die ihn im „Hier, Heute und Jetzt" entdecken dürfen. Darum geht es: Den heiligen Boden in den alltäglichen Mühseligkeiten, dem Windelwechseln, auf dem Weg ins Büro - mitten in den Alltagsaufgaben zu entdecken.
Wo ist Gott in Ihrem Leben schon längst da und Sie haben ihn noch gar nicht bemerkt?
*Rüdiger Jope*

## Mittwoch, 6. Februar

*2 Mose 3,13-15 → GNB/AT 57*

### Gott stellt sich vor

Als Jugendlicher hasste ich Vorstellungsrunden. Es zog mir quasi die Schuhe aus, wenn die Diakonin mit ihrem Wollknäul kam und uns beim Zuwerfen desselben dazu aufforderte, Namen und Schuhgröße zu nennen.
Die hier geschilderte „Vorstellungsrunde" hat nichts Peinliches. Gott stellt sich vor. Gott der Schöpfer gibt sich zu erkennen. Gott offenbart sich. Gott steigt aus der philosophischen Betrachtung aus. Er nimmt Gestalt an. Er sagt: Ich habe einen Namen! Gott wird greif- und erfahrbar. Er ermöglicht so Beziehung. Der Gott des Universums, der die Berge, die Kontinente, die Sonne, die Sterne, die Ozeane, die Tiere, Sie und mich geschaffen und uns ins Leben gerufen hat. Gott, der Heilige, der Unnahbare, sagt hier: Ich bin euer Gott, der für euch da ist und da sein wird.
Gottes „Ich bin" ist der rote Faden der Bibel. Das ist die heilige und heilende Mitte des Glaubens, die in Jesus Christus einzigartig Gestalt gewonnen hat.
Wie können wir Gott heute erkennen? Indem wir uns aufmachen. Mose, das Volk Israel erleben die Gottesoffenbarung gerade im Aufbruch und in der „Lebenswüste". Gott stellt sich Menschen gerade dort vor, wo es „dicke" ist.
*Rüdiger Jope*

## Donnerstag, 7. Februar

*2 Mose 3,16-22 → GNB/AT 57*

### Anders als gedacht

Mose redet direkt mit Gott! Wow! Er ist auf Sendung mit dem Schöpfer ohne Zwischenstationen wie Bibel, Theologen, Predigt und Gottesdienst. Haben Sie sich das auch schon mal gewünscht? Wie war Mose da wohl zu Mute? Wie würden Sie sich in einer solchen Situation fühlen? Was wollten Sie Gott schon immer mal bei einer solchen Gelegenheit fragen oder ihm sagen?

Doch das Gespräch zwischen den beiden nimmt eine seltsame Wendung. Mose ist eher einsilbig. Denn Gott hat sich ihm nicht nur offenbart, um ihn zu heilen und seine Seele zu streicheln. Er hat einen großen Auftrag für Mose.

Hier wird ein göttliches Prinzip deutlich: Wenn Gott Menschen berührt und ihnen begegnet, spricht er immer auch eine Berufung aus.

Wo Gott in die Nichtigkeit, die Armseligkeit, die Nöte unseres Daseins hineintritt und uns darin begegnet, spricht er immer auch eine Berufung aus. Dort, wo er sich heilend hinein liebt in uns, da ist Hingabe des eigenen Lebens die Antwort auf seine Offenbarung und Anrede. Gott will nicht nur Zuhörer, sondern Täter. Wozu beruft Gott Sie heute oder morgen?

*Rüdiger Jope*

## Freitag, 8. Februar

*2 Mose 4,1-9 → GNB/AT 58*

### Gut ausgerüstet

Das Zelt im Sonderangebot passte zu unserem Budget! Wir machten uns damit in unserer naiven jugendlichen Art zu einer dreiwöchigen Radtour auf. Es wurde eine „Tour de Leiden". Unsere Behausung war leicht. Aber sehr leicht trat auch das Wasser von oben und unten ein. Starker Wind drückte es auf den Boden, die Reißverschlüsse gaben nach zwei Wochen den Geist auf. Wir lernten: Es lohnt sich genauer hinzuschauen, um sich später Ärger und Reklamation zu ersparen.

Mose sieht sich im Geist schon nasse Füße bekommen bei seiner Tour nach Ägypten. Er meldet daher bei Gott seine Bedenken an: „Sie werden mir nicht glauben und nicht auf mich hören!" Und Gott? Der macht keine leeren, blumigen Versprechungen, sondern er gibt seinem Beauftragten ausgezeichnetes Material in die Hand. Gott lässt seinen Diener - und damit seine Nachfolger - nicht im Regen stehen.

Im Gegenteil: Er rüstet sie mit dem aus, was sie benötigen. Jesus verheißt seinen Jüngern: „Euer Vater weiß, was ihr braucht, bevor ihr ihn bittet" (Matthäus 6,8). Gott rüstet die aus, die er sendet. Aber das Gehen nimmt er uns nicht ab.

Was für ein Potential schlummert in Ihnen und welchen Weg sollten Sie damit einschlagen?

*Rüdiger Jope*

## Samstag, 9. Februar

*2 Mose 4,10-17 → GNB/AT 58*

*Genervt*

Mit meiner Tochter stand ich an der Kasse. Leider war die Schlange etwas länger... „Nein, es gibt kein Überraschungs-Ei!" „Nein, ich kaufe dir keinen Schokoriegel." „Nein, auch keine Gummibärchen!" Immer genervter setzte ich mich mit der Kleinen auseinander.

Mose klingt hier so ähnlich wie meine Tochter. Er motzt, jammert, zweifelt, windet sich. Und Gott? Der bringt lange Geduld auf. Viermal entkräftet er die Einwände. Aber dann überspannt Mose den Bogen. Moses Aussage: „Nimm es mir nicht übel, Herr, aber schicke einen anderen!" meint auf gut deutsch: „Rutsch mir den Buckel runter!" Das lässt Gott richtig sauer werden. Gott ist genervt, weil Mose nicht will!

Wie oft ist dieses „Ich will nicht!" die eigentliche Ursache für unseren Widerstand gegen Gott? Wenn er mir beispielsweise klarmacht, dass es Dinge in meinem Leben gibt, die ihm nicht gefallen – ich mich oder die Sache aber nicht ändern will?

Darum geht es immer wieder: Dass wir Gott unser unwilliges, widerspenstiges, ich-bezogenes Herz hinhalten und die Dinge mutig anpacken, die er sich von uns wünscht.

*Rüdiger Jope*

## Sonntag, 10. Februar

*2 Mose 4,18.27-31 → GNB/AT 58*

*Yes you can!*

Rick leidet seit seiner Geburt an einer Lähmung. Die Ärzte prognostizierten, dass er nie fähig sein würde zu denken. Seine Eltern ignorierten das. Mittels eines speziellen Computers gelang es Rick, seine Sportbegeisterung auszudrücken. Vater Dick nahm diesen Wunsch seines Sohnes gegen alle inneren und äußeren Widerstände ernst. Während Rick seinen Vater motiviert, trägt, zieht oder schiebt Dick seinen gelähmten Sohn in speziellen Rädern, Rollstühlen oder Schlauchbooten mit sich. Unter dem Slogan „Yes, you can" bewältigen sie gemeinsam als legendäres Team „Hoyt Marathons" und Triathlone *(http://www.teamhoyt.com/)*. Mose scheut sich vor dem Marathon, zu dem Gott ihn berufen hat. Sein Problem ist die „gelähmte Zunge." Doch Gott ermutigt Mose: „Yes, you can!" Er schickt Mose nicht allein ins Rennen, sondern gemeinsam mit Aaron. Mose wird der Anführer. Aaron das Sprachrohr. Gemeinsam statt einsam. Im Zusammenspiel erreichen sie ihr erstes Ziel: Die Israeliten glauben, dass Gott durch sie wirkt.

Von beiden Teams - Rick und Dick, Mose und Aaron - können wir lernen: Gemeinsam werden Ziele erreicht, die einer allein nicht schafft. „Yes, you can!" Wer ergänzt Sie oder wen unterstützen Sie heute?

*Rüdiger Jope*

## Montag, 11. Februar

*2 Mose 5,1-9* → *GNB/AT 59*

### Gestrandet

Der Wurf brachte mich auf das Ereignisfeld. Gespannt griff ich nach der Karte. Ich hoffte auf: „Rücke vor bis auf Los und kassiere 8000 Euro ein". Ich drehte die Karte um. Mein Gesicht begann sich zu verfinstern. Mein Bruder triumphierte. Ich strandete auf der „Schlossallee". Die Hotelmiete konnte ich nicht mehr zahlen. Ich war pleite, geschlagen, aus dem Spiel.
Auch das „Monopoly" des Lebens hält solche unangenehmen Überraschungen bereit. Da rückt Mose mit dem Ziel „Los" vor. Er tritt vor den Pharao. Der macht allerdings deutlich: Nix „Los!" Der Chef in der „Schlossallee" bin ich. An mir führt kein Weg vorbei. Mose ist geschlagen, aus dem Spiel. Er hat Gott gehorcht und scheitert trotzdem grandios.
Zu unserem Menschsein, zu unserm Alltagsleben, zu unserem Christsein gehört es, dass wir „stranden". Mal sind das unverschuldete schmerzhafte Ereignisse, mal fügen sich Menschen gegenseitig Leid zu. All diese Erfahrungen haben eines gemeinsam: Gott will uns nicht trotz, sondern gerade *in* diesen Schwierigkeiten begegnen. An Grenzen stoßen, sich verlassen fühlen, scheitern - das gehört zu dem Reifungsprozess, durch den Gott uns in unserem Leben voranbringen möchte.
*Rüdiger Jope*

## Dienstag, 12. Februar

*2 Mose 5,10-19* → *GNB/AT 59*

### Rückwärts statt vorwärts

Optimistisch machten wir uns an die Aufgabe die Wohnung neu zu tapezieren. Doch was war das? Kiloweise fiel uns der Putz entgegen. Beim Teppichverlegen brach der Boden plötzlich ein. Steckten wir das Radio ein, flog in der Nachbarwohnung die Sicherung raus. Aus der geplanten einwöchigen Renovierung wurde so eine zweimonatige Grundsanierung.
Genau das erlebt Mose. Gott sagt „Los" - und die Baustellen werden immer größer anstatt kleiner. Der optimistische Ansatz: „Bis zum Abendessen, in einer Woche, in einem Monat... habe ich die Sache erledigt!", geht nicht auf. Da packt jemand mutig ein persönliches Problem an. Da versucht jemand eine Sache in der Erziehung, in der Beziehung zu verbessern. Da stellt sich jemand einer unangenehmen Wahrheit... Doch statt vorwärts, geht es scheinbar rückwärts, wird es noch schwieriger und schmerzhafter.
Falls Sie heute bei den „Lebenstapezierbemühungen" genau an solche Verzweiflungspunkte kommen, halten Sie durch! Und halten Sie an dieser Wahrheit fest: „Am Ende wird alles gut sein!" (Brennan Manning)
*Rüdiger Jope*

*2 Mose 5,20-6,1* → *GNB/AT 59*

### Aufstehen und Weitergehen

Der sächsische König Friedrich August III. trat am 13. November 1918 mit folgenden Worten von seinem Regierungsamt zurück: „Dann machd doch eiern Drägg alleene!" Ähnliche Worte hat auch Mose auf den Lippen. Er ist enttäuscht und frustriert. Trotzdem haut er nicht ab. Er „wendet sich" Gott zu: „Herr, warum handelst du so schlecht an deinem Volk? Wozu hast du mich überhaupt hierher geschickt?"
Auch schwierige Zeiten gehören zum Glauben und zum Leben mit Gott. Gottes Verheißungen an Mose und auch an uns ersparen uns die Schwierigkeiten nicht. Damit haben wir immer wieder zu kämpfen. Die Gewissheit, dass weder Tod noch Leben, weder Gegenwärtiges noch Zukünftiges uns aus der Hand Gottes reißen kann (Römer 8,38f), erspart uns nicht Momente des Hinschmeißen-*Wollens*.
Unser irdisches Leben ist ein Noch-Nicht, ein Kopfschütteln, ein Wandern durch finstere Täler. Aber gerade darin sind wir Gehaltene in unserem Frust. Gott ist gerade im Scheitern der Herr. Er ermutigt Mose und auch Sie und mich zum Aufstehen und Weitergehen.
Jörg Swoboda dichtete folgerichtig: „Auch mit Gott gerät man in Krisen, Probleme, die unfassbar sind. Trotz aller Zweifel seid dennoch gewiss: Er schläft nicht und sorgt für sein Kind."
*Rüdiger Jope*

*2 Mose 7,1-13* → *GNB/AT 61*

### Vergeblich

Oktober 1977. Auf dem Flughafen von Mogadischu steht die Lufthansa-Maschine „Landshut". 82 Passagiere befinden sich in der Hand von Terroristen. Die Entführer setzen ein Ultimatum. Sie beginnen, die Sprengungen vorzubereiten. Die Bundesregierung lenkt scheinbar ein, um Zeit zu gewinnen. In einem atemberaubenden Coup gelingt es der GSG 9, alle Passagiere zu befreien. Im Nachhinein hatte Bundeskanzler Schmidt alles richtig gemacht. Aber wenn Passiere ums Leben gekommen wären, hätte er seinen Rücktritt eingereicht. Er wusste zu keinem Zeitpunkt in dieser fünf Tage währenden Ewigkeit, ob es gut gehen würde. In einer ähnlichen Situation steckt Mose. Das Volk wird terrorisiert. Mose kämpft für dessen Befreiung. Er vertraut der Verheißung Gottes, aber vom menschlichen Standpunkt aus rennt er beim Pharao gegen eine Wand des Starrsinns.
Am Ende mündet auch hier alles in eine spektakuläre Befreiungsaktion. Aber mittendrin in diesem Kampf, da gibt es nur das beharrliche Anrennen und die gefühlte Vergeblichkeit.
Was immer Sie heute plagt: Lassen Sie sich von der Ungewissheit nicht niederdrücken. „Die Herren dieser Welt gehen, aber unser Herr kommt" (Gustav Heinemann) und triumphiert am Ende!
*Rüdiger Jope*

## Wer nicht hören will...

Fröhlich kam unsere Tochter zum Mittagessen nach Hause. Ihr Lieblingsgericht Waffeln stand auf dem Tisch. Doch statt hungrig zuzugreifen, wurde sie von Minute zu Minute blasser. Sie hielt sich ihren Bauch. Plötzlich erbrach sie sich über den ganzen Tisch. Sie hatte sich mit frischen Bucheckern den Magen vollgeschlagen und die darin enthaltene Oxalsäure hatte ihre Wirkung gezeigt. Immer wieder hatten wir sie gewarnt: Iss bitte keine Früchte, ohne uns zu fragen! Wer nicht hören will, muss fühlen.
Mose macht eine klare Ansage. Er warnt den Pharao. Doch der Herrscher stellt seine Ohren auf Durchzug. Damit setzt er die Spirale in Gang: Wer nicht hören will, muss fühlen. Die Sache mit dem faulen Wasser stinkt schließlich zum Himmel. Doch auch davon lässt sich der Pharao nicht beeindrucken. Er macht weiter wie gehabt. Er sitzt die Sache aus. Die guten Ratschläge, die Warnungen schlägt er in den Wind. Er verrennt sich in seine Sicht- und Denkweise. Er igelt sich ein. Er vertraut seinen irdischen Beratern statt den „himmlischen" Boten.
Was stinkt in Ihrer Umgebung zum Himmel? Auf welchen „himmlischen" Ratschlag sollten Sie heute hören?
*Rüdiger Jope*

## Ein Versprechen mit Halbwertzeit

Sie lebte ziemlich egoistisch vor sich hin. „Ich, meiner, mir, mich" lautete die Melodie ihres Lebens. Sie wusste immer, was andere besser und anders machen sollten. Sie schwang große Reden. Aber wenn es darum ging anzupacken, treu zu sein, sich einzubringen, blieb ihr Platz leer. Dann stand plötzlich ein Krankheitsverdacht im Raum. Die Solidarität war überwältigend. Sie wurde unterstützt, getragen und umbetet. Bei der entscheidenden Untersuchung konnten die Ärzte nichts mehr finden. Sie war geheilt. Im nächsten Gottesdienst berichtete sie mit flammenden Worten von diesem Wunder. Sie versprach, das neu geschenkte Leben jetzt für Menschen und Gott einzusetzen. Keine 48 Stunden später lief ihr Leben wieder im gewohnten Trott.
Diese Erfahrung macht auch Mose. Der Pharao ist in großer Not. Die Frösche bringen ihn an die Grenzen. Er gelobt Besserung. Er macht ein handfestes Versprechen. Mose nimmt ihn in seiner Not ernst. Er betet und die Frösche sterben. Und der Pharao? Der handelt nach der Devise: Was kümmert mich mein Geschwätz von gestern!
Wie steht es mit Ihren Versprechungen gegenüber Gott und Menschen? Welche Halbwertszeit haben die?
*Rüdiger Jope*

## Sonntag, 17. Februar

*2 Mose 8,12-15* → *GNB/AT 62*

### Gottes Fingerzeig

Eine dichte Nebelwand umhüllte an diesem Morgen unsere Berghütte. Fragend standen wir an der Weggabelung. Sollen wir trotz „Suppe" aufsteigen und auf die durchbrechenden Sonnenstrahlen hoffen? Wir entschieden uns für den Weg nach oben und tatsächlich: Über uns tat sich der blaue Himmel auf! Wir jubelten auf dem Gipfel. Wir hatten klare Sicht auf die majestätischen Berge ringsumher. Unter uns verlor sich die Berghütte im Nebel. Auch für den Pharao ist sprichwörtlich ein Gipfel erreicht. Die Mückenplage lässt ihn schweißnass zurück. Seine Zauberkünstler sind mit ihrem Latein am Ende. Doch genau diese Hilflosigkeit sorgt bei ihnen plötzlich für klare Sicht. Sie erkennen, dass der Gott des Himmels und der Erde hier seine Hand im Spiel hat. Und der Pharao? Dieser sieht nicht den geöffneten Himmel. Statt den Fernblick wahrzunehmen, starrt er in die Nebelsuppe nach der Devise: Was nicht sein kann, darf nicht sein. Er bleibt bei seiner verbohrten und eingefahrenen Sichtweise.
Wo sind Sie heute gefragt, „Gottes Fingerzeig" in Ihrem Tagesgeschäft nicht zu übersehen?
*Rüdiger Jope*

## Montag, 18. Februar

*Psalm 105,26-36* → *GNB/AT 572*

### Dankbarer Rückblick verschafft Durchblick

Wer immer nur in den Rückspiegel schaut, kommt nicht gut voran. Aber wer die richtigen Entscheidungen treffen will, darf auch nicht ausblenden, wo er herkommt.
Es ist gut im Leben immer wieder einen dankbaren - und wenn nötig - auch kritischen Rückblick zu halten. Viele tun das zum Beispiel am Ende eines Jahres oder an persönlichen Wendepunkten.
Von den Israeliten können wir lernen, dass dies auch einer ganzen Volksgemeinschaft gut tut. Die Psalmen, das Gesang- und Gebetbuch des Volkes Israel, enthält viele solcher Rückblicke. Denn Israel soll nie vergessen, wer es aus der Sklaverei in Ägypten befreit hat und wie das geschah. Damit vor allem eines nicht in Vergessenheit gerät: Gegen Gott kann auch das stärkste Heer nicht gewinnen. Gott ist größer. Gott ist stärker. *Bei Gott ist nichts unmöglich.*
Aber auch persönlich gilt die Grundaussage dieses Dankliedes: Mit Gott ist auch *mir* nichts unmöglich! Es lohnt sich nie, sich gegen den lebendigen Gott zu stellen. Es ist aber ein Zeichen der Klugheit, mit dem lebendigen Gott zu rechnen. Auf ihn ist Verlass – damals wie heute!
Worauf können Sie dankbar zurückblicken?
*Hartmut Steeb*

*2 Mose 10,21-29 → GNB/AT 65*

## Man muss Gott mehr gehorchen als den Menschen!

Es gibt Situationen, in denen keine Kompromisse möglich sind. Deshalb haben sich die Führer Israels, Mose und Aaron, in den Gesprächen mit dem Pharao nicht diplomatisch klug auf Teillösungen einlassen können. Lieber setzen sie sich den Todesdrohungen des Pharao aus. Weil sie glasklar wissen, dass auch dessen Macht begrenzt ist und der lebendige Gott selbst die Regie führt. Darum stehen sie fest. Nur so bleibt es bei Gottes-Menschen auch dort hell, wo die Finsternis regiert! In Ägypten konnte jeder sehen und erkennen, dass es Gott selbst ist, der über Licht und Finsternis herrscht. Darum kann er auch beides lenken.

Und auch in unserer Zeit und Umgebung gilt es, dass Menschen des Glaubens von Jesus selbst zugesprochen wird: „Ihr *seid* das Licht für die Welt" (Matthäus 5,14).

Wo können Sie heute ein Licht sein für andere, die sich im Dunkeln befinden?

*Hartmut Steeb*

*Säen und Ernten*

Es ist an Härte und Klarheit kaum zu überbieten, was uns da im heutigen Text begegnet. Jetzt geschieht der Erstgeburt Ägyptens das, was der Pharao als Schicksal ursprünglich den Israeliten zugedacht hatte, als er den Befehl gab, alle neugeboren Jungen zu töten. Aber Gott lässt sich durch die Uneinsichtigkeit von Menschen nicht an seinen Plänen hindern. Wir haben allen Grund vorsichtig zu sein, schlimme Geschehnisse und furchtbare Ereignisse einfach Gott in die Schuhe zu schieben. Aber es gehört zur ganzen Wahrheit, dass Gott auch in der Sprache des Gerichtes redet. Nicht nur an Ägypten, sondern gerade in der Geschichte mit seinem Volk Israel wird das immer wieder deutlich.
Manches Mal ist doch mit Händen zu greifen, dass Untaten nicht ungestraft bleiben. Als deutsches Volk haben wir das in der Katastrophe des Dritten Reiches erfahren.
Wer konsequent nicht hören will, wird eines Tages nicht mehr hören können. Wie es eine alte Lebensweisheit ausdrückt: „Säe einen Gedanken, und du erntest eine Tat. Säe eine Tat, und du erntest eine Gewohnheit. Säe eine Gewohnheit, und du erntest eine Haltung. Säe eine Haltung, und du erntest einen Charakter. Säe einen Charakter und du erntest ein Lebensschicksal."
*Hartmut Steeb*

*Denk-Male machen Mut für die Zukunft*

Durch schmerzhafte Wehen hindurch wird neues Leben geboren. Mitten im furchtbaren Gericht über Ägypten startet Gott mit seinen Leuten in eine neue Zeit. Aus dem Tod ruft der lebendige Gott Jesus Christus zur Auferstehung. Gott schafft Neues!
Wo alles zu Ende scheint, ist für Gott noch lange nichts zu Ende. Auch für das Volk in der Sklaverei gibt es durch Gottes Hilfe einen neuen Anfang. Aber es ist wichtig, dass dies als lebendiges „Denkmal" wach gehalten wird. Darum feiert Gottes Gemeinde Feste! Feste sind eingesetzt, damit die Gottesgeschichte - die Geschichte Gottes mit den Menschen - nicht in Vergessenheit gerät. Feste sollen uns als lebendige Dankes-Denk-Male auf dem Weg des Lebens mit Gott halten: Geburtstag als Dank-Tag für das Leben; das Passa als Dank-Tag für die Freiheit des Volkes Israel.
Das soll nicht nur theoretisch gewusst und im Kopf memoriert werden. Das soll als ganzheitliche Erfahrung einen neuen Lebensrhythmus bestimmen!
Solche Denk-Male, die zum dankbaren Denken einladen, machen nämlich Mut für die Zukunft. Was können Sie heute feiern?
*Hartmut Steeb*

*Weg-Zeichen*

Gottes Weg mit den Menschen wirft viele Fragen auf: Warum gehorcht das Volk Mose und Aaron? Waren nicht alle bisherigen Versprechungen irgendwie im Sand verlaufen? Nicht, dass die Wunder nicht geschehen wären! Aber was hatten sie gebracht außer einer stetigen Verschlechterung ihrer Situation? Warum braucht Gott das Blut an Türpfosten, um die Israeliten zu retten? Kennt er nicht seine Leute?

Gott braucht weder Opfer noch Blut noch Namensschilder. Aber wir Menschen brauchen zur Orientierung einen Rahmen für das Leben. Für uns sind solche Zeichen wichtig zur Vergewisserung und zur Klärung: Da ist nichts dem Zufall überlassen. Gottes Handeln ist transparent und nachvollziehbar.

Indem wir uns zeichenhaft erinnern, können wir uns davor schützen, dass in der Alltagsroutine wichtige Erfahrungen mit Gott untergehen und in Vergessenheit geraten. Der Alltag soll nicht konturlos die Oberhand gewinnen. Dankbares, zeichenhaftes Erinnern ist für uns Menschen wichtig - denken Sie an Psalm 105! Und das gilt auch für die folgenden Generationen. Die Anbetung Gottes ist die richtige Antwort auf Gottes Handeln in unserem Leben. Und das gehorsame Tun dessen, was er uns aufträgt.

*Hartmut Steeb*

*Im Himmel gibt es keine Panik*

Dieser Satz stammt von der holländischen Schriftstellerin und Christin Corrie ten Boom, die in einem Konzentrationslager der Nazis war und überlebt hat. Sie hat es schmerzlich erlitten: Gott hat Zeit. Gott lässt sich Zeit. Aber er handelt.

Über 400 Jahre lebte Gottes Volk in Ägypten in immer schwieriger werdenden Verhältnissen. Auch wenn wir Gottes Zeitplan nicht kennen, steht es dennoch fest: Er hält, was er verspricht. Keine seiner Verheißungen geht verloren. Nichts bleibt auf Dauer gegen Gottes Willen bestehen.

Das gilt auch für das den Ägyptern angekündigte Gericht. Warum hat der Pharao nicht früher eingelenkt? Das kann man vielleicht mit der Tatsache erklären, dass fortgesetztes Nicht-Hören-Wollen in eine Haltung mündet, in der Verblendung und Selbsttäuschung die absolute Oberhand gewinnen. Weil nicht sein darf, was nicht sein soll.

Und dann folgt das böse Erwachen: Gott handelt und schweigt nicht. Wenn seine Stunde da ist, dann nimmt das Gericht seinen Lauf.

Aber dann schlägt auch die Stunde der Befreiung für alle Unterdrückten, Misshandelten, Gefangenen und scheinbar Vergessenen.

*Hartmut Steeb*

## Sonntag, 24. Februar

*Psalm 105,37-45 → GNB/AT 573*

*Ängste verlieren ihre Macht*

Kennen Sie das auch, dass sich von Zeit zu Zeit sorgenvolle Ängste bei Ihnen einnisten: Was geschieht, wenn eine schlimme Krankheit über mein Leben hereinbricht? Werde ich im Alter ausreichend versorgt sein? Ob die Kinder ihren Weg finden? Natürlich muss und will ich mich den Realitäten des Lebens stellen und auch unangenehmen Fragen nicht ausweichen. Das gehört zum Erwachsensein dazu. Aber diese Fragen und Ängste dürfen nicht solche Macht über mich gewinnen, dass sie mich auf mich selbst zurückwerfen und mir den Blick für das Wirken Gottes verbauen. Denn als Christ lasse ich mich von den Gedanken Gottes bestimmen. Mit gutem Grund, der in Psalm 105 wunderbar beschrieben wird: In der Geschichte vom Auszug des Volkes Gottes nach leidvollen Jahren der Gefangenschaft in Ägypten. Und der wunderbaren Erfahrung, dass Gott sein Volk immer versorgt hat und es auch in der langen Zeit des Unterwegsseins tut. Er sorgt für alles Not-wendige, „damit sie nun seinen Anordnungen folgen und seinen Weisungen gehorchen."
Wer so lebt und den Blick auf Gott richtet, bleibt zwar nicht verschont von Ängsten und Leid, aber beides verliert seine zerstörerische Macht. Halleluja!
*Martina Hutler*

## Montag, 25. Februar

*Jesaja 52,13-53,6 → GNB/AT 684*

*Gott hilft nicht am Leiden vorbei*

Manchmal ertappe ich mich dabei, dass ich beim Anblick des Leids in dieser Welt im Fernsehen um- oder ausschalte. Ich will selbst bestimmen, wann und wie weit ich mich mit dem Leid anderer auseinandersetze.
Im heutigen Bibeltext begegne ich einem Menschen, der dem Leid anderer nicht ausgewichen ist, sondern der dieses sogar auf sich genommen und ertragen hat. Das vierte „Gottesknechtslied", wie dieser Text auch genannt wird, ist einer der bekanntesten Texte des Jesajabuches. Es ist eine Rückschau auf das Leben eines Propheten, der den Juden, die nach ihrer Deportation im babylonischen Exil leben, Hoffnung macht auf eine Rückkehr nach Jerusalem. Und der die Weltherrschaft des jüdischen Gottes ankündigt. Er muss dabei so viel Unruhe gestiftet haben, dass die babylonischen Behörden ihn verhaften, foltern, hinrichten und seine Leiche auf irgendeiner Müllkippe vor der Stadt verscharren. Erst später erkennt man in dem verachteten und gequälten Unruhestifter einen Diener (Knecht) Gottes.
Seine Geschichte erinnert mich an einen Satz des China-Missionars Hudson Taylor: „Gott hilft uns nicht am Leiden vorbei, aber er hilft hindurch."
*Martina Hutler*

## Dienstag, 26. Februar

*Jesaja 53,7-12 → GNB/AT 684*

### Erinnerungshilfe

Woran werden Sie beim Lesen des heutigen Bibeltextes erinnert? Die ersten Christen haben dem Text von gestern und heute eine besondere Bedeutung zugemessen. Sie fanden darin das Leben von Jesus, seinen Tod und seine Auferstehung beschrieben. In Jesus Christus nimmt Gott das Leiden dieser Welt auf sich. Er trägt unsere Schuld, damit sie nicht auf uns zurückfällt. *Sünde* ist nach biblischem Verständnis zuerst die Trennung von Gott und nicht die moralische Verfehlung, die aus dieser Trennung erwächst. Diese grundsätzliche Trennung aber hat Gott in der Person von Jesus aufgehoben. Wer Jesus im Glauben als seinen Herrn anerkennt, ist vor Gott ohne Schuld, weil Jesus sie stellvertretend am Kreuz überwunden hat. Er hat sich nicht vor dem Leiden gedrückt. Seine Art zu leben, zu handeln und von Gott zu reden, hat ihn ans Kreuz gebracht. Als Unschuldiger stirbt er dort. Damit rettet er nicht nur einige Zeitgenossen, sondern öffnet der ganzen Menschheit einen Weg, Frieden mit Gott zu finden. Dieser Weg steht auch für Sie und mich offen. Werden Sie gerade daran erinnert, dass dieses Geschenk Ihnen heute gilt?
*Martina Hutler*

## Mittwoch, 27. Februar

*Lukas 18,31-34 → GNB/NT 106*

### Aller guten Dinge sind drei?!

„Muss ich immer alles dreimal sagen?" Diese vorwurfsvolle Frage meiner Mutter klingt mir noch im Ohr. Und dann ertappe ich mich dabei, dass ich sie selbst öfter im Unterricht meinen Schülern stelle.
„Muss ich immer alles dreimal sagen?" Diese Frage habe ich allerdings von Jesus nie gehört. Auch nicht nach der dritten Ankündigung seines Leidensweges und seiner Auferstehung. Er rechnet offenbar damit, alles dreimal sagen zu müssen, bis die Botschaft seine Zuhörer erreicht. In großer Gelassenheit *wiederholt* er sich. Verstehen seine Jünger nicht, weil sie nicht verstehen wollen - aus Angst vor dem, was kommt? Sind sie „taub" auf den Ohren aus Bequemlichkeit? Oder weil sie die vielen Informationen, die täglich auf sie einstürmen, nicht aufnehmen können?
„Wer Ohren hat zu hören, der höre!" Diesen Satz sagt Jesus. Wir dürfen die vielen Stimmen, die uns erreichen, filtern. Wir müssen nicht auf jeden „Mist" hören. Aber wir tun gut daran, unsere Ohren und Herzen weit aufzusperren und mit wachem Verstand aufzunehmen, was *Jesus* sagt. Auch wenn wir es vielleicht erst im dritten (oder vierten) Anlauf verstehen.
*Martina Hutler*

## Donnerstag, 28. Februar

*Lukas 18,35-43 → GNB/NT 106*

*Eine merk-würdige Geschichte*

Als ich mich in einer fremden Stadt orientieren muss, frage ich die Sekretärin: „Wo kann ich denn hier einen Mantel reinigen lassen?"
Sie greift zum Telefon und fragt jemanden am anderen Ende der Leitung, wann sie (!) den Mantel bringen kann und wie viel Rabatt sie bekommt. Ein *merk-würdiges* Verhalten! An diesen Vorfall muss ich denken, als ich den Bibeltext lese: Der Blinde lässt sich nicht einschüchtern durch gesellschaftliche Konventionen und verlässt den ihm zugewiesenen Platz im Vertrauen darauf, dass Jesus helfen kann. Ein *merk-würdiges* Verhalten, das Jesus belohnt. Er begegnet dem Blinden auf Augenhöhe und fragt mit Respekt: „Was soll ich für dich tun?" Eine *merk-würdige* Frage Jesu. Er verweist nicht auf geltende Verhaltensregeln, überschreitet keine persönlichen Grenzen oder agiert eigenmächtig ungebeten. Die Beharrlichkeit des Blinden zahlt sich aus. Nach seiner Heilung folgt er Jesus nach, preist Gott und bringt mit diesem Verhalten viele Menschen zum Lob Gottes. Merkwürdig! Welches *merk-würdige* Verhalten zeichnet Sie und mich aus?
*Martina Hutler*

## Freitag, 1. März

*Lukas 19,1-10 → GNB/NT 106*

*Es kommt auf die Größe an*

Zachäus ist also ein „Oberer" der Zöllner. Einer, zu dem man hinaufsieht. Einer in Uniform, dem man Respekt entgegenbringt. Ich sehe ihn vor mir, wie er mit stolzer Brust (und fiesem Grinsen) das Geld abkassiert und ein Großteil davon in seine eigene Tasche wandert. Ein Oberer? Ganz oben steht der Betrug. Aber wie angesehen ist so „ein Oberer"? Seine Sehnsucht, Jesus zu sehen, kommt nicht von ungefähr. Äußerlich klein und nur „groß" durch seine Position, muss er auf einen Baum steigen. Eine Witzfigur! Dann geschieht das Unerwartete: Jesus lädt sich bei ihm ein. Ein Skandal in den Augen der Leute. Ein Segen für Zachäus. Was wohl zwischen Jesus und ihm besprochen wird? Das Ergebnis überrascht jedenfalls: Die bisher fehlende innere Größe scheint Zachäus geschenkt worden zu sein. Jesus hat ihm, unabhängig von Rang und Namen, echtes An-Sehen verliehen. Und Zachäus kehrt um, bereut, zieht Konsequenzen. Jetzt kommt zusammen, was zusammen gehört: Äußere Position und innere Größe. Heilung geschieht - vom Betrug und von der Selbstsucht. Die Blickrichtung wird neu definiert.
So ist Jesus: Er ist da für die „kleinen Leute". Wohl dem, der wie Zachäus diese Chance ergreift.
*Martina Hutler*

**40**

### Gerechtigkeit Gottes

„Es gibt eine Wahrheit hinter der Wahrheit." An diesen Satz muss ich immer denken, wenn ich in der Bibel eine Gleichnis-Geschichte lese. Gleichnisse sind bildhafte Rede von Gott. Jesus will mit ihnen deutlich machen, welche Regeln gelten, wenn Gott im Spiel ist, und worauf es im Reich Gottes wirklich ankommt. Es gilt also, zwischen den Zeilen zu lesen und „die Wahrheit hinter der Wahrheit" zu entdecken. Im heutigen Gleichnis teilt ein König Geld aus mit dem Auftrag, dieses zu vermehren. Das tun seine Knechte. Entsprechend werden sie belohnt. Vordergründig erscheint es vielleicht ungerecht, weshalb der eine Macht bekommt über zehn Städte, und der andere, der sich ebenso um die Vermehrung des Geldes bemüht hat, bekommt nur Macht über fünf Städte. Aber wer so denkt, misst mit den eigenen Maßstäben. Gott hat andere Kriterien: Er verlangt von keinem Menschen mehr, als dieser leisten kann. Er gibt jedem Menschen Gaben mit auf den Weg und damit verbundene Aufgaben. Es kommt am Ende nicht auf den Betrag an, der unter dem Strich messbar herauskommt, sondern auf die Treue und auf die Sorgfalt bei der Erfüllung der Aufgabe. Jeder nach *seinen* Möglichkeiten.
Gott fordert uns (heraus), aber er überfordert nicht. So (gerecht) geht es zu in einer Welt nach *seinen* Maßstäben.
*Martina Hutler*

### Falsches Gottesbild

Als der Opa gesundheitlich angeschlagen war, sollten unsere Söhne für ihn Brennholz einlagern. Aus Liebe zu ihm und aus Stolz über die große Verantwortung gaben sie ihr Bestes bei dieser Aufgabe – und schafften das ganze Holz.
Auch die beiden ersten Knechte setzten sich aus Liebe zu ihrem Herrn und aus Verantwortungsgefühl voll für ihren Auftrag ein. Der dritte Knecht jedoch hatte ein sehr negatives Bild von seinem Herrn im Kopf, obwohl es dafür im Text keinen ersichtlichen Grund gibt. Im Gegenteil: Der Herr wird als großzügig, ermutigend und wertschätzend dargestellt. Sein (falsches) *Bild* macht dem Knecht Angst. Diese Art von Angst aber lähmt und macht handlungsunfähig.
Gott möchte nicht, dass unsere Beziehung zu ihm von Angst geprägt ist. Vielleicht erzeugt durch falsche Gottesbilder, die in unseren Köpfen herum spuken. Er begegnet uns mit Liebe und wünscht sich Liebe von uns. Liebe, die zum Handeln bewegt und *heraus*fordert – in seinem Auftrag. Liebe, die aber nicht *über*fordert.
Je enger unsere Beziehung zu Gott wird, desto mehr korrigiert sich auch ein falsches Bild. Und wir erkennen immer besser, wie Gott wirklich ist. Machen wir uns auf zu einer spannenden Entdeckungsreise!
*Susanne Bosch*

## Montag, 4. März

*Lukas 19,28-40 → GNB/NT 107*

*Ein fröhlicher Geber?*

Die Kirchengemeinde unseres Dorfes veranstaltete einen Weihnachtsbasar, dessen Erlös für die Renovierung der Kirche bestimmt war. Vereine, Firmen, Gruppen des ganzen Dorfes packten mit an und brachten Zeit, Arbeitskraft und Material ein. Vermutlich gab es dafür sehr unterschiedliche Beweggründe. Aber heute können alle Beteiligten die sanierte Kirche mit Stolz betrachten, weil jeder seinen Teil zum Gelingen des Unternehmens beigetragen hat.

Im heutigen Bibeltext geht es vor allem um den umjubelten Einzug von Jesus in Jerusalem. Schon immer hat mich allerdings das Verhalten einer „Nebenfigur" in dieser Geschichte fasziniert: Was hat wohl den Besitzer des Esels dazu gebracht, sein Tier einfach fremden Leuten mitzugeben? Allein auf deren Wort hin: „Der Herr braucht ihn." Über die Beweggründe des Mannes können wir nur spekulieren: Angst, Hoffnung auf eine Belohnung oder der ehrliche Wunsch, seinen Besitz Jesus zur Verfügung zu stellen?

Gott beschenkt seine Kinder reich! Aber wir sind auch gefordert, unseren Besitz, unsere Gaben ihm zur Verfügung zu stellen. Können Sie das mit fröhlichem Herzen tun? Aus lauter Freude darüber, dass Sie damit zum Aufbau von Gottes Herrschaft beitragen?

*Susanne Bosch*

## Dienstag, 5. März

*Lukas 19,41-44 → GNB/NT 108*

*Liebeskummer*

Voller Kummer berichten mir die Eltern, wie sie ihre Tochter von klein auf geliebt und ihre Liebe auch auf viele Arten ausgedrückt haben. Trotzdem wendet sie sich nun von ihnen ab. Ist ihnen entfremdet. Das tut weh, denn die junge Frau liegt ihren Eltern nach wie vor sehr am Herzen!

Jesus hat in und um Jerusalem schon viel erlebt. Die Stadt und ihre Bewohner liegen ihm am Herzen. Doch seine tiefe Liebe bleibt unerwidert, sein Angebot „Frieden mit Gott" wird ausgeschlagen. Darüber ist er tief traurig.

Auch heute noch. Denn wie einst Jerusalem liegen Sie ihm heute sehr am Herzen. Er bietet Ihnen seine tiefe Liebe – wie antworten Sie darauf? Er bietet Ihnen Frieden mit Gott, Versöhnung mit ihm, mit sich selbst, Ihrer Vergangenheit. Mit dem, was aus Ihrem Leben geworden ist. Versöhnung auch mit Menschen und Umständen, unter denen Sie vielleicht leiden.

Sie können dieses Angebot jetzt zum ersten Mal oder auch wieder neu annehmen. Dann verwandelt sich die Trauer in unbändige Freude!

*Susanne Bosch*

*Lukas 19,45-48* → *GNB/NT 108*

*Lukas 20,1-8* → *GNB/NT 108*

*Platz für das Eigentliche*

Das Gästezimmer in unserem Haus wurde lange Zeit als Abstellraum für alles benutzt, was sonst keinen richtigen Platz im Haus hatte. Das war für uns kurzfristig eine recht bequeme Lösung. Allerdings konnten wir so das Zimmer kaum dazu gebrauchen, wofür es eigentlich gedacht war – für Gäste! Viel zu viel Gerümpel befand sich darin. Erst nach einer großen Aufräumaktion, bei der wir uns auch von vielen Dingen trennten, war es wieder für den ursprünglichen Zweck brauchbar.

Im Tempel von Jerusalem hatte sich viel angesammelt, das für sich genommen nichts Schlechtes war. Allerdings überlagerte die „Markt-Atmosphäre" die eigentliche Bestimmung des Gotteshauses: Er sollte ein Ort sein, an dem man in Gottes Gegenwart treten konnte - auf ihn hören, mit ihm reden.

An welchem Ort und zu welcher Zeit begegnen Sie Gott besonders intensiv?

Gibt es Umstände, die für die Begegnung mit ihm hinderlich sind? Vielleicht Sorgen, Ungeduld (das ist mein „Favorit"), ein falsches Bild von Gott, die Pflichten des Tages?

Bitten Sie doch Jesus, auch bei Ihnen zu entrümpeln und genießen Sie dann in vollen Zügen die Gegenwart Gottes. So hat sich Gott das ursprünglich gedacht!

*Susanne Bosch*

*Beziehungsfragen*

„Welche Zahncreme benutzen die Mitglieder Ihres Haushaltes? Für welche Sportarten interessieren Sie sich?" Immer wieder mal soll ich an einer Umfrage teilnehmen und dabei persönliche Fragen von Menschen beantworten, denen ich als Person völlig egal bin. Denn es geht ihnen nur um mein Konsumverhalten, nicht aber um eine persönliche Beziehung zu mir.

Auch den Pharisäern ging es nicht um eine echte, persönliche Beziehung zu Jesus. Mit ihrer Frage wollten sie ihm eine Falle stellen, um ihn letztlich aus dem Weg zu räumen. Mich begeistert die Reaktion von Jesus: Total souverän! Er durchschaut die Absicht und ist dennoch höflich ablehnend. Ich fürchte, ich hätte solche Leute ganz schön runtergeputzt. Wie anders geht Jesus im Vergleich dazu mit Leuten um, die mit echten Fragen zu ihm kommen (vgl. Lukas 18,18ff). Die wirklich an einer persönlichen Beziehung zu ihm interessiert sind! Denen zeigt er nicht die kalte Schulter.

Es gibt Fragen, mit denen sich Menschen zu Jesus nur „vom Leib halten" wollen. Wenn Sie aber echte Fragen umtreiben, dann gehen Sie damit zu ihm! Er hat ein weites und offenes Herz für alle Unsicheren, Verzweifelten und Suchenden, wenn sie ehrlich an ihm interessiert sind!

*Susanne Bosch*

### Gottes-Bilder

Ich hatte lange ein sehr einseitiges Gottesbild. Danach war Gott der Allwissende, der jeden meiner Fehler sah. Was bedeutete: Dem kann ich nie gut genug sein. Diesen Gott musste ich irgendwie zufrieden stellen. Und das war aber im Grunde nicht zu schaffen.

Erst allmählich entdeckte ich eine andere Seite Gottes, die ich bis dahin nur theoretisch kannte: Seine unendliche Liebe. Die alles für mich gegeben hat. Ich entdeckte seine Freude an mir. Auch seine Freude, mir Gutes im Überfluss zu tun.

Diese Entdeckungsreise ist für mich noch nicht abgeschlossen. Immer mal wieder kommt die alte Angst hoch, Gott nicht zu genügen.

Dann versuche ich, nahe an ihn heranzurücken, die Beziehung zu vertiefen und so seiner Liebe zu begegnen.

*Susanne Bosch*

*Ich bin Jahrgang 1968, verheiratet und Mutter von zwei Kindern. Ich habe eine Beratungspraxis für Menschen in Lebenskrisen und halte Vorträge und Seminare zu Erziehungs- und Beziehungsthemen. Als Ausgleich liebe ich Aktivpausen wie Walking oder Wanderurlaub.*

## Freitag, 8. März

*Lukas 20,9-19 → GNB/NT 108*

### Besitzansprüche

Der Weinberg gehörte dem Besitzer. Er hatte ihn angelegt und somit jedes Recht daran. Mit den Pächtern wurde in der Regel ein bestimmter Anteil des Ertrages als Pachtzahlung festgelegt. Den Rest durften sie für sich verwenden und wären damit sicher bestens versorgt gewesen. Dann jedoch kam ihnen wohl der Gedanke, ein Eigentümer, der weit weg und nicht sichtbar ist, könne ihnen kaum gefährlich werden. Die Gier packte sie. Besitzrechte und Abmachungen kümmerten sie nicht. Und wer sie daran erinnern wollte, wurde gewaltsam zum Schweigen gebracht.

Mich macht dieses Gleichnis nachdenklich. Gott hat mir mein Leben geschenkt, das darf und soll ich „verwalten". Ich darf es genießen, mich an den Annehmlichkeiten und Gaben freuen. Letztlich bin ich Gott aber Rechenschaft schuldig, was ich mit dem mir Anvertrauten gemacht habe: Gestalte ich mein Leben so, dass andere und ich dadurch bereichert werden? Oder halte ich mir Gottes Anspruch an mich vom Leib? Nach dem Motto: Der ist ja so weit weg, der wird sich wohl nicht darum kümmern, was ich mache?

Wo entdecke ich heute Gottes Fülle in meinem Leben? Wofür kann ich ihm danken? Was kann ich anderen weitergeben?

*Susanne Bosch*

## Samstag, 9. März

*Lukas 20,20-26 → GNB/NT 109*

### Begegnung statt Verachtung

Als Lehrerin kann ich so richtig bissig werden, wenn Schüler versuchen, mich bewusst zu hintergehen. Ich weiß allerdings nicht, ob das die richtige Art ist, um die Schüler zu einem anderen Verhalten zu bewegen...

Jesus sollte zu einer Aussage verleitet werden, die sein Todesurteil hätte sein können. Mich begeistert, wie er mit solchen (Fang)Fragern umgeht. Er erkennt die Falle und könnte in aller Öffentlichkeit seine Überlegenheit ausspielen. Die Frager voller Verachtung bloßstellen. Wäre das nicht eine prima Gelegenheit gewesen, seine Gegner in ihre Schranken zu weisen?

Aber das ist nicht seine Art – auch nicht gegenüber seinen Gegnern. Er versucht auch diese Intriganten möglichst persönlich anzusprechen, sie zum fruchtbaren Nachdenken zu bewegen.

So begegnet Jesus Menschen – auch Ihnen! Vielleicht haben Sie manchmal das Gefühl, Sie hätten nur Zurechtweisung oder Ablehnung von Gott verdient. Dann rufen Sie sich in Erinnerung, was Sie heute über Jesus gelesen haben: Sicher will er Sie „auf den rechten Weg" bringen. Aber er tut das nicht mit Verachtung und Herabsetzung, sondern durch eine liebevolle, persönliche Begegnung. Das kann einem schon mal die Sprache verschlagen!

*Susanne Bosch*

*Lukas 21,1-4* → *GNB/NT 110*

*Lukas 21,5-11* → *GNB/NT 110*

### Alles gegeben

Ich saß im Gottesdienst, konnte der Predigt aber nicht wirklich folgen. Meine Gedanken waren bei einer Frau, die unbedingt eine neue Waschmaschine brauchte. Sie hatte aber kein Geld dafür. „Es ist deine Sache, ihr zu helfen!" hörte ich innerlich eine Stimme. Aber wir lebten doch selbst von sehr wenig. Es gab viel reichere Leute in der Gemeinde! Doch die Stimme siegte, denn sie kam von Gott. Nach dem Gottesdienst gab ich der Frau einen Scheck über den Betrag, den sie für die Waschmaschine brauchte. Sie umarmte mich mit Tränen in den Augen.

Als sich der letzte Gottesdienstbesucher von mir verabschiedete, sagte er: „Bevor ich heute zum Gottesdienst ging, legte Gott mir einen Geldbetrag auf mein Herz. Und den soll ich euch zukommen lassen." Er drückte mir einen Scheck in die Hand. Mit großen Augen sah ich darauf genau den Betrag, den ich zuvor der Frau geschenkt hatte.

„Sie hat alles gegeben", sagt Jesus. Diese Frau legt ihr Herz in den Opferkasten, nicht nur ihre zwei Kupfermünzen. Sie tut es in dem Vertrauen, dass Gott für sie sorgen wird.

Wer Gott in sein Herz hineinsprechen lässt und hinhört, wird immer als Beschenkter zurückbleiben. Egal, wie *arm* er sich schenkt.

*Ruth Heil*

### Jesus - ein Miesmacher?

Vor kurzem war ich in Kamerun. Dort findet man gelegentlich alte Gebäude, die vor etwa hundert Jahren von den Deutschen errichtet worden sind. Spärlich renoviert lassen sie doch erahnen, welche Prachtbauten sie einmal waren. Jetzt sind sie vor allem von Verfall gekennzeichnet. Während die Menschen den herrlichen Tempel in Jerusalem bewundern, erinnert Jesus daran, dass kein Stein auf dem anderen bleiben wird. Er spricht von Verirrungen und Verwirrungen, von Kriegen und schrecklichen Naturereignissen.

Ist Jesus ein *Miesepeter*, der alles nur negativ sieht? Absolut nicht. Er hat schließlich auch schon Wasser in Wein verwandelt...

Aber Jesus verschließt nicht die Augen vor dem Ernst der Lage: Diese Welt und alles in ihr ist vergänglich! Allerdings weist er alle Spekulationen zurück, aufgrund bestimmter geschichtlicher Ereignisse könnte man das Ende der Welt „errechnen". „Lasst euch nicht täuschen!", mahnt er.

In diesem Sinne sind seine Worte vom Kommenden tröstlich. Gott weiß bereits alles und hat es in der Hand.

Für mich heißt das: Wenn ich zu Jesus Christus gehöre, bin ich in seinen Händen geborgen. Egal, was um mich herum passiert. Persönlich und weltgeschichtlich.

*Ruth Heil*

*Lukas 21,12-19 → GNB/NT 110*

*Lukas 21,25-33 → GNB/NT 111*

### Angegriffen

Während meiner Zeit als Schwesternschülerin hatte ich viele Gelegenheiten, Menschen etwas von meinem Glauben weiterzugeben. Oft saß ich am Bett eines Schwerkranken und sprach ihm Trost zu. Meist wurde das wohlwollend von den Stationsschwestern geduldet.
Doch auf einer Station gehörte meine Vorgesetzte der Bahai-Religion an. Sie verbot mir, mit den Kranken zu beten. Sie machte mir das Leben schwer und bezichtigte mich der Unruhestiftung auf der Station. Ihre Religion würde letztlich die Welt bestimmen und Frieden schaffen, belehrte sie mich. Als Konsequenz spickte sie meine Beurteilung mit falschen Behauptungen. Sie schrieb ausschließlich Negatives in meine Unterlagen, die zum Examen eingereicht wurden. Ich wusste, dass sie damit meine Note ruinieren konnte. Ich war dagegen machtlos und übergab die ganze Sache Gott. Er wusste um alles.
Später erfuhr ich, dass die Bewertung dieser Frau nicht in die Examensnote eingeflossen war. Die Prüfer hatten ihre Befangenheit wohl bemerkt. Gott hatte für mich gekämpft. Ich hatte mich für ihn eingesetzt – und jetzt er für mich.
Ich lade Sie ein, Gott heute neu zu vertrauen, dass er auch Ihre Sache in der Hand hat. Wenn Sie angegriffen werden, weil Sie ihm treu sind.
*Ruth Heil*

### Halb tot vor Angst

Ich hatte einige Vorträge in Bangkok gehalten. Danach lud eine Hotelbesitzerin mich mit meinen Begleiterinnen in ihr Haus nach Pukhet ein. Es lag direkt am Meer. Ein Traum! Wir genossen die Wärme, das azurblaue Wasser, die liebevolle Bewirtung.
Einige Jahre später sahen wir dann entsetzliche Bilder von dort. Der furchtbare Tsunami hatte eine verwüstete Landschaft zurückgelassen mit Tausenden von Toten! Schreckliche Katastrophen wie diese erschüttern die Menschheit immer wieder.
Jesus beschönigt nichts. Er spricht davon, dass Menschen halb tot vor Angst sind. Auch als Christen sind wir mittendrin in den Schrecknissen dieser Welt. Wir stehen nicht über den Dingen. Doch leuchtet über dem Entsetzen die Botschaft von Jesus: „Erhebt freudig euren Kopf!" Denn Jesus lässt uns wissen: Diese Welt ist nicht das Letzte! Seine Nachfolger sollen sich nicht beeindrucken lassen von den Dingen, die nicht zu ändern sind. Sie sollen auf das Ziel schauen. Die Zeit auf der Erde ist ein Durchgang zur ewigen Herrlichkeit bei Jesus.
Darauf dürfen wir schauen. Dafür lohnt es sich, auszuhalten.
*Ruth Heil*

## Donnerstag, 14. März

*Lukas 21,34-36 → GNB/NT 111*

### Sorgenvolle Gedanken

Ich erlebte eine schwierige Zeit. Mein Mann war lebensgefährlich erkrankt. Oft lag ich nachts im Bett und konnte vor Sorgen nicht schlafen. Würde er die Krankheit überstehen? Wie sollte ich weiterleben ohne ihn? Wie sollte ich das alles kräftemäßig und finanziell schaffen? Es kreiste und kreiste. Ich war buchstäblich eine Gefangene meiner sorgenvollen Gedanken. Bis ich endlich an den Punkt kam zu sagen: „Egal, was passieren wird: Jesus, sei du da und hilf mir!" Sorgen können uns wirklich gefangen nehmen. Die Gedanken sind ständig davon bestimmt und nicht mehr frei. Und doch ändern sie nichts an den Dingen, die uns bedrücken.

„Bleibt wach!" sagt Jesus. Und das meint nicht, dass wir ohne Schlaf auskommen sollen. Es heißt: Bete. Blick in allem auf Jesus. Und dann überlass deine Sorgen wirklich ihm. Lass dich nicht dazu verleiten, dich von Sorgen zerfressen und zerstören zu lassen. Übe so das Vertrauen zu Gott in allen Lebenssituationen! Welche konkreten Sorgen wollen Sie heute Gott übergeben?

*Ruth Heil*

## Freitag, 15. März

*Lukas 22,1-6 → GNB/NT 111*

### Marionetten

Karin saß vor mir und weinte. So hatte sie sich das alles nicht vorgestellt. Der Mann, den sie liebte, hatte sie verlassen. Gleich, als er hörte, dass sie ein Kind von ihm erwartet. Sie blieb verzweifelt zurück. Eine *liebe* Bekannte riet ihr zur Abtreibung. Sie nannte dafür auch eine *gute* Adresse. Und dann hatte Karin alles nur noch wie eine Marionette mit sich geschehen lassen... Jetzt, viele Jahre danach, wurde sie deshalb von Selbstmordgedanken geplagt. *Da fuhr der Satan in Judas.* Auch Judas wurde zu einer Marionette. Er ließ zu, dass der Satan seine Gedanken beherrschte. Geld spielte wohl eine Rolle bei seinem Handeln. Aber vielleicht war es noch mehr der Gedanke, dass Judas der Weg von Jesus nicht gefiel. Dass er weltliche Macht und menschlichen Ruhm ablehnte. Was wir in unseren *Gedanken* zulassen, wird in uns Raum gewinnen. Was wir *füttern,* wächst. Deshalb sollen wir immer wieder prüfen, woher die Gedanken kommen, die uns bewegen. Wir sollen sie uns bewusst machen. Denn wir können sehr wohl entscheiden, ob wir sie zulassen oder von uns weisen.

Auf welche Stimmen höre ich? Welche Gedanken lasse ich zu, weil sie scheinbar einen Ausweg zeigen? Obwohl ich weiß, dass sie nicht Gottes Willen entsprechen?

*Ruth Heil*

## Samstag, 16. März

*Lukas 22,7-13 → GNB/NT 112*

*Raum für Gott*

Wir hatten für unsere Reisegruppe einen Platz am See Genezareth gebucht und bereits bezahlt. Unter einem Zeltdach saßen wir dort vor einem Stein, der als Altar diente. Er war mit einem Kreuz versehen. Wir sangen und hörten auf Texte aus der Bibel. Da tauchte eine weitere Gruppe auf. Sie behaupteten ein Anrecht auf den Platz zu haben, an dem wir uns befanden. Wir beschlossen nachzugeben. Ein Stück weiter ließen wir uns erneut nieder und genossen die Gemeinschaft miteinander und mit Gott. Es war nicht so gemütlich wie zuvor. Aber Gott hatte Raum bei uns, nämlich in unseren Herzen.

Jesus schickt seine Jünger los, um einen Raum für das Passafest vorzubereiten. Er wollte dort mit ihnen gemeinsam das Abendmahl feiern.

Er bittet auch uns heute als seine Nachfolger, dass wir ihm Raum schaffen in unserem Leben. Um dort mit ihm Gemeinschaft zu haben. Dabei spielt das Äußere viel weniger eine Rolle als unser Inneres. Jesus will sich uns mitteilen. Dazu brauchen wir Zeit, Ruhe und ungeteilte Aufmerksamkeit für ihn. Wir müssen Raum finden, in dem er mit uns reden kann. Er fragt Sie heute ganz persönlich: Welchen Raum stellst du mir zur Verfügung, damit ich mit dir Gemeinschaft haben kann?

*Ruth Heil*

## Sonntag, 17. März

*Lukas 22,14-23 → GNB/NT 112*

*Gemeinschaft, die Kraft gibt*

Finden Sie auch, dass die Tischgemeinschaft mit Menschen, die man mag, etwas Besonderes ist? Erst neulich waren wir bei Freunden zu einem schönen Essen eingeladen. In Ruhe zusammensitzen, miteinander reden und genießen – das ist für mich ein Fest der Gemeinschaft und trägt mich weit über diesen Moment hinaus.

Jesus weiß, dass ihm Leiden und Tod direkt bevorstehen. Er nimmt sich Zeit, um mit seinen Freunden das traditionelle Passamahl zu feiern. Die innige Tischgemeinschaft soll ihn stärken – er sagt, dass er sich danach gesehnt hat – und gleichzeitig möchte er den Jüngern etwas Wichtiges mitgeben. Dieses Mahl soll ihnen über den Tod und die Auferstehung von Jesus hinaus im Gedächtnis bleiben und ihnen das, was Jesus für sie getan hat, fühlbar, sichtbar und schmeckbar in Erinnerung bringen.

Wenn wir heute im Gottesdienst Brot und Wein miteinander teilen, gesellen wir uns innerlich zur Runde der Jünger und werden Teil einer tiefen Gemeinschaft, in der Jesus das Zentrum ist. Die Vergegenwärtigung seiner Liebe, seines Lebens und Sterbens verbindet uns fest mit ihm und miteinander. So wird das Abendmahl zu einer kostbaren Kraftquelle für die Herausforderungen des Alltags.

*Ulrike Chuchra*

14. – 17. März

*Lukas 22,24-30* → *GNB/NT 112*

*Lukas 22,31-34* → *GNB/NT 112*

### Was wirklich zählt

Ein Streit, wer der Größte ist? Das ist ja wie im Kindergarten. Typisch *Männer*! Oder? Mein Eindruck ist, dass wir *Frauen* meist nicht offen, sondern auf subtile Weise miteinander konkurrieren. Wir sagen nicht: Ich bin die Größte! Sondern beklagen uns darüber, dass ohne uns nichts läuft. Wir sagen nicht: Ich bin wichtig! Sondern erwähnen nebenbei, was der Oberbürgermeister neulich zu uns gesagt hat. Man kann die eigene Bedeutung auch hervorheben, ohne so offensichtlich zu prahlen, wie die Jünger es in unserem Text tun. Anerkennung und Einfluss – wer hätte das nicht gern, wer sonnt sich nicht darin?
Es trifft mich immer wieder mitten ins Herz, wenn ich sehe, welche Maßstäbe Jesus setzt und vorlebt. Bei ihm finde ich kein Streben nach Macht. Tyrannei liegt ihm fern. Er bewegt die Welt durch Erniedrigung und Selbstlosigkeit. Der Herr der Welt wird zum Diener. Wie gelingt es ihm, sich so frei zu machen vom menschlichen Verlangen, groß herauszukommen? Sein Geheimnis ist, dass er ganz seinem Vater gehorsam ist und ganz aus Liebe handelt.
*Herr, mach mich aufmerksam, wo ich in der Gefahr stehe, mich – offen oder insgeheim – über andere zu erheben, und lehre mich zu erkennen, was wirklich zählt.*
*Ulrike Chuchra*

### Wenn es hart auf hart kommt

Was wäre, wenn? Was würde ich tun, wenn ich Zeuge eines Überfalls wäre? Würde ich in einem totalitären Staat Widerstand leisten? Würde ich unter Androhung von Folter zu meinem Glauben stehen? Ich kann zwar sagen, wie ich mich gern verhalten *würde*, doch wie ich mich in einer solchen Extremsituation tatsächlich verhalte, das weiß ich nicht.
Die Jünger bewegen sich am Rande einer Katastrophe. Sie spüren, dass sich etwas zusammenbraut. Beunruhigt fragen sie sich vielleicht auch manchmal, was sie im äußersten Fall tun werden. Petrus hat den festen Willen, unter allen Umständen zu Jesus zu halten. Petrus schätzt seine eigene Standfestigkeit falsch ein. Jesus weiß genau, dass dieser Mann im entscheidenden Moment nur noch versuchen wird, sich selbst zu retten. Darum warnt er Petrus vor. Nicht, um ihn zurechtzustutzen, sondern um ihm eine Zusage zu machen, an der er sich festhalten kann. Er signalisiert ihm: Ich glaube an dich, auch wenn dein Glaube wankt. Ich baue auf dich, auch wenn du nicht immer zuverlässig bist. Ich halte an dir fest, auch wenn du mich loslässt. Diese Barmherzigkeit gilt auch mir, wenn ich nicht so mutig, so treu, so konsequent bin, wie ich es gern wäre. Gott sei Dank!
*Ulrike Chuchra*

*Lukas 22,35-38 → GNB/NT 113*

*Lukas 22,39-46 → GNB/NT 113*

### Stimmungsumschwung

Eisberge schmelzen, ehemals fruchtbares Land wird zur Wüste – sorgenvoll beobachten wir die Anzeichen eines Klimawandels. Solche Veränderungen gibt es jedoch nicht nur im Bezug auf das Wetter, sondern auch politisch und gesellschaftlich. Die Stimmungslage in einem Land kann plötzlich umschlagen und aus heiterem Himmel weht auf einmal ein feindlicher Gegenwind. So einen Stimmungsumschwung sieht Jesus auf sich zukommen. Bisher ist er von den Menschen gefeiert worden, sie haben ihn bejubelt und umschwärmt. Seine Jünger waren gern gesehen. Wohin sie auch kamen, wurden sie mit Nahrung und Unterkunft versorgt.

Doch das wird sich ändern. Bald wird Jesus wie ein Verbrecher sterben und auch seine Nachfolger werden nicht unbehelligt bleiben. Das Schwert, von dem Jesus spricht, ist als Bild dafür zu verstehen, dass seine Jünger mit Druck und Verfolgung rechnen müssen. In ihrer Verwirrung missverstehen sie Jesus. Natürlich sollen sie nicht mit Waffengewalt Widerstand leisten, sondern mit einem festen Glauben.

Wie entwickelt sich die gesellschaftliche Stimmung in unserem Land weiter? Werden wir als Christen eines Tages auch „unter Beschuss" stehen? Wie können wir uns dagegen wappnen?
*Ulrike Chuchra*

### Dunkle Stunden

Neulich traf ich eine Freundin, die vor kurzem ihren Mann verloren hat. Sie sah erschöpft aus und ich spürte die Trauer hinter ihrem tapferen Gesicht. Gern hätte ich ihr etwas Tröstendes gesagt, aber ich hatte das Gefühl, sie nicht wirklich in ihrem Schmerz erreichen zu können. Sie geht durch eine Tiefe an Leid, die ich nicht wirklich ermessen und nicht teilen kann.

Ich glaube, die Jünger erleben es ähnlich in dieser Nacht, als sie Jesus in den Garten Getsemani begleiten. Sie lieben ihn und wollen für ihn da sein, aber sie sind auch verstört und hilflos und können nicht erfassen, was in ihm vorgeht. In ihrer Erschöpfung schlafen sie ein, während Jesus seinen Leidensweg vor sich sieht und darum ringt, sein Ja zu Gottes Willen zu erneuern. Blut und Wasser schwitzt er vor Angst. Er ist ganz Mensch in dieser Qual - und ganz allein.

Ich bin dankbar, dass die Bibel so ehrlich erzählt, dass Jesus nicht immun war gegen Angst, Zweifel und Schmerz. Es erschüttert mich, dass er so leiden musste. Aber es zeigt mir auch, wie tief seine Liebe ist. Für uns, für mich hat er das ertragen. Und es gibt mir die Sicherheit, dass er in jeder Angst, jedem Zweifel, jedem Schmerz als Bruder bei mir ist.
*Ulrike Chuchra*

18. – 21. März

## Freitag, 22. März

*Lukas 22,47-53 → GNB/NT 113*

### Ausgeliefert

In seinem Buch „Der König von Narnia" überträgt C.S. Lewis Elemente des Evangeliums in eine fantastische Welt, in der auch Tiere sprechen können. Besonders eindrücklich ist seine Schilderung, wie Aslan, der König der Tiere, sich freiwillig in die Hände seiner Feinde gibt, um einen Jungen zu retten. Der gewaltige Löwe wehrt sich nicht, als er gefesselt und erniedrigt wird. Was seine Feinde für einen Triumph halten, ist aber in Wirklichkeit der einzige Weg, um die bösen Mächte zu besiegen.

Im Schutz der Nacht haben die Gegner von Jesus ihn mit einem bewaffneten Trupp und mit Hilfe eines Verräters überwältigt. Vielleicht meinen sie, ihnen sei ein großer Coup gelungen. Doch all das geschieht nicht, weil Jesus schwach und schutzlos wäre. Es geschieht, weil er es zulässt. Er könnte die Engel zu seiner Hilfe herbeirufen oder sich von seinen Freunden verteidigen lassen. Nichts davon will er. Er heilt sogar den Schaden, den ein verwirrter Jünger mit seinem Schwert anrichtet.

Es ist bitter und schmerzhaft, wie Jesus sich ausliefert. Doch was so schmachvoll und wie ein Scheitern aussieht, geschieht freiwillig und bewusst. Er gibt sich hin, um die Macht des Bösen zu brechen und uns zu retten - Sie und mich.

*Ulrike Chuchra*

## Samstag, 23. März

*Lukas 22,54-62 → GNB/NT 113*

### Totalversagen

„Ich kenne ihn überhaupt nicht!" – Ist es nicht entsetzlich, so etwas über einen Menschen zu sagen, zu dessen engstem Kreis man gehört hat? Judas hat Jesus verraten, indem er seine Feinde zu ihm geführt hat. Petrus verrät Jesus, indem er sich von ihm distanziert – drei Mal! Dann wird er von Reue und Scham überwältigt.

Es ist die Stunde der Wahrheit für Petrus. „So bin ich", wird er sich sagen, „schwach und unfähig, ein Versager, ein Großmaul, ein Lügner. In einem Wort: der Allerletzte! Und nicht wert, Nachfolger von Jesus zu heißen."

Ach Petrus! Du bist nur einer in einer langen Reihe von Nachfolgern, die in entscheidenden Momenten versagt haben. Die aus Angst geschwiegen oder das Falsche gesagt haben. Deren Verhalten nicht mit ihrem Bekenntnis übereinstimmte. Aber weil Jesus, unser Herr, auf so einen wie dich seine Gemeinde baut (Matthäus 16,18), besteht für jeden von uns Hoffnung. Unsere Schwachheit hält ihn nicht davon ab, uns zu vertrauen und in Dienst zu nehmen.

*Ulrike Chuchra*

## Sonntag, 24. März

*Lukas 22,63-71* → *GNB/NT 114*

### Kreuzträger

„De imitatione Christi" (Die Nachfolge Christi) heißt ein bekanntes Andachtsbuch aus dem Mittelalter, das auch heute noch viel gelesen wird. Darin wird an einer Stelle beklagt, dass es zwar eine Menge Liebhaber des himmlischen Reiches gäbe, aber nur wenige Kreuzträger.
Lange Zeit hindurch, in manchen Kreisen bis heute, ging und geht es darum, sich selbst ein Kreuz zu suchen und auf diese Weise ein „Kreuzträger" zu werden. Damit habe ich meine Mühe. Denn wer Leiden sucht, gar Leiden braucht, folgt der Jesus nach? Jesus wird im heutigen Text wörtlich und im übertragenen Sinn vorgeführt, er wird verspottet und geschmäht. In gesellschaftlichen und politischen Debatten taucht in der Schweiz immer öfter ein neues Schmähwort auf: der „Gutmensch". Wer nicht einstimmt in die Verachtung von Bedürftigen, Fremden, Zukurzgekommenen, wird als solcher diffamiert. Wenn ich nicht mitmache bei der Suche nach einem Sündenbock; wenn ich mich auch in die andere Sichtweise hineindenke und deswegen als „Gutmensch" verhöhnt werde, ist das kein selbstgewähltes Kreuz. Aber eines, das ich mit Stolz und einem gewissen Trotz trage.
*Thomas Markus Meier*

## Montag, 25. März

*Lukas 23,1-12* → *GNB/NT 114*

### Von Pontius zu Pilatus

Wer von einer (Amts-)Stelle zur nächsten gewiesen wird, fühlt sich von Pontius zu Pilatus geschickt. Der Prokurator, den wir aus dem Glaubensbekenntnis als Pontius Pilatus kennen, schickt den Angeklagten Jesus auch weiter. Wozu sich abmühen, wenn andere zuständig sein könnten? Von daher das sprichwörtliche Schieben von Pontius zu Pilatus, wenn niemand zuständig sein und Verantwortung übernehmen will. Ich habe selber erlebt, dass ich telefonisch mehrfach weitergereicht wurde und am Schluss wieder dort landete, wo ich zuerst angerufen hatte...
Dass (Pontius) Pilatus den Angeklagten zu Herodes abschiebt, nützt ihm nur wenig. Das „Geschenk" kommt zurück. Immerhin konnten andere zuvor ihren Mutwillen mit ihm treiben. Einzig Jesus spielt das Spiel nicht mit. Während er dem zuständigen Pilatus antwortet, verweigert er sich Herodes. Auch wenn er äußerlich hin- und hergeschoben wird, bleibt er innerlich standfest. Manchmal kann Schweigen zur vielsagenden Antwort werden. Mich kostet es dann und wann Überwindung, nichts zu entgegnen. Nicht ein letztes Wort zu erwidern. Ich mag es nicht, wenn es mir die Sprache verschlägt. Dabei ist es manchmal ein Zeichen von Stärke.
*Thomas Markus Meier*

*Lukas 23,13-25 → GNB/NT 114*

*Lukas 23,26-32 → GNB/NT 115*

### Totschlag-Argument

Auf Podien oder in Fernsehde-batten ist der Polit-Profi leicht auszumachen. Es ist der, der seine Botschaft knapp und eingängig formuliert und gebetsmühlen-artig wiederholt. So wird zwar selten eine fruchtbare Diskussion möglich, aber darum geht es ja gar nicht. Parolen stechen diffe-renzierte Argumente aus. Eine vielfach wiederholte Lüge wird so nicht wahrer, aber mit der Zeit eingängiger.

Dazu ist noch nicht einmal ein „Totschlag-Argument" nötig. Also eine Aussage, die ein Gespräch beendet und zum toten Punkt führt. Nein, es reicht seine „Mes-sage" wie eine Massage immer wieder dem anderen zu verab-reichen.

Bei der Verurteilung von Jesus scheint es, dass nicht nur eine Mehrheit einen einzelnen nie-derschreit. Sondern es reicht, bedenkenswerte Argumente mit einfachen Gegenparolen zu parieren. Das mag im politischen Geschehen kurzfristig erfolgreich sein, geht aber letztlich über Leichen. Und setzt Kräfte frei, die besser gebunden bleiben. Worauf hören wir? Argumente oder Parolen?

*Thomas Markus Meier*

### Un-freiwilliger Patron

In der Schweiz war 2011 das „Jahr der Freiwilligenarbeit". Wie viel Gutes geschieht dank ehren-amtlicher Arbeit - in christlichen Gemeinden und Organisationen, aber auch gesamtgesellschaft-lich! Vieles wäre schlicht unbe-zahlbar (wörtlich und im übertra-genen Sinn), wenn nicht Frauen und Männer sich in ihrer Freizeit einsetzten für das Gemeinwohl. Vereine haben manchmal Mas-kottchen, Promis werden zu Bot-schafterInnen einer guten Sache ernannt. Gut Ding will personali-siert werden. Das mittelalterliche Christentum kannte – die katholi-sche Kirche tut es bis heute – den Patron/die Patronin: Ein Mensch aus der Vergangenheit, der uns durch sein Leben und seine Ge-schichte beflügelt für das, was wir heute tun.

Als besonderen „Patron" für die Freiwilligenarbeit würde ich Simon von Zyrene vorschlagen. Vom Feld weg, nach getaner Ar-beit, wird ihm eine neue Aufgabe aufgebürdet. Simon beschwert sich nicht. Er arbeitet über sein Soll hinaus. Er packt an, weil er sich gefragt sieht. Er hat sich diese Aufgabe nicht freiwillig gesucht, aber er weicht ihr nicht aus. Und dient damit Jesus! Viele Ehrenamtliche haben sich ihren Zusatzjob nicht gesucht. Aber sie wurden angefragt. Und machen ihre Sache bestens.

*Thomas Markus Meier*

## Gründonnerstag, 28. März

*Lukas 23,33-43 → GNB/NT 115*

### *Fix, fixiert und fertig?*

Dreimal wird Jesus im Text zur Selbsthilfe geraten. Zuerst von weitem, spöttisch und indirekt durch die Ratsmitglieder. Dann durch die Soldaten - mit Worten, die vielleicht ebenso schmerzen und festnageln wie die Nägel, die ihn am Kreuz „fixieren". Zum Schluss durch einen, der am Kreuz neben Jesus hängt. Der scheint allerdings der einzige zu sein, der es ernst meint mit der Selbsthilfe. Denn dann wäre auch ihm geholfen. Die anderen tun es nur vordergründig. Ihr Spott soll gerade aufzeigen, dass dem, der da am Kreuz hängt, nicht mehr zu helfen ist. Das ist nicht der Christus, der ihren Vorstellungen entspricht.
Warum hilft Jesus sich nicht selbst? Die Grundabsicht seines ganzen Lebens war es immer, zuerst auf den Vater im Himmel zu verweisen. Er stellte nicht sich ins Zentrum, sondern Gott und dessen Reich. Wenn jemand Jesus jetzt helfen kann, dann nur Gott. Auf ihn allein setzt er seine Hoffnung.
Vor einiger Zeit sagte jemand: Jesus sei der einzige Mensch, der nicht glaubte, er sei Gott. Und das ist genau in diesem Sinne gemeint!
Könnte es sein, dass so manches Christusbekenntnis ihn noch heute festnageln will auf *unsere* Vorstellung von ihm - und damit ablenkt von Gott?
*Thomas Markus Meier*

## Karfreitag, 29. März

*Lukas 23,44-49 → GNB/NT 115*

### *Blickwinkel*

Der Tod von Jesus wird unterschiedlich *gesehen*. Einige Christen verstehen ihn als die Konsequenz seines Lebens. Andere sehen sein Sterben am Kreuz als einzige Möglichkeit, wie Gott uns Menschen erlösen konnte.
Für mich ein riesiger Unterschied! Ob etwas im Nachhinein betrachtet einen Sinn bekommt oder ob es von Anfang an nur auf dieses Ende hinauslaufen konnte. Ob also Gott dem Kreuz noch einen Sinn verleiht oder ob wir behaupten, dass dies von Anfang an seine einzige Möglichkeit gewesen ist, uns zu erlösen.
Dass sich die Sonne verdunkelte, kann auch als Hinweis dafür gelesen werden, dass nicht alles „sonnenklar" ist im Blick auf die Kreuzigung. Dass niemand und nichts Gott ganz durchschaut.
Ja, der Vorhang riss mitten durch. Das mag heißen, jetzt ist unverhüllt, was zuvor verborgen war. Oder aber, dass jetzt bloß und schutzlos ist, was vorher geborgen war. Unterschiedliche Blickwinkel, die sich nicht unbedingt ausschließen müssen.
Im Text selbst wird die Kreuzigung auch sehr verschieden *gesehen*.
Es schaut der Hauptmann - und sieht mehr. Es schauen die Gaffer – betroffen, aber ohne Einsicht zu haben. Es schauen die Freunde von Jesus – aus sicherer Entfernung. Nur eines geht nicht: Wegsehen.
*Thomas Markus Meier*

### Nachahmer mit Plastiksack

Näher als die „Imitatio Christi" liegt mir persönlich die Spiritualität der „Imitatio Dei". Der Gedanke der Nachahmung Gottes kommt aus dem jüdischen Glauben. Gemeint ist damit: Die guten Eigenschaften Gottes nachzuleben. Langmut zu üben, hilfsbereit zu sein, tätig zu sein... Insgesamt gehören dazu 13 Eigenschaften, die sich an dem Text 2 Mose 34,6-7 orientieren.

Es geht bei dieser Spiritualität darum, mitzuarbeiten an Gottes Schöpfung, an der Wiederherstellung seiner Welt. Man könnte auch sagen: Es geht darum mitzuhelfen die Welt zu reparieren. Diese Weltverbesserung nennt man im Hebräischen „Tikkun-ha-olam".

So nehme ich beispielsweise dann und wann einen Plastiksack mit auf meinen Spaziergang. Und räume weg, was andere liegen gelassen haben. Repariere ein wenig die Welt.

*Thomas Markus Meier*

*Ich bin Jahrgang 1965, Theologe und tätig in der Erwachsenenbildung der Römisch-Katholischen Kirche im Aargau (CH). In einem kleinen Kabinett biete ich gern Führungen durch meine wachsende Bibelsammlung an.*

## Samstag, 30. März

*Lukas 23,50-56 → GNB/NT 116*

*Leichen-(Aus)Schau*

Von einem palästinensischen Kirchenvater wird erzählt, dass er bei seinen Spaziergängen am Meer immer Ausschau hielt nach angeschwemmten Leichen. Er stand damit als Christ in einer jüdischen Tradition: Tote (auch unbekannte, angeschwemmte) sind zu bestatten! *
Die Bestattung der Toten gehörte seit der Zeit der frühen Kirchenväter zu den sogenannten „Werken der Barmherzigkeit" (Hungrige speisen, Durstigen zu trinken geben, Fremde beherbergen, Nackte bekleiden, Kranke und Gefangene besuchen - vgl. Matthäus 15,31-46).
Als es in Bern darum ging, auf einem Friedhof ein muslimisches Gräberfeld zu errichten, legte ich bei einer Tagung die christliche Sicht dazu dar. Heute finden wir ja nur selten angeschwemmte Leichen, die es zu bestatten gilt. Dafür aber immer mehr Menschen aus anderen Traditionen und Religionen, die es gleichsam in unsere Breitengrade gespült hat und denen wir (auch in dieser Frage) mit Respekt begegnen sollten.
Dafür ist Josef von Arimathäa ein Vorbild. Sein Handeln zeugt von Mut. Er wartete darauf, dass Gott seine Herrschaft aufrichtet. Und er handelt entsprechend, als es darauf ankommt. Er erbarmt sich des toten Jesus.
*Thomas Markus Meier*

*Vergleiche hierzu das „apokryphe" Buch Tobit

## Ostersonntag, 31. März

*Lukas 24,1-12 → GNB/NT 116*

*Ohren auf!*

Worte sind wie Schall und Rauch. Dieser Satz passt gleich doppelt auf die Situation: Schon lange vor seinem Tod hat Jesus den Menschen, die mit ihm lebten, seinen Tod und seine Auferstehung angekündigt. Aber die Frauen, die zum Grab gekommen sind, müssen erst einmal daran erinnert werden. „Ach ja, davon hat er ja gesprochen ..." Und als sie dann zurückgehen zu den Männern, die Jesus seine Jünger nannte, müssen sie erleben, dass auch ihre eigenen Worte nicht ernst genommen werden. Die Männer glauben ihnen nicht!
Was sind Worte eigentlich wert? Wie ernst nehme ich das, was andere sagen? Wie gut höre ich zu? Zum Beispiel, wenn meine Nachbarin auf die Frage, wie es ihr gehe, zögerlich oder ausweichend antwortet? Oder wenn mir mein Kind etwas ganz Wichtiges erzählen will, ich aber keine Zeit und kein Ohr dafür habe? Und wie oft will Gott mir etwas sagen – durch einen Menschen oder ein Bibelwort – und ich bin gar nicht offen dafür? Ich will in Zukunft besser hinhören, damit ich nicht etwas Wesentliches verpasse. Auch wenn es nicht ganz so wesentlich ist wie die Auferstehung *dieses* Toten ...
*Bettina Wendland*

## Schwer von Begriff

Na toll! „Was seid ihr doch so schwer von Begriff!", ruft Jesus da. Als wenn die Auferstehung eines Toten etwas wäre, was man so eben im Vorbeigehen verstehen könnte. Selbst nach 2000 Jahren Christentum, ist die Auferstehung heute immer noch ein Rätsel, etwas Unfassbares. Dass die Jünger von Jesus das nicht sofort begriffen haben, finde ich durchaus nachvollziehbar. Mir geht es ja schon bei weniger rätselhaften Dingen so. Vieles, was ich in der Bibel lese oder im Alltag erlebe, verstehe ich nicht. Da wünsche ich mir oft, ich würde dich, Jesus, beim Spaziergang treffen und du könntest mir das genau erklären. Immerhin hast du uns dafür ja den Heiligen Geist geschickt. Na gut – im Grunde auch so ein Geheimnis, das ich nicht wirklich begreife. Aber ich erlebe es immer wieder, dass mir plötzlich – durch eine Bemerkung im Hauskreis, eine Aussage in der Predigt oder beim Nachdenken ganz allein – ein Zusammenhang klar wird oder sich die Bedeutung eines Bibeltextes erschließt. Solche Aha-Erlebnisse habe ich immer wieder mal. Und darin zeigt sich mir ein Stück von der Kraft deiner Auferstehung. Danke, Jesus!
*Bettina Wendland*

## Was bin ich?

„Machen Sie eine typische Handbewegung." So lautete die erste Aufforderung des Moderators Robert Lembke in seiner Ratesendung „Was bin ich?" an die Kandidaten. Sie sollten eine Bewegung machen, die für ihren Beruf typisch war, der im Lauf der Sendung erraten werden sollte. Auch *mit* diesem Hinweis fiel es dem Rateteam manchmal schwer, die richtige Lösung zu finden.
Den Jüngern fallen bei der „typischen Handbewegung", die Jesus beim Brechen des Brotes macht, die Schuppen von den Augen. „Es ist Jesus!"
Haben Sie schon mal überlegt, an welcher „typischen Handbewegung" andere Sie erkennen würden? Vielleicht an Ihrer helfenden Hand? An einer liebevollen Umarmung? Am Mut machenden Schulterklopfen? Manchmal sprechen Taten lauter als Worte, oft sind sie einprägsamer als das, was wir sagen. Vielleicht achten Sie in diesen Tagen einmal darauf, welche Bewegungen typisch sind für Sie. Mit welchen Sie sich identifizieren können. Und welche Sie gern ändern würden ...
*Bettina Wendland*

## Zweifelhaftes Personal

„Hilfe, ein Geist!" Die Jünger sind erschrocken. Sie können immer noch nicht glauben, dass Jesus auferstanden ist. Mich wundert es, wie geduldig Jesus ist. Er geht auf ihre Begriffsstutzigkeit und ihren mangelnden Glauben ein: Er lässt sich anfassen und isst sogar ein Stück Fisch, um zu beweisen, dass er kein Geist ist. Er könnte ja auch ganz anders reagieren: „Was seid ihr für unwürdige Nachfolger? Ich habe es euch doch schon vor meinem Tod gesagt! Dann haben euch die Frauen und die Emmaus-Jungs informiert und ihr habt es immer noch nicht kapiert. Und selbst jetzt, wo ich hier bin, schaut ihr mich zweifelnd an! Mit solchem Personal kann ich nicht arbeiten!" Aber so geht Jesus nicht mit Menschen um. Er gibt seinen Leuten Zeit und immer wieder neue Chancen, ihn zu erkennen und glauben zu lernen, was passiert ist.
Das macht mir Mut, wenn ich Zweifel oder Fragen habe, auf die ich nicht gleich eine Antwort finde. Jesus ist geduldig, er geht mit mir auch mal einen längeren Umweg und lässt mich nicht im Regen stehen.
*Bettina Wendland*

## Donnerstag, 4. April

*Lukas 24,44-49 → GNB/NT 117*

*Nachfolger gesucht!*

Wenn ein Firmenchef einen Nachfolger sucht, schaut er sich die Kandidaten ganz genau an: Wer hat die beste Ausbildung? Wer war in den letzten Jahren erfolgreich? Wer ist schlau und gewieft?
Auch Jesus sucht seine Nachfolger aus. Er braucht Menschen, die seine Mission auf der Erde weiterführen. Menschen, die die Nachricht von seiner Auferstehung weiter verbreiten. Aber warum nimmt er gerade Menschen, die so begriffsstutzig sind, dass sie mehrere Anläufe brauchen, um diese Nachricht zu begreifen? Besonders gebildet oder gescheit scheinen sie auch nicht zu sein. Doch Jesus entscheidet sich ganz bewusst für diese Menschen, die ihm schon in den letzten Jahren nachgefolgt sind. Menschen, die ihn kennen, die mit ihm gelebt und gearbeitet haben. Menschen, die er persönlich ausgebildet hat. Er gibt ihnen einen klaren Auftrag. Und er traut ihnen dessen Erfüllung auch zu. Aber er lässt sie mit dieser Aufgabe nicht allein. Er stellt ihnen den Heiligen Geist in Aussicht. Gottes Kraft. Einen Beistand, einen Unterstützer, der ihnen helfen soll, andere von der Auferstehung zu überzeugen. Und das ist ihnen ja auch gelungen. Sonst würden wir wohl immer noch an Zeus oder Wotan glauben.
*Bettina Wendland*

## Freitag, 5. April

*Lukas 24,50-53 → GNB/NT 118*

*Alles hat seine Zeit!*

Der Groschen ist gefallen! Eigentlich könnten die Jünger ja traurig sein, dass Jesus schon wieder weg ist. Aber nun haben sie endlich begriffen, dass Jesus auferstanden ist. Dass der, mit dem sie unterwegs waren, wirklich der Sohn Gottes ist und lebt! Jetzt verkriechen sie sich nicht mehr im Haus, bleiben nicht mehr unter sich. Sie gehen in den Tempel, an einen öffentlichen Ort, und geben ihrer Freude und ihrem Glauben Ausdruck. Ich bin überzeugt, dass die Zeit des Rückzugs, der Trauer und des Zweifelns dafür nötig war, damit sie nun umso deutlicher und stärker ihre Freude und ihren Glauben anderen mitteilen können.
Alles hat seine Zeit: sich zurückziehen und aus sich herausgehen, nachdenklich sein und mitteilsam sein. Vielleicht ist es für Sie gerade an der Zeit, sich über Ihren Glauben klar zu werden. Dann nehmen Sie sich die Zeit dafür! Vielleicht ist es für Sie aber auch dran, Ihren Glauben mit anderen zu teilen. Dann nutzen Sie die Möglichkeiten, die sich dafür bieten!
*Bettina Wendland*

## Samstag, 6. April

*Psalm 145,1-13a* → *GNB/AT 594*

### Oster-Psalm

Wie gut dieser Psalm zum Ostergeschehen passt! Denn die Eigenschaften Gottes, die hier besonders hervorgehoben werden – Liebe, Erbarmen, Geduld und Güte – werden durch den Tod und die Auferstehung von Jesus greifbar und erfahrbar. Zwar wird Gott hier auch als mächtiger König bewundert, doch trotz seiner Macht und seiner Hoheit ist er nicht abwesend oder gar abweisend. Im Gegenteil: „Der Herr ist gut zu allen!" Und das soll jede Generation der nächsten sagen. Es ist wichtig, dass Erwachsene Kindern Dankbarkeit vermitteln und ihnen die Größe Gottes erfahrbar machen. Nur schade, dass selbst in kirchlichen Kindergärten davon oft so wenig zu spüren ist. Umso größer ist diese Herausforderung für Eltern, Großeltern, Onkel, Tanten, Paten und auch die Kinderarbeit in unseren Kirchen und Gemeinden.

Aber wie so oft: Wovon ich selbst begeistert bin, das überträgt sich auch auf andere. Und wenn Ihnen diese Begeisterung gerade fehlt, lesen Sie sich den Psalm doch einfach mal laut vor und lassen Sie sich von der Begeisterung des Psalmdichters anstecken!

*Bettina Wendland*

## Sonntag, 7. April

*Psalm 145,13b-21* → *GNB/AT 594*

### Versprochen ist versprochen

Ich habe in meinem Leben schon zahlreiche Versprechen gegeben. Ein ganz wichtiges war das Eheversprechen. Damals versprach ich vor Gott und der Gemeinde meiner wunderbaren Frau treu zu sein bis zum Tod, sie ein Leben lang zu lieben und zu ehren, in guten und in schweren Zeiten. Wenn ich heute auf fast 28 Ehejahre zurückblicke, dann muss ich ehrlich bekennen: Dieses Versprechen habe ich nicht immer zu 100% erfüllt. Gibt es überhaupt einen Ehepartner, der das von sich sagen kann? Wie gut, dass ich mit meiner Schuld zu meiner Frau und zu Gott gehen darf. Seine Vergebung trägt mich. Sie trägt uns. Wenn das Leben wegbricht - durch eigene Schuld, durch Krankheit, durch einen Unfall oder durch das Handeln anderer Menschen - dann steht mir Gott zur Seite. Er richtet nicht, sondern er richtet auf. Im Gegensatz zu mir bricht er nie seine Versprechen. Er verspricht uns nicht das „Blaue vom Himmel". Aber mit seiner Nähe, seiner Geborgenheit und seiner Vergebung kommt der Himmel auf die Erde - in mein und in Ihr Leben.

*Volkher Brinkmann*

## Montag, 8. April

*2 Mose 13, 17-22* → *GNB/AT 68*

### Keep cool

Wenn ich etwas überhaupt nicht mag, dann ist es dieses gelbe Umleitungsschild, das plötzlich auf dem Weg zu einem unbekannten Ort auftaucht. Das Navigationsgerät im Auto stellt sich blitzschnell auf die neue Situation ein. Ich aber nicht! Warum, wieso, wozu?

Was mir schon auf der Straße Mühe macht, das gilt umso mehr in meinem Leben - auch als Christ. Geradeaus auf dem kürzesten Weg zum Ziel, das gefällt mir. Ich kenne Gottes Ziel für mein Leben. Es steht klar und deutlich in der Bibel. Deshalb habe ich Mühe einen Umweg zu verstehen und anzunehmen.

Der heutige Text gibt mir jedoch zu denken. Können manche Umwege zu meinem Schutz gedacht sein? Wollen sie mich vielleicht vor falschen Entscheidungen bewahren? Die ich später bereuen würde?

Gott hat den Überblick - nicht nur für die Welt, sondern auch für unser Leben. Wir sind deswegen keine bedeutungslosen Statisten, sondern wir sind seine geliebten Kinder. Er hat alles für uns getan. Und er wird es auch weiterhin tun. Er weiß, wann Sie und ich einen Umweg brauchen, um auf dem *rechten* Weg zu bleiben.

Also: *Keep cool*! Und das gilt nicht nur auf der Straße.

*Volkher Brinkmann*

## Dienstag, 9. April

*2 Mose 14,1-9* → *GNB/AT 68*

### Führt Gott in die Sackgasse?

Das darf doch wohl nicht wahr sein: Schon wieder eine Umleitung! Kaum habe ich mich auf den neuen Weg eingestellt, muss ich ihn schon wieder verlassen. Gott, hast du den Überblick verloren?

Doch heute geht es nicht zuerst um mich, sondern um den, der alles daran setzt, mich von Gott wegzuziehen. Israels Feind „Nr. 1" ist der Pharao. Wer ist mein Feind? Wer ist Ihr Feind? Ist es die Jagd nach Ehre, Reichtum oder Wohlstand um jeden Preis? Oder: Hauptsache gesund! Alles andere wird diesem Wunsch untergeordnet? Vielleicht setzt mir der Feind besonders zu, wenn ich meine geschenkte Lebenszeit unkontrolliert und zeitlos im Internet, vor dem Fernseher oder an anderer Stelle totschlage?

Hand aufs Herz: Wir wissen doch ziemlich genau, wo wir angreifbar sind. Vielleicht müssen wir gerade deshalb ab und zu völlig unverständliche Wege gehen, damit der Widersacher seine Grenzen kennenlernt und in die Schranken gewiesen wird.

Wenn das so wäre, dann ist es ein starkes Zeichen dafür, dass Gott absolut nichts aus dem Ruder läuft. Mein Feind ist nämlich auch seiner. Und Gott setzt alles daran, dass uns niemand aus seiner Hand reißen kann. Das hat er ganz fest versprochen.

*Volkher Brinkmann*

### Zahnrad in Gottes Getriebe

Ich bin technisch eher ungebildet. Aber ich weiß, wie wichtig Zahnräder sind. Um mechanische Geräte, z.B. ein Uhrwerk oder eine Maschine, in Bewegung zu bringen. Dabei greift dann ein Zahnrad in ein anderes. Jedes ist wichtig, sonst läuft nichts.

Das Bild vom Zahnrad fiel mir ein bei der Geschichte, in der Gott dafür sorgt, dass das Meer für seine Leute Platz macht. Bei allem Großartigen und Wunderbaren, das diese Story ausstrahlt, kann eins schnell in Vergessenheit geraten. Gott beginnt mit *seiner* Arbeit erst, als *Mose* seine Hand über das Meer ausstreckt. Da greift ein Zahnrad in das andere: Vertrauen und Gehorsam – Wunder – Vertrauen und Gehorsam – Wunder ...

Das macht mir deutlich: Ich darf ein Zahnrad im Getriebe Gottes sein. Für ihn, für andere und andere für mich.

*Volkher Brinkmann*

*Ich bin 50 Jahre alt, verheiratet und habe zwei Kinder. Seit vielen Jahren arbeite ich in einer großen, internationalen christlichen Buchhandlung. Außerdem bin ich viel unterwegs als freier Redner für Trauerfeiern.*

## Mittwoch, 10. April

*2 Mose 14,10-20* → *GNB/AT 69*

### Abwarten und Tee trinken

„Kopf hoch!" – „Lass dich nicht hängen!" – „Und wenn du auch meinst, es geht nicht mehr, dann kommt von irgendwo ein Lichtlein her." Kennen Sie solche platten Sprüche für scheinbar ausweglose Situationen?
Das kann die Diagnose einer schweren Erkrankung sein oder der Verlust eines lieben Menschen. Vielleicht steht einem in finanzieller Hinsicht das Wasser bis zum Hals. Oder Beziehungen stürzen wie ein Kartenhaus zusammen. Es gibt viele Umstände, die ein Leben ins Wanken bringen können. Da helfen einem keine platten Sprüche. Da hilft nur noch jemand, der stärker ist als meine Not. Der stärker ist als der größte Feind, der mein Leben bedroht.
Mose beruhigt die Israeliten nicht mit einem lockeren Spruch. Sondern mit dem Hinweis auf den Stärksten, der sie niemals im Stich lassen wird. Gott wird sie retten und sie sollen ihm dabei zugucken. Salopp gesagt: Wenn alles dunkel und verloren erscheint, im festen Blick auf Gott erst einmal in Ruhe eine Tasse Tee trinken!
Ob ich das im Ernstfall schaffe, weiß ich nicht. Aber ich hoffe, dass ich mich dann an diese atemberaubende Geschichte erinnere.
*Volkher Brinkmann*

## Donnerstag, 11. April

*2 Mose 14,21-31* → *GNB/AT 69*

### Ab durchs Meer

Auf so einen verrückten Plan wäre ich niemals gekommen! Der Feind im Rücken des Volkes wird in Schach gehalten von Engel und Wolkensäule. Währenddessen müssen die Israeliten durch den anderen Feind, das Meer, mitten hindurch gehen. Die mächtige Kraft des Meeres steht still durch die Kraft des Allmächtigen! Was haben wohl die Fische gedacht? Was haben die Menschen gedacht, die stundenlang über einen trockenen Meeresboden marschierten?
Haben Sie auch schon mal eine Situation erlebt, die ähnlich war? Wir leben alle in einer Welt, die zunehmend dunkler wird. Die Bedrohungen, auch für das Volk Gottes, nehmen zu. Manchmal sieht es auch in uns selbst ziemlich düster aus.
Die Geschichte, wie Gott hier seinen Leuten hilft, lässt mir den Atem stocken. Aber so ist er. Er bewahrt uns nicht *vor*, aber *in* allen Nöten. Es muss keine lebensbedrohliche Gefahrenlage sein, in der Sie oder ich uns gerade befinden. Doch ganz gleich, wie bedroht wir sind, Gott ist bei uns. Er ist mittendrin. Das zu wissen ist wichtig. Das zu erleben ist fantastisch!
*Volkher Brinkmann*

## Freitag, 12. April

*2 Mose 15,1-5.20-21* → *GNB/AT 70*

*Ein neuer Song*

So schnell kann es gehen. Gestern wurde noch gejammert und geklagt. Heute wird ein Loblied nach dem anderen komponiert und lautstark gesungen. Mit einem genialen Schachzug hat Gott wieder gezeigt, wer der Herr der Lage ist. Es ist einfach, aus heutiger Sicht davon zu sprechen, dass Israel diese Lektion brauchte, um im Glauben zu wachsen. Ich wünsche mir eigentlich andere Lektionen, um das zu lernen. Doch Gott weiß genau, welche Erfahrungen Sie und ich benötigen, um in der Nachfolge von Jesus ermutigt zu werden. Es wäre schade, wenn wir nur staunend vor dem damaligen Wunder stehen bleiben. Viel besser wäre es, im eigenen Leben Gott in ähnlicher Weise zu erwarten und zu erleben.
Denn diese Geschichte lässt sich voll auf unser Leben übertragen. Setzen wir für die Streitmacht des Pharao und die Bedrohung durch das Meer persönliche Nöte, Schwierigkeiten oder Anfeindungen ein. Und dann setzen wir unser Vertrauen vorbehaltlos auf Gott. Dann werden wir die gleiche Erfahrung der Befreiung machen. Und stimmen ebenfalls ein Loblied auf einen grandiosen Gott an. Ich wünsche mir, dass dieser neue Song nicht nur uns in ehrfürchtige Schwingungen versetzt, sondern auch die Menschen, denen wir täglich begegnen.
*Volkher Brinkmann*

## Samstag, 13. April

*2 Mose 15,22-27* → *GNB/AT 70*

*Schon wieder ein Wasserproblem*

Ich bin bisher weder drei Tage lang durch die Wüste gewandert noch musste ich so lange auf Wasser verzichten. Aber wer so etwas durchmacht, ist mit Sicherheit ziemlich am Ende. Ausgetrocknet, müde und sämtliche Nerven liegen blank. Da fällt es schwer, einen kühlen Kopf zu bewahren. Stattdessen brennen die Sicherungen durch.
Das Murren der Wanderer klingt in meinen Ohren sehr vertraut. Doch um mürrisch zu werden, reichen bei mir schon viel kleinere Unannehmlichkeiten. Die spitze Bemerkung des Kollegen. Oder die Frau, die vor mir an der Kasse mit der Verkäuferin über den Preis einer Gurke im Sonderangebot streitet.
Das Volk Israel hat außergewöhnliche Erfahrungen gemacht. Man sollte meinen, sie wüssten, wie sie mit neuen Schwierigkeiten umzugehen haben. Doch Gottes Wundertaten geraten genauso schnell in Vergessenheit, wie der Wasserpegel im Körper sinkt. Gott weiß, was Durst ist. Aber er weiß auch, wie wichtig es ist, dass wir mit allem zu ihm kommen. Mit Gott unterwegs zu sein bedeutet, ihm bedingungslos zu gehorchen. Das engt niemals ein, sondern führt in die Weite. Probieren Sie es heute aus.
*Volkher Brinkmann*

## Sonntag, 14. April

*2 Mose 16,1-8 → GNB/AT 71*

### Aufbrechen

Aufbrechen - das bedeutet etwas Bekanntes, etwas Vertrautes, etwas Sicheres zu verlassen. Um aufzubrechen ist manchmal ein ziemlicher Leidensdruck nötig. Wie beim Volk Israel in der ägyptischen Gefangenschaft. Doch unterwegs in der neuen Freiheit überkommt sie auch große Unsicherheit. Nichts gibt mehr Halt, nichts ist mehr vertraut. Sie verlieren den Boden unter den Füßen.

Mir geht es oft ebenso. Wenn ich aufbreche und mich damit auf unsicherem, unbekanntem Gebiet bewege, dann sehne ich mich schnell mal nach dem Altbekannten zurück. Dabei vergesse ich dann, wieso ich eigentlich aufgebrochen bin. Das ist ein psychologisches Phänomen: Wir blenden das Leiden aus und finden plötzlich, dass ja alles gar nicht so schlimm war!

Und das sind genau *die* Situationen, in denen wir unsere Sicherheit nicht beim Altbekannten, sondern bei Gott suchen sollten. Wenn wir alle gewohnten Sicherheiten loslassen und uns auf den Weg in „unbekanntes Land" machen, dann bleibt der einzige Halt Gott selbst. In solchen Situationen können wir erfahren und erkennen: Auf Gott kann ich mich verlassen! Wir werden merken, dass er uns versorgt und gibt, was wir zum Leben und zum Überleben brauchen.

Also: Brechen Sie auf!

*Reto Nägelin*

## Montag, 15. April

*2 Mose 16,9-21 → GNB/AT 71*

### Das stinkt!

Ich finde, dass der Text mitten in unsere Zeit trifft. Sie ist geprägt von einer Haltung, in der jeder vor allem auf sein Wohl schaut und zuerst mal sich selbst der Nächste ist. Die einen werden immer reicher, die anderen immer ärmer - „Working Poor", Lohndumping, verhungernde Kinder in der Dritten Welt usw. Ja – und dann sind da wir. Und wir haben mehr als genug. Wir legen Reserven an. Wir behalten die Gaben Gottes für uns. Wir horten sie aus Angst, dass wir zu kurz kommen könnten. Eigentlich wird darin aber nur deutlich, dass wir Gott nicht glauben, dass er für uns sorgt.

An der Finanzkrise lässt sich das ganz gut aufzeigen: Wir horten für den morgigen Tag oder wohl eher für die nächsten zehn Jahre. Doch plötzlich beginnt das Geld zu stinken. Es ist nicht mehr sauber. Denn es „arbeitet" auf Kosten anderer.

Verstehen Sie mich bitte richtig: In angemessener Weise Geld zurückzulegen, ist sicher eine gute Sache. Es aber zu horten, das eigene Vermögen immer größer und größer werden zu lassen? Das stinkt zum Himmel!

*Reto Nägelin*

## Dienstag, 16. April

*2 Mose 16,22-30* → GNB/AT 72

*Am siebten Tage sollst du ruhen*

Das mit dem Sabbat, dem Ruhetag, ist ja so eine Sache. Ich bin einer dieser Menschen, die eigentlich immer arbeiten. Das Ruhetags-Gebot ist eines der Gebote, das mich persönlich am meisten herausfordert. Ich habe immer etwas zu tun und es gibt immer was zu erledigen. Geht es Ihnen ähnlich? Der „freie Tag" eignet sich ja auch ideal, um Arbeit aufzuholen oder die Dinge zu tun, die man die ganze Woche nicht geschafft hat. Oder schon lange machen wollte/sollte... Was das mit dem Text zu tun hat? Lassen Sie es mich an einem Beispiel erklären: Wieso sind die Geschäfte am Sonntag geöffnet? Wieso müssen Menschen am Sonntag arbeiten?* Weil dadurch mehr Gewinn erwirtschaftet werden kann! Wir machen genau dasselbe wie einige aus dem Volk Israel: Wir wollen auch am siebten Tag noch sammeln!
Wenn ich den Ruhetag nicht halte, dann „sammle" ich auch am siebten Tag. Anstatt zu glauben, dass es auch dann reicht, wenn ich ausruhe.
*Reto Nägelin*

*Sonntag wird hier als der Ruhetag verstanden und nicht zwingend als der letzte Tag der Woche. Es gibt einige Berufe, die einen anderen Ruhetag haben – oder haben sollten.

## Mittwoch, 17. April

*2 Mose 16,31-35* → GNB/AT 72

*Es war einmal vor langer, langer Zeit...*

Ein wirklich schöner Gedanke: Wir sollen etwas von dem, was Gott uns gegeben hat, aufbewahren und an die nächste Generation weitergeben. Aber nicht irgendetwas, sondern unser „tägliches Brot"! Also keine abgehobenen Weisheiten aus dem theologischen Studierzimmer, sondern etwas von den Erfahrungen, die wir täglich mitten in unserem Alltag mit Gott machen!
Vielleicht kennen Sie die TV-Serie „How I met your Mother!" Darin geht es darum, dass ein Vater seinen Kindern erzählt, wie es dazu kam, dass er ihre Mutter kennengelernt hat. Wie schön wäre es, wenn wir der nächsten Generation ebenso ausführlich, humorvoll, leidenschaftlich und spannend davon erzählen würden, wie Gott uns in den letzten 40 Jahren unser tägliches Brot gab – uns jeden Tag versorgt hat. Es ist eigentlich ganz einfach der nächsten Generation zu erzählen, wo und wie mich Gott in meinem täglichen Leben begleitet hat. Wie er mich in den letzten 40 Jahren versorgt hat.
Ich arbeite jetzt seit rund 15 Jahren in der Arbeit mit Kindern und Jugendlichen. Glauben Sie mir: Das ist tatsächlich das, was sie am dringendsten brauchen!
*Reto Nägelin*

*Murren, das tut gut!*

Ich liebe es zu „murren"! Verstehen Sie mich bitte richtig: Ich meine damit meinem „Blues" Raum zu geben. Ganz so wie König David dies in den Psalmen tat oder es die Israeliten in dieser Geschichte machen. Die eigene Unzufriedenheit gegenüber Gott zu formulieren, das tut gut und gibt Hoffnung.

Ich finde es spannend, wie in dieser Geschichte Mose an seine Grenzen kommt, nicht aber Gott. Er verurteilt das Murren nicht, er hat Verständnis und antwortet darauf. Indem er Unmögliches möglich macht – Wasser in der Wüste!

Ich kenne diese Erfahrung aus meinem eigenen Leben. Wenn ich murre, dann gebe ich zu, dass es mir an etwas fehlt. Ich gebe zu, dass ich unzufrieden bin und auch, dass ich Hilfe brauche. Erst wenn ich das erkenne und eingestehe, gibt es auch die Möglichkeit, dass mir geholfen werden kann.

Es ist dann aber immer noch ein großer Schritt bis zu dem Punkt, dass ich es wirklich annehmen kann, dass das „Wasser aus einem Stein" fließt. Anders formuliert: Dass mir etwas helfen kann, dass ich bis dahin nicht als Option sehen konnte. Aber so ist Gott!

*Reto Nägelin*

## Freitag, 19. April

*2 Mose 17,8-16* → *GNB/AT 72*

### Das kann ich gut allein

Ich habe wirklich Mühe mit diesen Kriegs- und Ausrottungstexten im Alten Testament. Ich glaube aber auch, dass diese Geschichten mit ihren Bildern uns viel mehr zu sagen haben als das, was wir auf den ersten Blick erkennen.

Es wird gesagt: Wenn der *Stab Gottes* über allem stand, dann gelang es. Wenn nicht, dann gelang es nicht.

Anders formuliert: Wenn Gott das Haus nicht baut, baut man vergebens!

Aber damit habe ich auch meine Mühe. Wenn ich mir unsere Welt anschaue, dann sehe ich: Vieles gelingt auch Menschen, die nicht mit Gott unterwegs sind. Vieles gelingt, dass wohl besser nicht gelingen sollte. Ganz so einfach ist es dann wohl doch nicht.

Ich denke, dass es bei diesem Text auch viel mehr um Sie und um mich persönlich geht als um eine generelle Wahrheit. Vieles schafft man allein, vieles kann man allein. Das Angebot Gottes, das für mich aus dieser Geschichte spricht, lautet: Er ist *für* uns und will *mit* uns gehen, so dass wir eben nicht alles allein schaffen *müssen*. Und das finde ich eine sehr ermutigende Botschaft!

*Reto Nägelin*

## Samstag, 20. April

*2 Mose 19,1-6* → *GNB/AT 74*

### Hallo Priester!

Das *Priestertum aller Gläubigen* ist einer der entscheidenden Punkte, der die evangelischen Kirchen ausmacht. Zumindest in der Theorie. Dieses *Priestertum aller Gläubigen* bedeutet, dass alle Gläubigen unmittelbaren Zugang zu Gott haben und dass es keine „besonderen" Gläubigen gibt, also keine Rangordnung unter den Getauften.

Leider ist die Realität in den Kirchen oft eine andere. Es gibt angestellte „Priester". Profis, die doch mehr dürfen (oder müssen) als der normale Christ, die normale Christin. Die „Normalos" werden dann als Unterscheidung zu den Hauptamtlichen oft als *Laien* bezeichnet. Es ist nur so: Wenn einige mehr dürfen, liegt es auf der Hand, dass die anderen sich selber aus der Verantwortung nehmen.

Der Bibeltext zeigt, was einen „Priester" ausmacht: Das ist jemand, der zu Gottes Volk gehört. Der ihm treu ist und mit ganzem Herzen dient.

Die Aufforderung dahinter ist sehr klar: Wenn wir Gott treu bleiben, dann *sind* wir seine Priester. Wir sind die, die verkündigen. Wir sind die, die segnen. Wir sind die, die sich um die Seelen anderer sorgen. Wir sind die, die Sünden vergeben. Das soll Mose Ihnen (und auch mir!) von Gott ausrichten.

*Reto Nägelin*

## Sonntag, 21. April

*2 Mose 19,7-11 → GNB/AT 74*

*Bund fürs Leben*

Was zwischen Gott und seinem Volk Israel arrangiert wird, erinnert an die Vorbereitungen für eine Hochzeit: Alles auf Hochglanz bringen, Gala-Kleidung anlegen und drei Tage vorher an nichts anderes mehr denken...
Tatsächlich soll ja auch ein Bund fürs Leben geschlossen werden. Ein heiliger Bund zwischen Gott und seinem Volk.
Damit solch ein Bund hält, braucht er eine stabile Basis. Gegenseitiges Vertrauen und klare Regeln sind die Grundlagen jeder Beziehung. Darum gibt Gott durch Mose auch klare Anweisungen.
Die Antwort des Volkes darauf lautet einstimmig: „Selbstverständlich werden wir alles tun, was der Herr zu uns gesagt hat." Das klingt sehr überzeugt. Aber ist es auch überzeugend?
Gott jedenfalls nimmt dieses Bekenntnis ernst. Er vertraut seinem Volk. Anders geht es nicht. Und er wird zu seinem Wort stehen, auch wenn sein Volk ihn enttäuscht. Seine (Bundes-)Treue ist unerschütterlich! Darin liegt bis heute die große Hoffnung für uns und für diese Welt.
Aber auch die Regeln, die er aufgestellt hat, bleiben unverrückbar. Darin liegt bis heute die große Herausforderung für uns Menschen.
*Daniel Bilz*

## Montag, 22. April

*2 Mose 19,16-25 → GNB/AT 74*

*Ein starker Auftritt*

Am dritten Tag erscheint Gott seinem Volk. Spektakuläre Zeichen begleiten sein Kommen. Ein Sicherheitsabstand zum Berg ist unbedingt einzuhalten, Lebensgefahr!
Die Schilderung von Gottes Ankunft auf dem Berg Sinai mag auf uns etwas theatralisch wirken. Als ob da jemand alle Register zieht. Hat Gott das nötig?
Ist uns Gott, wie er so im Säuseln des Windes dem Elia begegnet, nicht viel sympathischer (1 Könige 19)?
Gott demonstriert seine Autorität. Hinter den äußeren Effekten steht er selbst – unvergleichlich, groß und mächtig. Es geht hier darum die Ehrfurcht zu betonen, die seine Gegenwart gebietet. Gott ist kein „Kuscheltier", das wir bei Bedarf benutzen, um unsere Seele zu streicheln.
Er ist der Herr! Und er hat uns etwas zu sagen.
Die Art und Weise, wie Gott das tut, kann sehr unterschiedlich sein. Aber nicht selten spricht er gerade auch durch elementare Erschütterungen in unser Leben hinein.
Die Frage ist, ob wir bereit sind, hinter den äußeren Erscheinungen Gott selbst zu erkennen, seinen Willen zu respektieren und anzunehmen.
*Daniel Bilz*

*2 Mose 20,1-3* → *GNB/AT 75*

*2 Mose 20,4-6* → *GNB/AT 75*

*Eine Grundsatzentscheidung*

Es gibt Religionen, in denen viele Götter verehrt werden. Und es gibt heute nicht wenige Menschen, die verschiedenen Religionen und ihren unterschiedlichen Göttern etwas abgewinnen können. Daraus basteln sie sich dann ihren maßgeschneiderten, persönlichen „Patchwork-Glauben". Das entspricht unserem Bedürfnis nach größtmöglicher Individualität.
Doch das erste Gebot macht solchem Denken einen gewaltigen Strich durch die Rechnung. Für den Gott der Bibel gibt es nur ein „Entweder-Oder".
Klar, viele Dinge können in meinem Leben Platz finden. Die entscheidende Frage lautet aber, welchen Stellenwert ich ihnen einräume. Je näher sie meinem Herzen stehen, desto enger wird es.
Im Zentrum der Person gibt es nur noch einen Platz, den „Thron des Herzens". Wer dort sitzt, bestimmt mein ganzes Leben. Um diesen Platz tobt ein erbitterter Kampf. Es sind viele Konkurrenten, die ihn beanspruchen: andere Menschen, Geld, Erfolg, mein Ego...
Gott ist da eher zurückhaltend. Aber er weiß, was er will. Er wartet darauf, dass ich ihm diesen Platz gewähre - freiwillig. Das ist eine Grundsatzentscheidung. Darum ist dieses Gebot auch allen anderen vorangestellt.
*Daniel Bilz*

*Original oder Kopie?*

Eine Ausstellung zeigt Werke bedeutender Meister. Höchste Sicherheitsstufe! Die Besucher werden am Eingang streng kontrolliert. Der Strom der Neugierigen reißt nicht ab. Alle wollen die Bilder sehen. Dabei sind sie doch vielfach veröffentlicht in Bildbänden, auf Karten, in Reproduktionen. Warum also dieses Interesse? Weil in der Ausstellung die Originale zu sehen sind!
Die beste Kopie kann nicht das Original ersetzen. Sie ist immer nur ein Ersatz. Der Mensch hat ein Gespür dafür, was echt ist und was nicht.
Doch begnügen wir uns oft mit Nachgemachtem und setzen es an die Stelle des Originals. Das ist gemeint, wenn im Text von „fremden Göttern" die Rede ist. Durchschnittlich 3,5 Stunden pro Tag verbringt der Bürger vor dem Fernseher, Internet nicht eingerechnet. Medien sind nicht automatisch schlecht. Doch für viele wird die abgebildete Welt zum Ersatz für das wirkliche Leben. Darum warnt uns Gott vor der Macht des Nachgemachten. Bete sie nicht an und diene ihnen nicht! Gott ist unsichtbar, unfassbar, unbeschreiblich. Das macht es für unseren Glauben nicht leicht. Und doch ist nur er das Original.
*Daniel Bilz*

## Donnerstag, 25. April

*2 Mose 20,7 → GNB/AT 75*

*Im Namen Gottes*

Missbrauch ist ein Reizwort. Wir hören von Kindesmissbrauch, Amtsmissbrauch, Missbrauch der Umwelt. Alles Bereiche, in denen es um hohe Werte und besondere Verantwortung geht.

Wenn ich etwas missbrauche, dann nehme ich mir etwas, das mir nicht zusteht, und zerstöre es dabei.

Auch Gottes Name, ja Gott selbst, kann missbraucht werden.

Im Namen Gottes wurden Menschen verführt, schlimme Verbrechen zu begehen: Judenverfolgung, Kreuzzüge, Inquisition sind nur einige der Hypotheken, die auf der Kirche lasten. Noch unsere Großväter sind in den Krieg gezogen mit dem Spruch auf ihren Koppelschlössern „Gott mit uns".

Für viele Menschen sind diese Erfahrungen Grund genug, vom christlichen Glauben Abstand zu halten.

Dennoch darf der falsche Gebrauch einer guten Sache nicht dazu führen die Sache selbst zu verteufeln. Die Sache mit Gott ist und bleibt wertvoll. Ebenso wie auch Kinder, Umwelt und Ämter trotz Missbrauchs wertvoll bleiben.

Nur mit diesem Gebot wird eine unmittelbare Strafandrohung verknüpft. Gott weiß um die verheerenden Folgen des Missbrauchs seiner Autorität und um die Verführbarkeit der Menschen. Wir sollten darum vorsichtig sein, wenn etwas allzu schnell mit Gottes Namen legitimiert wird.
*Daniel Bilz*

## Freitag, 26. April

*2 Mose 20,8-11 → GNB/AT 75*

*Heilsame Ruhe*

In der Wirtschaft gilt: Zeit ist Geld. Nur wer in immer weniger Zeit immer mehr produziert, kann auf dem Markt bestehen. Leider haben wir dieses Denken so verinnerlicht, dass wir es auf unser gesamtes Leben anwenden: Meine Lebenszeit ist begrenzt, also muss ich möglichst viel hineinpacken, um sie optimal auszuschöpfen. Aber stehen nicht gerade die Vielbeschäftigten (auch die Frommen!) in der Gefahr, oberflächlich zu werden oder auszubrennen?

Gott weiß um die Gefahren des unentwegten Beschäftigt-Seins. Er hat uns ein Gebot gegeben, dass uns vor solchem Verschleiß schützen soll.

Für mich wird in keinem anderen Gebot die Güte Gottes so deutlich. Gott ist kein brutaler Antreiber, der auch noch das letzte aus mir herausholen will. Nein, er unterbricht bewusst den Rhythmus der Arbeit. Damit bricht er die Macht der Leistungsgesellschaft und ihrer krankmachenden Auswirkungen. Er hilft mir, meine Grenzen zu sehen und anzunehmen. Und nicht aus dem Blick zu verlieren, wo ich echtes Leben finde – bei ihm.

Ich kann den Ruhetag (Sonntag) einnehmen wie eine Medizin. Im Vertrauen und Gehorsam dem gegenüber, der ihn mir verschrieben hat. Dann werde ich seine heilende Wirkung spüren. Probieren Sie es!
*Daniel Bilz*

2 Mose 20,12 → GNB/AT 75

*Ehren und Lieben*

Ein gutes Verhältnis zwischen Eltern und Kindern ist das Ergebnis jahrelanger Bemühungen und eines gewachsenen Vertrauens. Kann man das einfach so durch ein Gebot einfordern?

Viele Eltern-Kind-Beziehungen leiden unter überzogenen Erwartungen. Zum Beispiel klagen Eltern darüber, dass die Kinder undankbar sind. Und Kinder klagen darüber, dass die Eltern nicht aufhören zu klammern...

Martin Luther hat in seiner Auslegung dieses Gebotes großen Wert auf die Unterscheidung zwischen ehren und lieben gelegt: „...denn es ist ein viel höher Ding ehren, als lieben..."

Lieben gehört den Freunden, Geschwistern und Nächsten allgemein. Ehren gehört Gott und den Eltern.

Folglich sind nicht die Gefühle unseren Eltern gegenüber entscheidend, sondern ihr von Gott gegebener „Stand". Diese Einsicht ist befreiend. Denn dann müssen Eltern nicht mehr perfekt sein, um geachtet, und Kinder nicht unbedingt „lieb", um angenommen zu werden.

Ein respektvolles Verhältnis zwischen den Generationen hat für mich etwas Ehrwürdiges, fast Heiliges. Wo dieser Respekt verloren geht, wird die Gesellschaft mehr und mehr unmenschlich. Sie riskiert damit letztlich ihren Fortbestand.

*Daniel Bilz*

## Sonntag, 28. April

*2 Mose 20,13* → *GNB/AT 75*

### Das einfachste Gebot

Dieses Gebot ist nicht unser Problem. Das schaffen wir mit links, oder? In einem normalen Alltag werden wir wahrscheinlich nie in eine Situation kommen, in der wir auch nur darüber nachdenken, ob wir einen Menschen ermorden sollen.

Und was sagt Jesus zu diesem Gebot? Bei Jesus fängt der Mord nicht bei der Tat an, sondern bereits in unseren Gedanken und Gefühlen. „Schon wer auf seinen Bruder (Mitmenschen) zornig ist, gehört vor Gericht." (Matthäus 5,22a)

Da kommt mir das Gebot doch gleich sehr nahe. Wie oft war ich in den letzten Tagen sauer auf Mitmenschen? Und Jesus setzt noch einen drauf: „Wer zu seinem Bruder sagt: ‚Du Idiot', gehört vor das oberste Gericht!" (Matthäus 5,22b).

Jesus weiß: Jede böse Tat beginnt in unseren Köpfen und Herzen und nimmt über unseren Mund und unsere Hände ihren Weg.

So fragt uns dieses Gebot: Was denkst und fühlst du gegenüber anderen Menschen? Was redest du über sie? Fördert das ihr Leben oder grenzt dein Denken und Reden sie ein?

Achten Sie heute einmal darauf. Versuchen Sie gut, also lebensfördernd, über ihre Mitmenschen zu denken. Und sprechen Sie *solche* Gedanken dann ruhig auch aus.

*Heddo Knieper*

## Montag, 29. April

*2 Mose 20,14* → *GNB/AT 75*

### Wann fängt Ehebruch an?

Kurz vor Weihnachten. Der 10-jährige Nachbarsjunge kommt mir auf der Straße entgegen. „Na", frage ich ihn, „was wünschst du dir denn zu Weihnachten?" Ich denke an so was wie Playstation oder Handy. Stattdessen höre ich: „Mein größter Wunsch ist, dass meine Eltern wieder zusammenkommen!" Und das, nachdem seine Eltern schon mehr als drei Jahre getrennt sind! Mir versetzt das einen Stich ins Herz. Wieder einmal erkenne ich, dass jede Ehescheidung Opfer hinterlässt. Das hat sich Gott so nicht gedacht. Deshalb stellt er die Ehe unter seinen besonderen Schutz. Auch für dieses Gebot gibt es eine Verschärfung von Jesus: Nicht erst, wenn man im „außerehelichen Bett" landet, begeht man Ehebruch. Jesus sagt, bereits wenn man einen anderen Menschen in dieser Weise in seinen Gedanken und mit seinen Gefühlen begehrt, bricht man die Ehe (Matthäus 5,27f).

Und mir wird wieder bewusst: So vieles fängt in unserem Herzen und in unseren Gedanken an! Wovon lassen wir Kopf und Herz besonders bei diesem Thema bestimmen? Von Gottes Vorstellungen, dass die Ehe ein Geschenk und schützenswert ist? Oder von Hollywood, Egoismus und Zeitgeist?

*Heddo Knieper*

## Bojen für mein Leben

Meine Kinder waren ungefähr 11 und 7 Jahre alt, als ich das erste Mal mit ihnen segeln ging. Auf dem Weg aus dem Hafen liefen wir direkt auf Grund! Ich hatte eine Boje übersehen, die vor der Untiefe gewarnt hatte.

Nathalie und Julian bekamen erst mal einen gehörigen Schreck. Und dann Angst: „Was machen wir denn jetzt? Müssen wir untergehen?" Ich beruhigte sie, stieg erst in meine Badehose und dann ins Wasser. Dort brachte ich das Boot etwas in Schräglage und schob es zurück in die tiefe Fahrrinne. *Diese* Boje habe ich seitdem nie wieder übersehen!

So empfinde ich die Zehn Gebote für mich: Als Bojen, die mich vor Untiefen und damit vor Gefahren warnen. Sie sind für mich Lebensregeln, die mir helfen, das weite Meer des Lebens zu entdecken ohne Schiffbruch zu erleiden. Bisher bin ich damit sehr gut gefahren!

*Heddo Knieper*

*Ich bin Jahrgang 1962, verheiratet, und wir haben drei Kinder. Ich arbeite zu 2/3 als Pastor in einer Evangelisch-freikirchlichen Gemeinde in Wanne-Eickel und zu 1/3 als Lehrer für Evangelische Religion. Außer Segeln mag ich Windsurfen, Musik hören, Geocaching und Spazierengehen.*

## Dienstag, 30. April

*2 Mose 20,15 → GNB/AT 75*

*Stehlen ist so einfach*

Die Band „Die Prinzen" sang 1993 lakonisch: „Das ist alles nur geklaut und gestohlen, nur gezogen und geraubt. Tschuldigung, das hab' ich mir erlaubt."
Da verschieben Wohlhabende skrupellos Milliarden unversteuert ins Ausland und betrügen so die Allgemeinheit. Aber auch viele Normalbürger „tricksen" bei der Steuererklärung. Jugendliche klauen Handys und Wertsachen. Aus dem Internet werden unerlaubt Filme, Bilder und Musik heruntergeladen. Kaum einer fragt sich dabei, ob er oder sie nicht geistiges Eigentum stiehlt.
Und dann der Welthandel: Stehlen wir nicht mit jeder Tasse günstigen Kaffees dem einfachen Erntearbeiter, z.B. in Kolumbien, einen Teil seines Lohnes?
Bei diesem Gebot sollten wir nicht vorschnell mit dem Finger auf andere zeigen. Wir alle machen uns zumindest strukturell schuldig im Sinne dieses Gebotes. Martin Luther sagt dazu: „Du sollst nicht stehlen. Was ist das? Wir sollen Gott fürchten und lieben, dass wir unseres Nächsten Geld oder Gut nicht nehmen noch mit falscher Ware oder Handel an uns bringen, sondern ihm sein Gut und Nahrung helfen bessern und behüten." Also: Nicht nur fremdes Eigentum nicht nehmen, sondern das des anderen auch schützen und vermehren! Da haben wir viel zu tun.
*Heddo Knieper*

## Mittwoch, 1. Mai

*2 Mose 20,16 → GNB/AT 75*

*Worte haben Macht*

Dieses Gebot wird oft so verstanden, dass Christen immer die Wahrheit sagen sollen. Allerdings geht es hier eher um den Fall einer Zeugenaussage vor Gericht. Die muss der Wahrheit entsprechen. Da sollen wir nicht lügen, damit kein unschuldiger Mensch aufgrund meiner (Falsch)Aussage bestraft wird.
Nun könnte man dieses Gebot zur Seite schieben und sagen: „Wie gut, dass ich so selten vor Gericht aussagen muss." Doch dahinter steckt - wie bei allen Geboten - das Angebot Gottes für ein gelingendes Leben. Auch wenn die Formulierung des Gebotes auf eine Gerichtssituation hinweist - ausdrücklich ist es nicht nur auf diese Situation bezogen!
Überlegen Sie mal, wie oft am Tag Sie „Aussagen" über andere Menschen machen. Denken Sie darüber nach, was für eine Wirkung diese Aussagen haben. Schaden sie meinem Nächsten? Oder bauen meine Worte ihn auf? Dabei ist es egal, ob er anwesend ist oder nicht.
Das Gebot Gottes zielt auf unser Reden ab! Alles, was ich sage, soll meinem Mitmenschen helfen, ihn aufbauen, schützen, voranbringen und ihm nicht in irgendeiner Art und Weise schaden. Achten Sie heute besonders auf Ihre Worte.
*Heddo Knieper*

### Begehren

Vielleicht kennen Sie den Wortlaut dieses Gebotes eher so: „Du sollst nicht *begehren* deines Nächsten Haus ..." Die Übersetzung der Gute-Nachricht-Bibel verdeutlicht aber gut die ursprüngliche Bedeutung von *begehren*. Denn im Alten Testament meint das hebräische Wort, dass Aktivitäten geplant werden, damit der Gegenstand der Begierde in meinem Besitz gelangt.
Es geht also nicht darum, dass ich das Auto meines Nachbarn oder die Schuhe meiner Kollegin toll finde und auch gerne so etwas hätte. Es geht darum, dass der Neid mein Denken und Fühlen bestimmt. Sobald wir uns Gedanken machen, wie wir uns den Besitz eines Menschen zu eigen machen können, *begehren* wir. Wenn wir anfangen zu überlegen, wie wir Frau, Kinder, Mitarbeiter usw. anderen ausspannen, abwerben oder abspenstig machen können, brechen wir dieses Gebot.
Auch hier können wir wieder erkennen, dass nicht erst die Tat das Schlimme ist, sondern dass jedes böse Tun seinen Ursprung in unserer inneren Haltung hat. Zum Ende diese Reihe nochmal Martin Luther: „Gott verheißt aber Gnade und alles Gute allen, die diese Gebote halten; darum sollen wir ihn auch lieben und vertrauen und gerne tun nach seinen Geboten."
*Heddo Knieper*

### Gott macht Angst?

So eine überzeugende Gotteserscheinung mit Blitz, Donner, Posaunen und Licht würden wir gerne mal erleben, oder?
Die Menschen, die dabei waren, hatten allerdings Angst. Diese Reaktion begegnet uns an vielen Stellen in der Bibel, wenn Gott oder seine Boten Menschen erscheinen (z.B. Lukas 1,29; 2,9). Für uns bleibt es jedoch erst mal dabei: Unsere Aufgabe ist es zu glauben, zu vertrauen, auch wenn sich Gott uns nicht mit Blitz und Donner zeigt.
Zum Glauben gehört es, die Gebote Gottes zu achten. In dieser Begebenheit sollte das Volk dem Berg nicht zu nahe zu kommen. Da sie es nicht taten, brauchten sie auch keine Angst zu haben. Doch wenn in dieser Geschichte Gott zunächst weit weg erscheint, so wird diese Distanz doch wieder „klein" gemacht. Die Menschen dürfen hören, was Gott ihnen sagt: Durch Mose kommt er ihnen nahe. Durch ihn redet er zu ihnen. Er ist der Mittler.
So ist es bis heute geblieben. Auch wenn uns Gott manchmal unendlich fern erscheint, er redet zu uns: Durch andere Menschen, durch die Bibel, im Gebet. Wir haben Jesus Christus als unseren Mittler. Durch ihn kommt Gott uns nahe. So werden unsere Ängste überwunden.
*Heddo Knieper*

## Samstag, 4. Mai

*2 Mose 24,12-18 → GNB/AT 80*

### Privataudienz bei Gott

Als ich den Text las, war mein erster Gedanke: „Das möchte ich auch mal erleben, so eine Privataudienz bei Gott." Und dann fiel mir in diesem Zusammenhang eine Begebenheit ein: Beim Skifahren hatten wir einen plötzlichen Wetterumschwung. Gerade noch Sonnenschein - zwanzig Minuten später dichtester Nebel. Ich verlor total die Orientierung und bekam richtig Angst. Zum Glück war ein Skilehrer in unserer Gruppe. Der brachte uns durch den Nebel sicher zur nächsten Gondelstation - ich weiß bis heute nicht wie.
Mose geht in die Wolke hinein. Ganz allein in eine Wolke, die wie loderndes Feuer aussieht. Ich bin mir sicher, dass selbst Mose Angst hatte. Angst vor der heiligen Gegenwart Gottes. Uns würde es nicht anders ergehen. Ich bin froh, dass ich nicht mehr auf einen Berg hinaufgehen muss, um Gott zu begegnen. Denn Gott ist hinabgestiegen. Er kam in Jesus Christus zu uns herunter. Als Mensch zu uns Menschen. In Jesus kann ich Gottes Herrlichkeit erleben, ohne dass sie mir Angst macht. Weil Jesus sagt: „Wer mich sieht, der sieht den Vater."
*Heddo Knieper*

## Sonntag, 5. Mai

*2 Mose 32,1-8 → GNB/AT 88*

### Ehebruch

Manche Promi-Eheschließung wird mit großem „Tamtam" gefeiert, um dann wenig später ebenso publikumswirksam auseinanderzubrechen. Oft liegt es daran, dass die vielbeschäftigten Eheleute nicht genügend Zeit miteinander haben.
Um den Faktor *Zeit* geht es auch bei Mose und dem Volk Israel. Weil Mose schon vierzig Tage auf dem Berg Sinai verschwunden ist, um Zeit mit Gott zu verbringen, wird das Volk ungeduldig und ängstlich. Es forderte von Aaron: „Mach uns einen Gott, der uns schützt und führt!" Sie wollen einen Gott, den sie anfassen, be-greifen können. Aaron erfüllt ihnen diesen Wunsch, obwohl ihm dabei mulmig ist. Er schafft ihnen das berühmte „Goldene Kalb", das sie dann anbeten. Die Israeliten rechneten nicht mehr damit, dass Mose vom Berg zurückkehrt. Man könnte sagen, Mose und das Volk hatten sich „auseinandergelebt".
In Wirklichkeit wandten sich die Israeliten damit aber von ihrem Gott ab, mit dem sie kurz vorher einen Bund geschlossen hatten, den man mit einem Ehe-Bund vergleichen kann. Sie „gehen fremd", indem sie sich mit dem Kalb ein Gottesbild machen, wie es die anderen Völker um sie herum auch haben. Wie sehr muss Gott dieser „Ehebruch" geschmerzt haben!
*Michelle Rath*

## Montag, 6. Mai

*2 Mose 32,9-14* → *GNB/AT 89*

### Enttäuschte Liebe

Wie fühlt man sich, wenn man erfährt, dass der Ehepartner einem untreu geworden ist? Da stürzt eine Welt zusammen! Man ist maßlos enttäuscht, verletzt und wütend.
So ähnlich fühlt sich Gott, als er sieht, was die Israeliten da unten am Berg gerade treiben. Das ist Götzendienst, was dort geschieht! Gott ist extrem zornig und sagt zu Mose: „Ich will meinen Zorn über sie ausschütten und sie vernichten. Versuche nicht mich davon abzubringen!" Eine solche Reaktion ist nur allzu verständlich. Man möchte mit dem untreuen Partner nichts mehr zu tun haben und wünscht ihn in die Wüste. Man hegt Rache- und Vernichtungsgedanken. Obwohl Gott zu Recht so zornig ist, bittet Mose dennoch für das Volk. Ganz schön mutig! Er versucht durch sein Gebet Gott umzustimmen. Indem er Gott an seine Zusagen an die Stammväter Abraham, Isaak und Jakob erinnert. Sie haben Gott treu gedient, auch wenn ihre Nachkommen jetzt untreu geworden sind. Und das Erstaunliche: Gott lässt sich tatsächlich von Mose umstimmen! Nicht weil er wankelmütig wäre, sondern ganz im Gegenteil: Weil er zu seinen Versprechen und Verheißungen steht und (sich selbst) treu bleibt. Was heißt das heute für Sie und mich?
*Michelle Rath*

## Dienstag, 7. Mai

*2 Mose 32,15-24* → *GNB/AT 89*

### Gerechter Zorn

Jetzt ist Mose auch richtig sauer. Mehr noch. Er ist maßlos wütend und zerschmettert in seinem Zorn über das Volk die Steintafeln, die Gott ihm als Zeichen des Bundes gegeben hatte. Mose kann sich nicht halten vor Zorn, als er so ganz direkt mit dem Abfall des Volkes von Gott konfrontiert wird. Er schmilzt das Goldene Kalb sofort ein und lässt die Israeliten den Götzendienst - im wahrsten Sinne des Wortes- schmecken!
Es gibt einen *gerechten* Zorn, dem wir auch Ausdruck verleihen dürfen. Alles, was liebevolle Beziehungen untereinander verletzt, macht uns zu Recht zornig. Alles, was unsere Beziehung zu Gott trübt. Mose scheint jetzt erst das Ausmaß der Beziehungskatastrophe zu begreifen, obwohl Gott ihn schon vorgewarnt hatte. Er fragt verständnislos seinen Bruder Aaron: „Was hat dir das Volk getan, dass du es in so schwere Schuld gestürzt hast?" Die Frage nach dem *Warum* bleibt. Es ist schwer zu verstehen, warum manche Menschen „sehenden Auges" in ihr Verderben laufen. Und genau darum geht es Gott: Er sieht das Volk ins Verderben laufen! Das mit anzusehen tut weh und macht zornig. Weil er seine Menschen liebt und sie ihm nicht egal sind. Und das gilt bis heute!
*Michelle Rath*

## Mittwoch, 8. Mai

*2 Mose 32,30-35* → *GNB/AT 89*

### Schuld und Strafe

Mose weiß, dass das Volk vor Gott schwere Schuld auf sich geladen hat. Er versucht, Gott zur Vergebung der Schuld zu bewegen. Deswegen steigt er erneut auf den Berg, um Gott nahe zu sein und mit ihm zu sprechen. Er ist nicht sicher, wie diese Unterredung ausgehen wird. Mose weiß, dass die Beziehung zwischen Gott und Mensch nur weitergehen kann, wenn Gott gnädig ist. Vielleicht kennen Sie auch Situationen in Ihrem Leben, in denen Sie von der Gnade anderer Menschen abhingen. Sie haben einen Fehler gemacht und entschuldigen sich dafür, aber Ihre Entschuldigung wird nicht angenommen. Leider ist es auch unter Christen manchmal der Fall, dass sie einander nicht vergeben und damit „gnaden-los" miteinander umgehen. Das aber führt immer zu schmerzhaften Beeinträchtigungen in Beziehungen.
Wie gut, dass Gott hier seine Gnade nicht abzieht. Er verspricht, sein Volk weiter zu führen, auch wenn er es nicht ungestraft lässt.
Durch Jesus Christus lässt er *uns* ungestraft davonkommen. Denn: „Die Strafe liegt auf ihm, damit wir Frieden hätten."
*Michelle Rath*

## Donnerstag, 9. Mai

*2 Mose 34,1-10* → *GNB/AT 91*

### Wie ist Gott?

Mose soll erneut auf den Berg steigen und Steintafeln mitbringen, damit Gott die Worte darauf schreiben kann, die schon auf den ersten Tafeln standen. Die Geschichte zwischen Gott und seinem Volk geht also weiter. Aber nicht irgendwie, sondern mit einer eindrucksvollen Selbstoffenbarung Gottes. Mose hatte sich gewünscht, den Glanz von Gottes Herrlichkeit zu sehen. Dieser Wunsch soll in Erfüllung gehen. Als Mose oben auf dem Berg ankommt, wird er von einer Wolke überschattet und Gott offenbart sich ihm mit den Worten: "*Ich bin da* ist mein Name. Ich bin voll Liebe und Erbarmen. Ich habe Geduld, meine Güte und Treue sind grenzenlos."
Mose begegnet hier demselben Gott, der im brennenden Dornbusch zu ihm gesprochen hatte. Und Mose hat inzwischen etwas Wichtiges dazugelernt: Dieser Gott ist nicht zuerst der zornige Gott, sondern einer, der gerne vergibt und seinem Volk mit Liebe und Erbarmen, mit Geduld und Treue begegnet. Und das sagt Gott nicht nur, sondern er beweist es auch eindrucksvoll. Denn er hält an der Beziehung zu seinem Volk fest, obwohl sie ihrerseits den Bund gebrochen haben. So ist Gott.
Das macht mir Mut für meine Beziehung zu ihm. Heute und an jedem Tag.
*Michelle Rath*

*Abfärben erlaubt!*

Bei bestimmten modernen Kleidungsstücken wird davor gewarnt, dass dieses Kleidungsstück abfärben kann. Wenn es etwa mit anderen Stoffen in Berührung kommt oder wenn man es wäscht.

Auf Mose hat Gottes Heiligkeit *abgefärbt*. Mose stand in einer ganz besonderen Beziehung zu Gott. Sie verbrachten viel Zeit miteinander. Es heißt von Mose, er sei der demütigste Mensch auf Erden gewesen. Gott redete mit ihm, wie ein Mensch mit seinem Freund redet. Mose war so vertraut und eng im Umgang mit Gott, dass davon sein Gesicht übernatürlich strahlte.

Wenn wir vertraut werden mit Gott, indem wir viel Zeit mit ihm verbringen, die enge Verbindung zu ihm suchen und seinen Willen tun, wird auch auf uns Gottes Wesen *abfärben*. Das nennt man Heiligung. Ob davon unsere Gesichter hell leuchten wie bei Mose, weiß ich nicht. Aber wenn wir uns von Gott prägen lassen und sein heiliges Wesen uns bestimmt, wird das nicht nur auf uns, sondern auch auf unsere Umgebung positiv abfärben. Bei Gott gilt also: Abfärben erlaubt!

*Michelle Rath*

*Aufdecken*

Selbsterkenntnis ist der erste Schritt zur Besserung. Plötzlich erkennt man etwas, fasst sich an den Kopf und denkt: Wie konnte ich nur so blind sein? Es ist ein Geschenk Gottes, wenn uns so die Augen aufgehen. Manchmal braucht man dafür einen anderen Menschen. König David, dem dieser Psalm zugeschrieben wird, hatte so einen klugen und mutigen Freund - den Propheten Nathan. Der riskiert Kopf und Kragen, indem er seinem König die Wahrheit sagt und ihn mit seiner Schuld konfrontiert. David reagiert darauf nicht mit Wut, Abwehr oder Leugnen, sondern er bricht zusammen (die ganze Geschichte können Sie nachlesen in 2 Samuel 11 und 12). Er erkennt seine Schuld und ihre Konsequenzen!

Das ist ein Werk des Heiligen Geistes. Er öffnet uns die Augen für unsere Schuld und Fehler. Er zeigt uns, wie wir sind, und er zeigt uns, wohin das führt. Der Heilige Geist bringt David angesichts dieser Wahrheit aber auch dazu, dass er um Weisheit bittet, damit er (wieder) den Weg Gottes erkennen kann. Wenn der Heilige Geist wirkt, dann geht es nicht nur um eine theoretische Selbsterkenntnis, sondern auch um den Willen, das Erkannte wirklich zu tun. Es geht um Gehorsam.

Was heißt das heute für Sie?

*Friedrich Aschoff*

### Was mir der Heilige Geist bedeutet

Für mich ist der Heilige Geist Helfer und Beistand, Entlastung und Erfrischung. Ich kann es am besten mit Worten von Martin Luther ausdrücken: „Ich glaube, dass ich nicht aus eigener Vernunft noch Kraft an Jesus Christus meinen Herrn glauben oder zu ihm kommen kann; sondern der Heilige Geist hat mich durch das Evangelium berufen, mit seinen Gaben erleuchtet, im rechten Glauben geheiligt und erhalten...". Der Heilige Geist begeistert mich für Jesus Christus und macht ihn einzigartig groß.

Im Rückblick auf mein Leben kann ich sagen, dass eintraf, was mir jemand in einer Segnung zusagte: „Lass dir an meiner Gnade genügen. Meine Kraft ist in deiner Schwachheit mächtig." (2 Korinther 12,9) Das habe ich immer wieder und oft überraschend so erfahren. Die Kraft des Heiligen Geistes hilft meiner Schwachheit auf die Sprünge. Er gibt mir Mut und inspiriert mich.

*Friedrich Aschoff*

*Ich bin Jahrgang 1940, Pfarrer im Ruhestand, verheiratet mit Almut und Vater von drei erwachsenen Kindern. Am liebsten gehe ich auf Spurensuche nach Gottes Wirken in meinem Leben. In dem Buch „Hinterher gesehen" habe ich einige dieser Spuren beschrieben.*

## Sonntag, 12. Mai

Joel 3,1-2 → GNB/AT 841

### „I have a Dream!"

Rief Martin Luther King am 28. August 1963 vor dem Abraham Lincoln-Denkmal in Washington seinen Landsleuten zu. In seiner berühmten Rede heißt es unter anderem: „Ich habe den Traum, dass meine vier kleinen Kinder einmal nicht nach ihrer Hautfarbe, sondern nach ihrem Charakter beurteilt werden." Es war der Traum von Gleichheit und Brüderlichkeit.
Menschen mit Träumen verändern unsere Welt! Von Gott geschenkte Träume, aber auch Weissagungen sind ein weiteres Werk des Heiligen Geistes. Genau das hat der Prophet Joel vorausgesagt. Petrus zitiert diese Verse bei der Deutung der Pfingstereignisse (Apostelgeschichte 2,16ff.). Wo Gott Menschen mit seinem Geist erfüllt, da werden alte gewohnte Ordnungen außer Kraft gesetzt. Da haben nicht nur „Auserwählte" wie Priester, Propheten oder Könige den Geist Gottes. Da haben nicht nur die Jungen, sondern auch die Alten bedeutungsvolle Träume. Da beruft Gott Menschen jeder Nationalität dazu, die Welt dem Bild seiner Schöpferordnung ähnlicher zu machen.
Jesus Christus, der *Menschensohn*, ist der erste neue Mensch, der ganz nach dem Willen Gottes lebt. Ihm mit Hilfe des Heiligen Geistes immer ähnlicher zu werden - das ist mein Traum!
*Friedrich Aschoff*

## Montag, 13. Mai

Ezechiël 36,26–27 → GNB/AT 799

### Das kalte Herz

In seinem gleichnamigen Märchen schildert Wilhelm Hauff den Lebensweg eines jungen Mannes. Er verkauft für Geld und Macht sein lebendiges Herz und bekommt stattdessen einen Stein eingesetzt. Er wird sehr reich und mächtig. Aber er verliert alle Menschen, die ihm nahestehen. Sie gehen an seiner Kälte zugrunde.
Ein Märchen aus vergangener Zeit? Ich finde nicht. Das ist eine Geschichte, die das Leben immer wieder schreibt, auch heute noch. Unsere Zeitungen sind voll davon. Gott findet sich nicht mit unseren kalten, steinernen Herzen ab. Er will uns ein lebendiges Herz und einen neuen Geist geben. Ein Herz, das empfänglich ist für echte, hingebungsvolle Liebe. Das ist die große Verheißung, von der der Prophet Ezechiël hier spricht. Wo wir Gott erlauben, diese „Operation" vorzunehmen und einzugreifen in unser Leben, da ändert sich die grundsätzliche Richtung unseres Lebens. Wir orientieren uns nicht mehr an irgendeiner Art von Profit. Sondern wir leben nach Gottes Weisungen und Geboten, vor allem nach dem Gebot seiner Liebe.
Das aber geschieht, wenn wir uns öffnen für Gottes Heiligen Geist und beten: „Komm, o mein Heiland Jesus Christ, meins Herzens Tür dir offen ist."
*Friedrich Aschoff*

## Dienstag, 14. Mai

*Johannes 14,15-17 → GNB/NT 141*

*Nichts ohne meinen Anwalt*

Tritt ein Verhör in seine entscheidende Phase, dann sagt der Verdächtige oft: „Ich sage jetzt nichts mehr ohne meinen Anwalt." Er befürchtet, dass er sich durch seine Antworten nur in noch größere Schwierigkeiten bringen könnte. Alles, was er jetzt sagt, kann zu seinem Nachteil verwendet werden.
Der Heilige Geist wird im Neuen Testament oft *Paraklet* genannt. Übersetzt heißt das: Anwalt, Fürsprecher, Helfer, Beistand, auch Tröster. Nichts ohne meinen Anwalt – das gilt auch für uns Christen. Jesus hat seinen Nachfolgern diesen Beistand versprochen. Ohne ihn und seine Leitung sollen wir nichts tun. Wir sollen ihn vielmehr fragen: Was willst du, dass ich tun soll?
Dieser Anwalt wird uns nicht mit faulen Tricks oder juristischen Spitzfindigkeiten helfen, sondern uns an die göttlichen Leitlinien für unser Leben erinnern - an Gottes Gebote. Wir dürfen darauf vertrauen, dass er uns auch das rechte Wort zur rechten Zeit gibt. Das habe ich in meinem Leben immer wieder konkret erfahren. Beten in Jesu Namen – das ist keine Zauberformel für wirksame Gebete. Beten in Jesu Namen – das ist nur möglich im Einklang mit seinem Willen und in seinem Geist. Dann aber hat es Kraft!
*Friedrich Aschoff*

## Mittwoch, 15. Mai

*Johannes 14,26 → GNB/NT 141*

*Abschied – kein Abbruch*

Jesus wollte seine Jünger darauf vorbereiten, dass er bald nicht mehr bei ihnen sein würde. Sie hatten so vieles noch nicht verstanden. Sie waren noch so sehr in ihr altes und gewohntes Denken verstrickt. Sie hatten nicht wirklich begriffen, was das Reich Gottes tatsächlich meint. Vieles würden sie erst nach seinem Sterben und seiner Auferstehung verstehen. Jetzt aber gilt es, sie zu trösten: „Der Beistand, den mein Vater senden wird, der wird euch lehren. Er wird euch an meine Worte erinnern." Die Jünger damals und seine Nachfolger bis heute sind nicht von allen guten Geistern verlassen. Nein, der gute Heilige Geist erinnert sie an die Worte von Jesus und lehrt sie. Sagen, was Jesus gesagt hat. Denken, was Jesus gedacht hat. Handeln, wie er gehandelt hat. Das ist mündige Kirche. Sie ist Geist-geleitet, wenn sie sich immer wieder erneuert, *reformiert* auf sein Bild hin. Reformation heißt nicht: zurück zu den Anfängen. Reformation heißt: zurück zu dem Anfänger und Begründer unseres Glaubens - Jesus Christus.
*Friedrich Aschoff*

## Donnerstag, 16. Mai

*Apostelgeschichte 1,4-8*
*→ GNB/NT 151*

*Ihr werdet meine Zeugen sein!*

„Herr, wirst du Israel wieder groß machen?" Nein, seine Jünger haben es immer noch nicht begriffen! Auch nach der Begegnung mit dem auferstandenen Jesus sind sie ihrem alten Denken verhaftet. Für sie alle gilt, was Jesus einmal zu Petrus gesagt hat: „Du denkst, wie Menschen denken, und verstehst Gottes Gedanken nicht." (Matthäus 16,23) Deswegen brauchen die Jünger den Heiligen Geist. Sie brauchen ein ganz neues und anderes Denken. Damit sie verstehen, wie die Herrschaft Gottes wirklich verkündigt und verwirklicht werden soll.
Nur erfüllt mit dem Heiligen Geist können sie wirklich *seine* Zeugen sein. Der Heilige Geist wird die Jünger an Jesus erinnern und ihn groß machen. Solange sie noch selbst groß sein wollen, bleiben sie wie andere Menschen. Sie aber sollen mit ihrem Leben, Denken und Handeln Zeugen von Jesus sein.
So baut Gott sein Reich - von Jerusalem bis an die Enden der Erde! Mit Menschen, die von seinem Geist erfüllt sind. So verändert er die Welt. Der Heilige Geist macht Nachfolger von Jesus bereit und fähig, ihren Glauben an den auferstandenen Herrn zu bezeugen. Und das gilt heute für Sie und mich genauso wie damals für die Jünger!
*Friedrich Aschoff*

## Freitag, 17. Mai

*Römer 8,14-16 → GNB/NT 203*

*Mein Stand und mein Zustand*

Woran merke ich, dass ich wirklich zu Gott gehöre? Wenn ich über mich nachdenke, dann kommen mir immer mal wieder Zweifel, ob ich wirklich Gottes Kind bin. Zum Beispiel frage ich mich: Was hat dich heute denn wieder getrieben? Warum warst du so ungeduldig und aggressiv? Warum hattest du nicht mehr Gelassenheit? Und ich spüre, dass ich mich innerlich in einem sehr zerrissenen und unruhigen *Zustand* befinde.
Paulus aber sagt: „Alle, die sich vom Geist Gottes führen lassen, die sind Gottes Söhne und Töchter." Der Heilige Geist ist der, der uns unseren *Stand* bewusst macht. Und auch das kenne ich ja, dass ich mich wirklich von Gott angenommen und getragen weiß. Ich erinnere mich, dass ich eines Nachts einen wunderbaren Traum hatte, in dem ich mich in Gottes Liebe ganz und gar geborgen wusste. Davon erfüllt musste ich am Morgen danach einfach aufschreiben, warum Jesus absolut einzigartig ist!
Ich kenne meinen *Zustand* - da gibt es noch viel zu tun. Aber ich kenne auch meinen *Stand* vor Gott. Sein Wort sagt mir zu: Du bist mein liebes Kind. Und sein Wort ist entscheidend!
Starren Sie vor allem auf Ihren *Zustand* oder lassen Sie sich von Ihrem *Stand* als Gottes geliebtes Kind bestimmen?
*Friedrich Aschoff*

*1 Korinther 12,4-11 → GNB/NT 226*

*Galater 5,16-23 → GNB/NT 251*

*Stars in der Gemeinde*

Bei den Gaben des Heiligen Geistes gilt: Er teilt sie aus, wie er will. Keiner hat alle. Aber jeder hat mindestens eine. Alle Gaben sind zum gemeinsamen Nutzen gegeben. Sie dienen dem Aufbau der Gemeinde. Sie dienen nicht der Dominanz einer Person. Die Gaben des Heiligen Geistes haben ihr Ziel in der Ehre Gottes und der Verherrlichung von Jesus Christus. Menschliche Stars, die die ganze Aufmerksamkeit auf sich ziehen, sind hier fehl am Platz. Ja, es gibt verschiedene Gaben und Begabungen. Das entspricht offensichtlich dem Schöpfungswillen Gottes. Er hat uns unterschiedlich begabt. Gleichzeitig kommen alle Gaben aus derselben Quelle - aus Gott. Die Verschiedenheit der Gaben zielt zugleich auf die Einheit der Gemeinde. Die Gaben sollen sich ergänzen. Sie sollen der ganzen Gemeinde dienen und sie befähigen, ihren Dienst in unserer Welt und Gesellschaft zu tun. Gemeindeleiter sollen Menschen mit Gaben „aufspüren und sie mit Dankbarkeit annehmen". So lesen wir in den Dokumenten des II. Vatikanischen Konzils aus dem Jahr 1965! Dahinter sollten auch wir evangelische Christen nicht zurück. Vielfalt und Einheit gehören zusammen. Denn auf diese Weise baut Gott seine Gemeinde. Was sind Ihre Gaben und wo könnte Ihr Platz sein?
*Friedrich Aschoff*

*Was treibt mich?*

„Jeder Mensch hat etwas, das ihn antreibt." So lautete nicht nur ein bekannter Werbeslogan. Das bestätigen auch gute Psychotherapeuten. Die entscheidende Frage dabei ist: Will ich nur Zuschauer meines Lebens sein oder will ich Akteur sein? Wenn ich Akteur sein will, dann muss ich wissen, was mich antreibt. Warum ich so handle, wie ich es tue oder getan habe.
Was treibt Sie an? Ist es das Verlangen nach Einfluss und Reichtum, nach Beliebtheit oder Macht? Paulus sagt uns: „Lebt aus der Kraft, die der Geist Gottes gibt!" Wenn Gottes Geist Sie treibt, dann zeigt er Ihnen nicht nur den Weg, sondern auch, wie weit Sie gehen können.
Der bedeutende deutsche Fußball-Lehrer Dettmar Cramer hat gesagt: „Es zählt nicht, was du einmal gewonnen hast. Es zählt nur, was du morgen gewinnst." Dann fügte er hinzu: „Freundschaften schließen ist wichtiger als Tore schießen."
Dem ist nur eines hinzuzufügen: Von der Freundschaft mit Gott hängt beides ab. Wie Sie heute leben und ob Sie das Morgen, die ewige Gemeinschaft mit ihm, gewinnen.
*Friedrich Aschoff*

## Montag, 20. Mai

*Lukas 11,9-13 → GNB/NT 93*

*Was traust du Gott zu?*

Es gibt Menschen, die haben
Angst vor dem Heiligen Geist. Sie
fragen sich: Bin ich dann noch
Herr meiner selbst? Oder habe
ich am Ende einen „Spleen"?
Wer weiß, ob seine Gaben wirk-
lich gut für mich sind? Ich will
kein abgehobenes geistliches
Leben führen. Auf gar keinen
Fall will ich mich blamieren oder
lächerlich machen.
Andere sehnen sich nach dem
Heiligen Geist. Sie wollen nicht
mehr aus eigener Kraft leben.
Aber sie zweifeln, ob sie überhaupt würdig sind, den Heiligen
Geist zu empfangen: Ob der Vater
im Himmel mich mit seinem
Geist erfüllen will? Ob er mir
seine Gaben geben will? Wer bin
ich denn schon?
Jesus hat offensichtlich beide
Haltungen gekannt und beide
abgelehnt. Er kennt Gott wie kein
anderer und weiß, dass er viel lie-
bevoller handelt als jeder noch so
gute menschliche Vater. Er weiß,
was für uns gut ist, und wird uns
nichts geben, das uns schaden
würde. Nur eines ist nötig: Dass
wir ihn aufrichtig bitten.
Wer Gott auf diese Weise ehrlich
sucht, der wird nicht ins Leere
laufen. Aber er darf sich auf
Überraschungen gefasst machen.
Denn der Heilige Geist kehrt
nicht nur bei uns ein. Er kehrt
auch bei uns aus.
*Friedrich Aschoff*

## Dienstag, 21. Mai

*Apostelgeschichte 13,1-3
→ GNB/NT 169*

*Wegweisung in der Stille*

Der Kirchengemeinderat verab-
redet sich zu Klausurtagen. Mit
einem auswärtigen Referenten
will man beraten, welche Vision
die Gemeinde vorwärts bringen
kann.
Nichts gegen einen Referenten!
Doch die Gemeindeleitung von
Antiochia wählt einen anderen
Weg. Alle Lehrer und Propheten
der Gemeinde *fasten* für einige
Zeit und *beten*. Gemeinsam wollen sie hören, was Gott ihnen zu
sagen hat. Und Gott redete zu
ihnen in der Stille. Gerne würden
wir erfahren, wie er das genau
tat.
Auf jeden Fall wird ihnen eines
klar: Sie sollen Barnabas und
Paulus, über deren Rückkehr sie
sich so freuten, wieder hergeben.
Gott hat beide für eine besondere Aufgabe vorgesehen. Es gibt
keine Diskussion, keine lange
Aussprache. Alle prüfen diesen
Eindruck in einer weiteren Zeit
des Gebets. Dann segnen sie die
beiden und lassen sie ziehen.
Ich finde, das ist eine gute An-
regung für uns - nicht nur in
Gemeindefragen. Oft sind wir
orientierungslos und müssen uns
doch entscheiden.
In der Stille vor Gott können wir
seine Wegweisung erfahren. Wir
dürfen damit rechnen, dass er
zu uns spricht. Und dass er seine
Wege auch durch andere Christen bestätigt.
*Monika Ramsayer*

## Mittwoch, 22. Mai

*Apostelgeschichte 13,4-12* →
*GNB /NT 169*

*Gegenwind*

Wie stellen Sie sich den *Gegen-spieler* Gottes vor? Sicher nicht mit Pferdefuß und Hörnern, oder? Aber auch wenn wir nicht wissen, wie er aussieht, spüren wir doch seinen Einfluss mitunter sehr deutlich.

In Zypern ist der römische Stadthalter sehr interessiert an der Botschaft, die Barnabas und Paulus verkündigen. War es einfach Neugier? Oder eine tiefe Sehnsucht nach echtem Lebenssinn? Ihn überzeugt, was die beiden ihm erklären. Doch der Magier, der zu seinem Gefolge gehört, sieht seinen unguten Einfluss schwinden und versucht, den Stathalter von seinem Interesse abzubringen. Doch durch die Kraft des Heiligen Geistes erblindet der Magier. Das bewirkt die gleiche Kraft, die dem Stathalter die Augen öffnet. Er erkennt, wer Jesus ist.

Selbst wenn wir den Gegen-spieler Gottes nicht konkret beschreiben können, kennen wir solche Erfahrung doch auch: Es kommt Gegenwind auf, wenn wir Jesus Christus von ganzem Herzen nachfolgen wollen. Keine Entscheidung ist so umkämpft wie diese. Darum lassen Sie sich von dieser Geschichte ermuti-gen! Denn Gottes Heiliger Geist wohnt und wirkt in allen seinen Kindern. Auch in Ihnen.

*Monika Ramsayer*

## Donnerstag, 23. Mai

*Apostelgeschichte 13,13-25*
→ *GNB/NT 169*

*Abgemeldet*

„Wir machen alle mit!" beschloss die Klasse einstimmig und be-geistert, als die Lehrerin das neue Projekt für die Partnerschule in Bangladesch vorstellte. In der ersten Dezemberwoche wollten alle Schüler in kleinen Teams von Haus zu Haus gehen, um für den guten Zweck Orangen zu ver-kaufen. Doch als es dann in der Woche ununterbrochen schneite, meldeten sich viele wieder ab...

Auch Johannes Markus meldet sich ab. Er verlässt das kleine Team mit Paulus und Barnabas. Gründe dafür werden uns nicht genannt. Im Text ist es nur eine kleine Notiz. Aber ich finde diese kurze Bemerkung sehr interessant. Denn wir wissen, dass Paulus denselben Johannes Markus später nicht noch einmal mitnehmen will – im Gegensatz zu Barnabas. Über dieser Frage kommt es zum offenen Konflikt und zur Trennung von Barnabas (Apostelgeschichte 15,36ff.). Vielleicht hat Johannes Markus nach anfänglicher Begeisterung einfach nicht durchgehalten. Denn beschwerlich war die Reise auf jeden Fall. Und Paulus geht hier auch neue Wege in neue Gebiete, die vor ihm noch keiner gegangen ist! Vielleicht war das (noch) zu viel für Johannes Mar-kus. Paulus und Barnabas aber machen mutig weiter mit der Verkündigung des Evangeliums!

*Monika Ramsayer*

*Apostelgeschichte 13,26-31.38-39*
*→ GNB/NT 170*

*Apostelgeschichte13,44-52 →*
*GNB/NT 171*

*Gerecht in Gottes Augen*

*Keine zweite Wahl*

Im Schwäbischen ist es ein Kompliment, wenn jemand als „rechter Mann" bezeichnet wird. Als solcher lässt er sich nichts zu Schulden kommen, ist fleißig und kommt mit allen aus. Entscheidender aber ist die Frage, wie wir in *Gottes* Augen „rechte Menschen" werden. Paulus erzählt seinen Zuhörern, was in Jerusalem zu Ostern geschehen ist. Er spricht vom Tod Jesu am Kreuz und von seiner Auferstehung. Ihm ist dabei besonders wichtig, dass all dies in Einklang steht mit der jüdischen Überlieferung in den heiligen Schriften. Er verdeutlicht seinen Zuhörern, dass Jesus in die Lücke tritt, die das Gesetz von Mose nicht schließen kann. Denn diese Erfahrung haben alle gemacht: Kein Mensch kann das ganze Gesetz halten! Doch wie wird man dann gerecht vor dem heiligen Gott? Allein durch den Glauben an Jesus Christus. Dafür kam der Sohn Gottes in die Welt. Er lud alles auf sich, was uns von Gott trennt. Darum brauchen wir *ihn*. Durch Jesus sind wir in *Gottes* Augen gerecht. Denn er hat uns alles abgenommen, was uns von dem heiligen Gott trennt. Was für eine befreiende Botschaft - damals und heute.
*Monika Ramsayer*

Der Verein hatte eine hohe Ablösesumme für ihn bezahlt. Aber bei den ersten Einsätzen in der neuen Mannschaft enttäuschte er seinen Trainer. Seitdem sitzt er auf der Ersatzbank und ist nur noch *zweite Wahl*. Kein schönes Gefühl. Als *zweite Wahl* neben den Juden fühlten sich damals die „Heiden", also alle Nichtjuden. Denn das, was Paulus predigt, bezog sich zuerst auf das jüdische Volk. Doch dem gefiel diese neue Lehre gar nicht! Die Bemühungen der Juden, vor Gott gerecht zu werden, zählten nämlich bei Paulus nicht mehr. Wozu strengten sie sich dann so an, die Gesetze zu halten? Außerdem störte es die frommen Juden, dass bei Paulus jeder zuhören durfte. Und dann kam der Eklat: Auch für alle Nichtjuden soll die Botschaft der Rettung gelten! Durch Jesus können auch sie zu Gott kommen. Der Jubel der Heiden nimmt kein Ende. Sie sind keine zweite Wahl mehr. Auch sie sind Gottes geliebte Kinder, für die Jesus am Kreuz starb. Ich wünsche Ihnen, dass Sie in diesen Jubel einstimmen können.
*Monika Ramsayer*

## Sonntag, 26. Mai

*Apostelgeschichte 14,1-7*
→ *GNB/NT 171*

### Vollmächtige Evangelisation

Das finde ich beeindruckend: Paulus und Barnabas lassen sich nicht entmutigen! Nach der bitteren Erfahrung in Antiochia machen sie es in Ikonion (dem heutigen Konya) genauso: Sie predigen und geben die Botschaft von Jesus Christus weiter. Mit demselben Resultat wie in Antiochia: Viele Menschen beginnen zu glauben - andere lehnen das Evangelium ab. Die Einwohner der Stadt sind gespalten. Aber Paulus und Barnabas lassen sich dadurch nicht entmutigen. Ihre Überzeugung, von Gott berufen zu sein, ist ihre innere Kraft, ihr innerer Motor. Sie haben verstanden, dass es *ihre* Verantwortung ist, im Vertrauen auf Gott frei und offen von der rettenden Gnade in Jesus Christus zu reden. Dass es dagegen *Gottes* Verantwortung ist, diese Botschaft zu bestätigen.

Während meines Studiums war ich in einer christlichen Studentenarbeit aktiv. Dort habe ich gelernt: „Evangelisation bedeutet: In der Kraft des Heiligen Geistes von Jesus reden – und die Ergebnisse Gott zu überlassen."

Auch heute will ich mich nicht entmutigen lassen, sondern im Vertrauen auf Gott meinen Glauben leben und bekennen. Die Ergebnisse kann ich dabei getrost Gott überlassen.
*Edelgard Jenner*

## Montag, 27. Mai

*Apostelgeschichte 14,8-20*
→ *GNB/NT 171*

### Nicht auf eigene Rechnung

Nachdem Paulus und Barnabas einen Gelähmten geheilt haben, werden die beiden als Götter verehrt. Die Apostel erliegen aber nicht der Versuchung, den „Erfolg" auf ihr eigenes Konto zu buchen. Im Gegenteil, sie wehren sich vehement gegen dieses Missverständnis. Sie wissen: Sie arbeiten nicht auf eigene Rechnung. Gott ist derjenige, der heilt. Der auf die Füße stellt. Der aufrichtet. Hinter all dem steht Gottes Handeln und Segen. Der Theologe Fulbert Steffensky sagt über Menschen, die Segen weitergeben: „Segnende sind schlechte Haushalter. Sie geben, was sie nicht haben." Wenn wir andere Menschen segnen, wenn wir ihnen also Gutes von Gott zusprechen, dann sind nicht wir die Garanten dafür. Ein Anderer, Gott selbst, ist der Segnende und Handelnde. Wir segnen nicht auf eigene Rechnung! Darum bete ich gern am Morgen ein Gebet, das Anselm Grün formuliert hat: „Herr Jesus Christus. Du gehst mit mir in diesen Tag. Lass mich durchlässig sein für dich. Dass deine Barmherzigkeit aus meinen Augen sieht. Dass deine Milde in meinen Händen zu spüren ist. Dass dein lebensstiftendes Wort in meinen Worten hörbar wird. Amen."
*Edelgard Jenner*

### Mutig Segen weitergeben

In der Gemeinde beschäftigte uns das Thema Segen. Dabei ging es auch darum, dass wir als Segnende (weiter)geben, was wir nicht haben. Dass wir dabei nicht auf eigene Rechnung arbeiten. Auf einem Zettel notiere ich mir für die nächste Woche: „Ich will auf Menschen achten, denen ich Gottes Segen zusprechen kann."

Mitten in der Woche, auf dem Weg zur Arbeit, finde ich den Zettel wieder. Also bete ich für die Menschen, mit denen ich gleich zu tun habe. Im Laufe des Tages überlege ich bei verschiedenen Begegnungen, ob ich dieser Person Gottes Segen zusprechen darf. Ich tue es im Stillen immer wieder. Es ist ein Tag mit vielen guten und liebevollen Begegnungen.

Ich möchte viel mutiger und selbstverständlicher nicht auf meine Rechnung arbeiten und weitergeben, was ich gar nicht habe. Aber was Gott im Überfluss hat: Segen.

*Edelgard Jenner*

*Ich bin Jahrgang 1958, lebe mit meinem Mann in Reinbek (bei Hamburg) und habe eine erwachsene Tochter. Neben meiner Tätigkeit als Gleichstellungsbeauftragte der Stadt Mölln arbeitet ich freiberuflich als Referentin bei Frühstückstreffen für Frauen und als Kommunikationstrainerin und Mediatorin. Ich engagiere mich ehrenamtlich in unserer evangelischen Kirchgemeinde.*

## Dienstag, 28. Mai

*Apostelgeschichte 14,21-28*
→ *GNB/NT 172*


*Einen guten Abschluss finden*

Paulus und Barnabas machen sich auf die Rückreise. Sie besuchen alle neu gegründeten Gemeinden noch einmal. Diesmal geht es ihnen um die Stärkung der jungen Christen und um den Aufbau einer Gemeindestruktur. Sie wollen die Gemeinden fit machen für die Zukunft und auch für mögliche Leiderfahrungen und Verfolgung. Dass damit zu rechnen ist, haben Paulus und Barnabas selbst erlebt. Am Ende kehren sie zurück an ihren Ausgangspunkt. Sie nehmen sich Zeit für einen Rückblick. Sie berichten in ihrer Heimatgemeinde in Antiochia von dem, was Gott unter den nichtjüdischen Menschen getan hat. Sie bleiben für längere Zeit in Antiochia. Nach den Aufregungen und Strapazen der langen Reise brauchen sie Zeit zum Innehalten. Zeit, um neue Kraft zu schöpfen. Zeit, um Bilanz zu ziehen und auf einen neuen Auftrag zu warten. Und die beiden nehmen sich diese Zeit. Es tut gut, wenn Projekte einen guten Abschluss finden. Wenn man in Ruhe auswertet. Wenn das, was nicht mehr gebraucht wird, weggeheftet oder weggeworfen wird. Wenn der Schreibtisch und das Mail-Postfach aufgeräumt werden. Es ist gut, wenn wir einen guten Abschluss finden. Dann können wir wieder offen sein für Neues.
*Edelgard Jenner*

## Mittwoch, 29. Mai

*Apostelgeschichte 15,36-41*
→ *GNB/NT 174*


*Nicht perfekt, aber gesegnet*

Als Paulus und Barnabas zu ihrer zweiten gemeinsamen Missionsreise aufbrechen wollen, kommt es zum Streit zwischen ihnen. Es geht um die Frage, welchen Mitarbeiter sie mitnehmen. Personalentscheidungen sind wichtige Weichenstellungen!
Barnabas ist derjenige gewesen, der Paulus bei den Aposteln eingeführt hat. Der darauf bestand, dass man Paulus eine Chance geben soll - trotz seiner Vergangenheit als Christenverfolger. Barnabas war es, der die Gaben von Paulus erkannt hat. Der ihn nach Antiochia geholt und ihn anfangs in seinem geistlichen Dienst begleitet hat. Er möchte auch Johannes Markus eine neue Chance geben. Paulus dagegen will keinen Mitarbeiter dabei haben, auf den er sich nicht verlassen kann. Von dem er vielleicht im Stich gelassen wird, wenn Schwierigkeiten auftreten.
Zwei Ansichten prallen hart aufeinander. Es „menschelt" auch unter geistlichen Leitern. Die Auseinandersetzung zwischen Paulus und Barnabas ist so heftig, dass sie sich am Ende trennen. Trotzdem schreibt Gott seine Geschichte weiter – *mit* seinen unperfekten Mitarbeitern!
Gott kann auch auf krummen Linien gerade schreiben. Wenn das so ist, dann habe ich Hoffnung für Sie und mich!
*Edelgard Jenner*

## Donnerstag, 30. Mai

*Apostelgeschichte 16,1-10*
→ *GNB/NT 174*

*Wie Paulus Gottes Führung erlebt*

Paulus folgt seinem grundsätzlichen Auftrag, das Evangelium zu verkünden und Menschen im Glauben zu festigen. Dafür nutzt er alle Gelegenheiten, die sich ihm bieten. Er geht zielorientiert vor. Er sucht sich gute Mitstreiter, in diesem Fall den jungen Timotheus. Im Laufe der Zeit wird noch deutlich werden, dass Paulus ein wunderbarer Mentor für Timotheus ist. Timotheus wiederum wird zu einem von Paulus´ zuverlässigsten und treusten Mitarbeitern. Paulus bleibt vor allem offen für die sanften Führungen des Heiligen Geistes. Er rennt nicht gegen verschlossene Türen an, sondern wartet darauf, dass Gott ihm eine Tür öffnet. Wenn das geschieht, geht er beherzt, voller Zuversicht und Überzeugung durch diese Tür. Auf diese Weise kommt das Evangelium auch nach Europa.
Das Vorbild von Paulus ermutigt mich, nach Gottes Führung in meinem Leben zu suchen. Auch ich will offen sein für die sanfte Stimme des Heiligen Geistes und beten: „Tu mir kund den Weg, den ich gehen soll, denn mich verlangt nach dir!" (Psalm 143, 8). Wo soll ich aufhören gegen verschlossene Türen zu rennen? Wo ist die Tür, die Gott für mich aufstößt und die ich dann beherzt und voll Vertrauen durchschreiten kann?
*Edelgard Jenner*

## Freitag, 31. Mai

*Apostelgeschichte 16,11-15*
→ *GNB/NT 175*

*Mit den Frauen fängt es an*

Gott hat für Paulus und seine Mitstreiter die Tür nach Europa geöffnet. Ich kann mir so richtig vorstellen, mit welcher Erwartung und Vorfreude das kleine Missionsteam das erste Mal europäischen Boden betritt. Alle sind gespannt, was wohl Wunderbares passiert. Im Traum von Paulus hatte ja *ein Mann* um Hilfe gerufen. Die Missionare allerdings treffen als Erstes „nur" *Frauen* an! Nicht einmal einen jüdischen Gottesdienst konnten sie feiern, denn dazu wären mindestens 10 Männer nötig gewesen. Aber die kleine Gruppe von Frauen trifft sich regelmäßig zum Beten. Und sie sind offen für das, was Paulus von Jesus Christus erzählt. Sie beginnen zu verstehen, was das Evangelium für sie bedeutet. Lydia, eine reiche Unternehmerin, kommt als Erste zum Glauben. „Der Herr öffnete ihr das Herz." Gott kann nicht nur Türen öffnen, sondern er öffnet auch die Herzen! Beides ist notwendig, damit ein Mensch zum Glauben findet. Lydia ist die erste Christin in Europa. Sie lässt sich taufen. Und sie öffnet nun ihrerseits ihr Haus für Paulus und seine Begleiter. Die erste christliche Gemeinde in Europa ist geboren!
*Edelgard Jenner*

## Samstag, 1. Juni

*Apostelgeschichte 16,16-24*
→ *GNB/NT 175*

### Geschäftsschädigend

Nicht nur damals gaben Menschen viel Geld aus, um Informationen über ihre Zukunft zu erhalten. Das Geschäft mit Astrologie, Horoskopen usw. blüht auch heute noch.
Die Sklavin, die mediale Fähigkeiten hatte und die Zukunft voraussagen konnte, brachte ihren Besitzern großen Profit. Für sie war die Frau so wertvoll wie eine Gelddruckmaschine. Verständlich, dass sich ihre Herren das Geschäft nicht von ein paar dahergelaufenen Männern verderben lassen wollen. Und obwohl sie die Wahrheit über Paulus und Silas sagt, will sich Paulus ihrer nicht bedienen. Das ist nicht Gottes Art der Verkündigung!
Nach der Austreibung des Dämons blieb die Frau äußerlich weiterhin Sklavin. Und doch war sie frei. Weil sie nicht mehr gebunden war an den inneren Zwang zum Wahrsagen! Ein Grund zu Freude und Dankbarkeit. Aber nicht für ihre Besitzer. Die sehen ihr Geschäft geschädigt. Die Sklavin ist in ihrer neuen Freiheit für sie nutzlos. Sie veranlassen darum, dass Paulus und Silas ins Gefängnis kommen. Als offizielle Anklage nennen sie selbstverständlich nicht den wahren Grund, sondern finden andere, die die Menge überzeugen.
Dass Gott sich auch dadurch in seinem Wirken nicht hindern lässt, wird sich später zeigen.
*Edelgard Jenner*

## Sonntag, 2. Juni

*Apostelgeschichte 16,25-34*
→ *GNB/NT 175*

### Zuversicht und Stärke

Es gab und gibt bis heute Christen, die um ihres Glaubens willen verfolgt werden, sogar ins Gefängnis kommen und trotzdem nicht verzagen. Sondern sich auch an einem solchen Ort von Gott gebrauchen lassen. Zum Beispiel eine iranische Christin, von der die Hilfsorganisation „Open Doors" berichtet. Diese Frau war bereits einige Tage inhaftiert und wurde dann zum Verhör geholt. Sie fühlte sich wie gelähmt vor Angst. Aber im entscheidenden Moment konnte sie so überzeugend für ihren Glauben einstehen, dass sich einer ihrer Gefängnisaufseher durch sie bekehrte! Kurz darauf wurde sie überraschenderweise entlassen und kam mit dem Schrecken davon.
Ein Gefängnis ist normalerweise ein bedrückender Ort. Aber Paulus und Silas sind auch dort guten Mutes, obwohl sie geschlagen wurden und scharf bewacht werden. Wer im Gefängnis singen und beten kann, der hat Gottes besonderes Eingreifen in schwierigen Zeiten schon erlebt. Aus uns selbst heraus können wir eine solche Zuversicht und Stärke nicht produzieren. Aber wir können Gott darum bitten, dass er uns beides gibt, wenn es drauf ankommt.
An welchen Stellen in Ihrem Leben sind Sie herausgefordert, nicht den Mut und das Vertrauen in Gottes Macht zu verlieren?
*Michelle Rath*

*Apostelgeschichte 16,35-40*
→ *GNB/NT 176*

### Römische Bürger

Paulus und Silas haben eine turbulente Nacht hinter sich. Am nächsten Morgen sollen sie still und leise aus der Stadt ausgewiesen werden. Aber da machen sie nicht mit. Sie verweisen auf ihr römisches Bürgerrecht und verlangen eine persönliche Entschuldigung von den politischen Verantwortlichen. Denn als römische Bürger hatten sie ein Anrecht auf ein anständiges Rechtsverfahren. Im Gegensatz dazu war man aber absolut willkürlich mit ihnen umgegangen und hatte sie ungerecht behandelt. Das nehmen sie nicht einfach so hin.
Für mich ist diese Geschichte ein Hinweis darauf, dass wir uns als Christen wehren dürfen und nicht alles brav schlucken müssen. Wenn man uns willkürlich oder gesetzeswidrig behandelt, haben wir die Freiheit, uns im Rahmen unserer rechtlichen Möglichkeiten dagegen zu wehren. Das ist eine ermutigende Botschaft : Wir müssen uns nicht alles gefallen lassen und können unsere Rechte einfordern.
Dabei geht es nach meinem Verständnis aber nicht nur um mich. Es geht auch darum, dass wir anderen, denen man ihr Recht verweigert, dazu verhelfen und uns für sie einsetzen.
*Michelle Rath*

*Apostelgeschichte 17,1-9*
→ *GNB/NT 176*

### Unruhestifter

Warum verursacht die Verkündigung von Jesus durch Paulus und Silas einen solchen Aufruhr in der griechischen Stadt Thessalonich? Sie hatten dort in der Synagoge gesprochen und Jesus als den leidenden und auferstandenen Retter verkündigt. Diese Botschaft wurde von vielen griechischen Gottesdienstbesuchern angenommen, von den Juden aber nicht. Sie ärgerten sich. Vielleicht vor allem darüber, dass ihnen wegen der gläubig gewordenen Griechen politischer Einfluss und wahrscheinlich auch finanzielle Mittel verloren gingen.
Es wird ganz klar, dass hier Eifersucht im Spiel ist. Dieses hässliche Gefühl aber ist so stark, dass dadurch viel Unruhe entstehen kann. Wir erleben Eifersucht in unserem persönlichen Leben, im Berufsalltag und in der Gesellschaft. Aber leider auch unter Christen und in christlichen Gemeinden. Wie oft kommt es vor, dass eine bestimmte Gemeinde verunglimpft wird, weil sie „erfolgreicher" ist als eine andere. Da vergleicht man dann Gottesdienstbesucherzahlen, die Größe der Jugendarbeit, die zu Verfügung stehenden Gelder oder den Personalschlüssel.
Wo stiftet Eifersucht in Ihrem Leben Unruhe?
*Michelle Rath*

### Weinstock und Reben

Ein Bild, das für mich gut beschreibt, worauf es im Glauben ankommt, verwendet Jesus in Johannes 15,5: „Ich bin der Weinstock, ihr seid die Reben. Wer in mir bleibt und ich in ihm, der bringt viel Frucht; denn ohne mich könnt ihr nichts tun."

Da ich viel Schwäche und Unzulänglichkeit an mir erfahre, weiß ich schon lange: Alles, was ich habe und genieße, ist mir von Gott geschenkt. Ich wünsche mir für mein Leben, dass ich viel Frucht bringe für ihn. Dabei lerne ich, dass Gott liebevolle und tragfähige Beziehungen wichtig sind. Ein Herz, das ihn an die erste Stelle setzt. Charaktereigenschaften wie Geduld, Freundlichkeit, Selbstbeherrschung und Vertrauen.

Das alles muss ich nicht aus mir selbst heraus machen. Es kann und wird in mir wachsen, wenn ich mit Jesus verbunden bin wie die Rebe mit dem Weinstock.

*Michelle Rath*

*Ich bin Jahrgang 1968, Theologin, verheiratet mit Gideon. Wir haben drei Kinder. Gern bin ich im Rahmen des „Alpha-Kurs" im Einsatz und freue mich, wenn Menschen den Glauben an Jesus Christus finden. Mein Traum vom Glück lautet: mit sorglosem Herzen ein Tag an der Nordsee - mit einem Cappuccino, einem guten Buch und umgeben von Kinderlachen.*

## Mittwoch, 5. Juni

*Apostelgeschichte 17,10-15*
→ *GNB/NT 177*

### Bereitwilligkeit

Paulus und Silas sind unterwegs in die nächste Stadt. Unerschrocken und unbeeindruckt von den Ereignissen in Thessalonich gehen sie auch in Beröa in die Synagoge. Hier begegnen sie Menschen, die sehr offen für ihre Verkündigung sind. Es heißt: Die Gemeinde in Beröa nahm die Botschaft von Jesus dem Retter bereitwillig auf. Die Leute studierten täglich die Heiligen Schriften, um zu sehen, ob das, was Paulus sagte, auch zutraf. In diesen Ereignissen steckt auch für uns heute ein wichtiger Anstoß. Wenn wir im Glauben an Jesus Christus fest verwurzelt sein wollen, brauchen wir den vertrauten Umgang mit der Bibel als dem Wort Gottes. Es ist gut, wenn schon Kinder lernen, dass bestimmte christliche Werte und Verhaltensweisen deswegen Gültigkeit haben, weil sie in der Bibel begründet sind. Im Licht der Bibel sehen wir, wer Jesus ist, und begreifen so auch, wer wir sind. Das ist entscheidend dafür, dass wir als Christen in einer Welt leben können, die an vielen Stellen von anderen Werten und Maßstäben als den biblischen geprägt ist.
*Michelle Rath*

## Donnerstag 6. Juni

*Psalm 91,1-16* → *GNB/AT 565*

### Zuflucht und Schutz

Bei Gott bin ich so sicher wie in einer Burg! Das ist ein Bild, das mich in diesem Psalm besonders anspricht.
Burgen wurden früher bevorzugt auf einem Berg oder Hügel erbaut. Von dort hatte man eine gute Übersicht über das umliegende Land. Außerdem bot eine solche Lage auch einen strategischen Vorteil: Die Burg konnte besser gegen herannahende Feinde verteidigt werden. Drohte ein kriegerischer Angriff, brachten sich die Bewohner, die unterhalb oder in der näheren Umgebung der Burg wohnten, bei ihrem Burgherrn in Sicherheit. Die Burgenanlagen waren in der Regel groß genug, um für eine gewisse Zeit auch viele Menschen aufzunehmen. Sie wurden dort auch mit dem Lebensnotwendigen versorgt. Nach überstandener Belagerung konnten die Leute wieder in ihre Häuser zurückkehren.
Ebenso können wir uns bei Bedrohungen zu Gott flüchten. In seinen Armen sind wir so sicher wie in einer Burg! Da wird es zwar manchmal auch ein bisschen eng werden. Aber selbst im Ausnahmezustand sorgt Gott für unser Überleben. Er bietet uns den Raum der Zuflucht und des Schutzes, den wir brauchen. Wir müssen nur kommen!
*Michelle Rath*

## Freitag, 7. Juni

*4 Mose 13,1-3.17-24* → *GNB/AT 137*

*Mit Besonnenheit*

Für einige Deutsche, die aus Russland in die Heimat ihrer Väter zurückkehrten, wurde diese Umsiedelung zur größten Herausforderung ihres Lebens. „Wie eine Reise ins gelobte Land kam uns das vor". So beschreiben sie es rückblickend.
„Ein Land voll Milch und Honig!" Das hatte Gott Mose und seinem Volk verheißen. Aber Gott rät ihnen auch zu prüfen, was sie insgesamt erwartet, bevor sie in die neue Heimat ziehen: Wie sind die Lebensbedingungen? Wie ist das Land beschaffen? Ist der Ackerboden fruchtbar oder karg? Wer sind die Nachbarn? Gibt es Raum zum Wohnen und Leben? Sind Konflikte zu erwarten? Sind wir dieser neuen Situation gewachsen? Haben wir genug Kraft, alle Herausforderungen zu schultern? Mose beauftragt zwölf angesehene Familienvorstände zu erkunden, auf welche Situation die Israeliten treffen werden. So können alle vorbereitet und zielstrebig die neue Herausforderung angehen. Und bleiben (hoffentlich) von bösen Überraschungen verschont.
Wer besonnen neue Wege geht und unbekanntes Land betritt, kann mutig einen Schritt nach dem anderen zurücklegen. Er wird erkennen und erfahren, dass Gott auch in der neuen Situation für ihn sorgt und ihn begleitet.
*Matthias Uhlig*

## Samstag, 8. Juni

*4 Mose 13,25-33* → *GNB/AT 138*

*Zehn Männer*

Die Kundschafter kehren zurück und loben die Güte des Landes. Die Früchte, die sie mitbringen, überzeugen noch mehr als ihre Worte. Doch dann folgt die niederschmetternde Information über die Stärke der Bewohner. Zwei der zwölf Männer schlagen vor, dennoch auf Gott zu vertrauen und mutig den Weg ins verheißene Land fortzusetzen. Aber die zehn Pessimisten setzen sich durch. Man sieht nur noch die Schwierigkeiten. Die Einwanderung wird abgeblasen.
Diese Geschichte hat bis heute Auswirkungen auf den jüdischen Gottesdienst. Eine Szene wiederholt sich dabei regelmäßig vor vielen Synagogen: Neun Männer warten auf einen zehnten. Denn der Gottesdienst kann erst beginnen, wenn mindestens 10 Männer versammelt sind. Diese Regel wird mit den zehn Kundschaftern begründet, die damals durch ihr fehlendes Vertrauen den Einzug in das versprochene Land verhinderten. Als Nachfolger der zehn, die damals *Misstrauen* säten, sollen jetzt zehn Männer durch ihren *Glauben* den Gottesdienst für alle ermöglichen. Denn jeder Gottesdienst ist eine Gelegenheit, Gottes Ziele und Verheißungen für unser Leben kennenzulernen. Im Mut und im Vertrauen auf ihn zu wachsen.
Gehöre ich zu denen, die Gott beim Wort nehmen?
*Matthias Uhlig*

*4 Mose 14,1-10 → GNB/AT 138*

*Massenhysterie*

Durch die entmutigende Botschaft der zehn Männer wird ein Verhalten ausgelöst, das den Leitern der Israeliten entgleitet. Das grenzt an Panik oder Massenhysterie! Josua und Kaleb versuchen verzweifelt einen Meinungsumschwung zu bewirken. Das führt dazu, dass sie fast gelyncht werden. Mose und Aaron liegen schon am Boden. Die Menge will lieber zurück nach Ägypten! Wie müssen sich die Leiter eines Volkes verhalten, um selbstzerstörerische Reaktionen wie hier beschrieben zu vermeiden? Oder im akuten Fall richtig damit umzugehen? Zu solchen Leitern gehören für mich nicht nur die Politiker, sondern auch Journalisten, Pastoren oder andere geistliche Leiter. Bei ihnen ist die Kunst gefragt, besonnen zu reagieren und keine falschen Emotionen anzuheizen.

Denn auch wir kämpfen heute mit Problemen, die uns über den Kopf zu wachsen drohen. Fürbitte und Vertrauen in Gottes Hilfe sind nötig, wo viele den Kopf verlieren oder ihn in den Sand stecken. Mäßigung und Besonnenheit sind nötig, wo manche sich von schnellen und radikalen Lösungen faszinieren lassen.

*Matthias Uhlig*

*4 Mose 14,11-19* → *GNB/AT 138*

*4 Mose 14,20-25* → *GNB/AT 139*

### Gottes Enttäuschung

Die Rebellion seines Volkes geht an Gott nicht spurlos vorüber. Wie viel hat er schon in Bewegung gesetzt, um ihm zu helfen! Doch die Israeliten reagieren immer wieder nach dem gleichen Muster: Bei jeder Schwierigkeit, die sich auftut, kündigen sie ihm die Gefolgschaft auf und wünschen sich zurück in die ägyptische Sklaverei.
Aber Gottes Enttäuschung gewinnt nicht die Oberhand. Er sagt zwar klar, dass er am liebsten einen Schlussstrich unter die ganze Geschichte ziehen würde, aber Mose erinnert Gott tapfer und erfolgreich an seine wichtigsten Wesenszüge - Güte und Liebe! Es geht Mose darum, dass Gott sich selbst treu bleibt. Denn darin allein liegt der Grund für Israels Berufung. Die anderen Völker sind doch bereits Zeugen von Gottes (Liebes)Geschichte mit seinem Volk geworden. Und sie werden auch die kommende Entwicklung wahrnehmen.
Mose zeigt echten Glauben. Er hat nur eins im Blick: Die Größe und Güte *Gottes*. Darauf vertraut er. Alles andere ist zweitrangig. Er vertraut so sehr darauf, dass er Gott an seine eigenen Zusagen erinnert. Und damit auch sein Volk rettet.
Solche Fürsprecher und Fürbitter sind auch heute nötig!
*Matthias Uhlig*

### Vierzig Jahre

Zur Feier des 40-jährigen Bestehens der DDR hielt der Staatsratsvorsitzende Erich Honecker im Oktober 1989 seine letzte Festansprache. Wenige Tage danach wurde die Berliner Mauer geöffnet. Ein Jahr später war Deutschland wieder vereint.
Die 40 Lehr- und Wanderjahre des Volkes Israel sind hart. 40 Jahre – das bedeutet, dass eine Generation warten muss, bis ihre Enkel geboren sind. Erst dann wird das verheißene Ziel erreicht. So zumindest erlebt es das Volk Israel. Allerdings sind diese 40 Jahre Wüste auch besonders geprägt von Gottes Fürsorge und Barmherzigkeit! Jeden Tag ist sein Volk auf ihn angewiesen. Gott versorgt es mit Trinken, Essen, Kleidung und Schutz. Die Israeliten sollen lernen, ihm immer neu zu vertrauen. Dass es außer dem Gebet um Gottes Hilfe keine Lösung gibt. Egal, welche Probleme sich auftun.
Später bezeichneten die Propheten diese Wüstenjahre als Zeit der ersten Liebe zwischen Gott und Israel. Johannes der Täufer lebt in der Wüste und ruft hier sein Volk zur Umkehr. Jesus beginnt sein Wirken, indem er in der Wüste 40 Tage fastet und betet. Was wie eine Strafe aussieht, wird zum Segen. Es wird zu einer grundlegenden Erfahrung, aus der heraus sich der Glaube immer wieder erneuert.
Was heißt das für *Ihre* Wüstenzeiten?
*Matthias Uhlig*

*4 Mose 20,1-13* → *GNB/AT 145*

*4 Mose 20,22-29* → *GNB/AT 146*

### Führungsschwäche

Ich möchte nicht in Moses Haut stecken. Seine Schwester Mirjam ist gerade gestorben. Kaum ist sie begraben, brechen erneut harte Auseinandersetzungen aus, denn das Wasser wird knapp. Die Kritik an Mose und Aaron wächst und stellt wieder einmal alles in Frage. Gott kennt die innere Verfassung von Mose. Er will ihn aus der Schusslinie nehmen. Ein Zeichen Gottes soll die Aufmüpfigen zum Schweigen bringen. Mose soll im Namen Gottes an den Felsen schlagen und das Wasser wird sprudeln.
Mose stellt dann allerdings eine seltsame Frage: „Hört, ihr Verbitterten, kann *ich* denn aus diesem Felsen Wasser kommen lassen?" Mose, der sonst immer für sein Volk eintrat, ist so zermürbt, dass er sein Vertrauen verloren hat. „Wird Gott euch helfen? Ich weiß es nicht, denn ihr habt es nicht verdient."
Sein Vertrauen aber war es, das Gott an Mose so geschätzt hat. Es gab Mose nicht nur ein Mal die Kraft, Gott zugunsten Israels umzustimmen. Jetzt hat er dieses Vertrauen verloren.
Auch ein Mann des Glaubens wie er kann also Gott schwer enttäuschen. Darum wird er das Schicksal der Generation teilen, die nicht in das verheißene Land gelangen soll.
Das ist eine schwierige und herausfordernde Geschichte. Mich ermahnt sie zur Demut.
*Matthias Uhlig*

### Ein gnädiges Ende

Aarons Leben geht zu Ende. Auch hier zeigt sich wieder Gottes wunderbare Fürsorge. Aaron erlebt, dass Gott den priesterlichen Auftrag seinem Sohn überträgt. Es ist der Sohn, den Aaron schon vorher an seinem Dienst teilnehmen ließ. Er hat ihn darin angelernt. Er hat ihn unterwiesen in den Gesetzen Gottes. Aaron stirbt also in der Gewissheit: Es geht weiter. Der Zug ins verheißene Land lässt sich nicht aufhalten. Mit Eleasar tritt die Generation auf den Plan, die in das neue Land gelangen wird! Als Zeichen der Amtsübergabe kleidet Aarons Gewand nun seinen Sohn.
Die letzten Stunden seines Lebens ist Aaron in der Gegenwart Gottes. Was haben die beiden da wohl besprochen? Hat Aaron von dem Berg aus in die Ferne geschaut und das Land gesehen, das seinen Kindern gehören würde?
Aarons Auftrag im Plan Gottes mit seinem Volk war befristet. Ich habe das Gefühl, dass er das so für sich angenommen hat und damit versöhnt war, dass wir Menschen begrenzt sind. Am Ende sorgt Gott selbst dafür, dass er mit seinen Plänen ans Ziel kommt. Aber jeder von uns ist berufen seinen Teil dazu beizutragen. Aaron hat das Seine getan.
*Matthias Uhlig*

## Samstag, 14. Juni

*4 Mose 21,4-9 → GNB/AT 146*

*Sehschule*

Beim Unternehmen Wüstenzug ist es lebensnotwendig, dass alle Teilnehmer ihr Ziel im Auge behalten. Sie müssen täglich neu das Vertrauen stärken: „Wir können es schaffen. Wir können uns auf Gott verlassen."

Denn es gibt immer wieder Gründe, das Vertrauen zu verlieren. Um eine erneute Konfrontation mit den Bewohnern zu vermeiden, führt Mose die Israeliten zurück in die Nähe des Schilfmeers. Diese Entscheidung ist für viele Grund genug, das ganze Unternehmen erneut in Frage zu stellen. „Dann hätten wir ja gleich in Ägypten bleiben können." Da tauchen plötzlich giftige Schlangen im Lager auf. Wie gebannt starren die Israeliten auf den nahen Tod und entgehen ihm gerade dadurch nicht. So schreien sie zu Mose und Gott um Hilfe. Plötzlich wird ihnen auch ihre Schuld bewusst. Sie haben wieder einmal alles in Frage gestellt. Sie haben Misstrauen in sich wachsen lassen.

Die bronzene Schlange ist Gottes Antwort: Wer auf sie schaut, wird geheilt. Das ist eine Seh- und Konzentrationsübung.

Worauf schaue ich? Sind Gott und seine Hilfe in meinem Blickfeld?

*Matthias Uhlig*

## Sonntag, 15. Juni

*4 Mose 22,1-8 → GNB/AT 148*

*Magie oder Gebet?*

Bileam war ein Prophet und Gottesmann, der nicht zum Volk Israel gehörte. Er besaß in der Region großes Ansehen. Selbst Politiker kamen, um seinen Rat einzuholen.

In der Gegend, um die es hier geht, züchtete man Vieh. Das weidete in den Steppen am Rand der Wüste. Diese Gebiete ertrugen aber nur eine begrenzte Zahl an Tieren. Zu viele würden alles kahl fressen und es könnte nichts mehr nachwachsen. Das ist Balaks Befürchtung. Darum möchte er, dass Bileam die neuen Nachbarn verflucht, damit sie schwach werden und vertrieben werden können. Dabei geht er von dem Verständnis aus, dass so ein Fluch eine unwiderstehliche Macht hat, wenn er aus „berufenem" Munde kommt.

„Schwarze Magie" nennen wir den Versuch, dunkle überirdische Kräfte für den eigenen Vorteil in Anspruch zu nehmen. Ob Bileam sich dafür vereinnahmen lässt? Als Christen wissen wir: Wir können Gott um alles bitten. Auch Konflikte mit anderen Menschen können wir vor ihn bringen. Jedoch bleibt Gott in seinem Handeln frei. Gott ist nicht käuflich und lässt sich nicht manipulieren. Im Gegenteil, meist stellt er sich auf die Seite des Schwächeren. Aber wir können Gott um Hilfe bei der Lösung eines Konfliktes bitten. Und um Versöhnung und Frieden.

*Matthias Uhlig*

*Geld und Macht*

Mal ehrlich: Es hat doch einen gewissen Reiz, wenn wir gut bezahlt werden sollen und/oder einflussreiche Menschen uns um etwas bitten. Wer kann da schon widerstehen? Bileam hat es getan. Beeindruckend ist, dass er Gottes Wort achten will. „Kommt nicht so drauf an" gibt es für Bileam zu diesem Zeitpunkt der Geschichte nicht. Vielleicht hat ihm gerade diese Haltung Stärke für sein Verhalten gegeben. Er sagt den Moabitern ganz klar, weshalb er das Volk Israel nicht verfluchen wird: Weil Gott im Spiel ist - und die Ablehnung der königlichen Bitte nicht seine eigene Idee. Anfechtungen kann man wohl nur durchstehen, wenn man sich mit Wort und Tat auf die richtige Seite schlägt. Wir können noch etwas von Bileam lernen: Nachfragen bei Gott lohnt sich! Immer noch mal nachfragen und nachhören. „Der Herr hört, wenn ich zu ihm rufe." (Psalm 4,4b) Das gilt! Das fordert uns heraus. Das lädt uns ein zum Üben. *Reden* geht ja meist leicht, *Hören* auf Gott ist schon schwerer. Aber wir dürfen darin wachsen!
*Kerstin Wendel*

*Keine gute Zusammenarbeit*

Der damals bekannte Wahrsager und Prophet Bileam sollte also auf Bitte des moabitischen Königs das Volk Israel verfluchen. Gott aber macht klar, dass er sein Volk segnen, bewahren und schützen will.
Was immer in Bileams Kopf und Herz vorgeht, als er sich nun doch in Richtung Balak aufmacht: Es war nicht in Gottes Sinn! Deshalb begegnen ihm solche Hindernisse. Deshalb gibt es diverse ausgefallene Versuche Gottes, mit Bileam zu reden. Das, was Bileam begreifen soll, kommt leider nicht bei ihm an. Gott will ihm klarmachen, dass er selbst es ist, der durch ihn sprechen will und der Segen austeilt. Im Grunde wird das an Bileam „geprüft", was schon im vorherigen Text gefordert war: Gott möchte Bileam gebrauchen und er soll Gott gehorchen. Auch wenn seine Eselin mehr Sensibilität für Gottes Willen hat als er!
Vielleicht denken wir: Ach, da stehen wir drüber. Doch auch bei uns können sich falsche Gedanken und Motive einschleichen. Nach dem Motto: „Diese Angelegenheit ist doch so harmlos. Die bekomme ich wirklich allein geregelt. Dafür brauche ich doch nicht zu beten."
Vorsicht! Wir sind darauf angewiesen, nicht in eigener Kraft unterwegs zu sein.
Abhängigkeit von Gott leben, darauf kommt es an!
*Kerstin Wendel*

### Zwischen den Fronten

Aus der einen Richtung *zieht* König Balak. Aus der anderen Richtung *zieht* Gott. Und Bileam steht zwischen den Fronten. Solche Zerrissenheit kenne ich auch. Bei Bileam war es der Fluch, für den er gut bezahlt werden sollte. Bei mir sind es die gewünschten Äußerungen zu einigen Themen am Elternstammtisch, die mich beliebt machen würden.

Auf der anderen Seite steht das, was von Gott her angesagt ist. Bileam sollte das weitergeben, was er von Gott gehört hatte. Bei mir heißt das, in allen Situationen als Christin erkennbar zu sein. Auch wenn es keine Punkte bringt.

Auch unter Druck sind wir nicht nur abhängig davon, was Menschen von uns erwarten oder wohin sie uns drängen. Selbst Bileam, der ja nicht zum Volk Gottes gehört, wird klar mit Gottes Anweisungen konfrontiert. Alle Menschen sind in der Lage sich für oder gegen das zu entscheiden, was Gott von ihnen möchte. Was werde ich heute von mir geben - in der Firma, der Uni, der Familie, der Nachbarschaft, am Telefon, im Internet? Wie bedacht sind meine Äußerungen und Reaktionen? Sind sie deckungsgleich mit meinem Glauben oder halbherzig und unwahrhaftig? Ich möchte mich im Zweifelsfall in Gottes Richtung ziehen lassen.

*Kerstin Wendel*

### Wer fragt, bekommt Antwort!

Bileam hat aus seinen bisherigen Erlebnissen einen wichtigen Satz Gottes im Kopf: „Aber tu nur das, was ich dir sagen werde!"

Daran hält sich Bileam, der wohlgemerkt ein „Heide" ist. Er kommt nicht überheblich daher. Nicht prahlend, dass Gott ihm auf alle Fälle etwas sagen wird. Er möchte Gott ermöglichen, auch wirklich zu Wort zu kommen. Deshalb wählt er den Weg in die Einsamkeit. Dort stellt sich Gott zu dem, was er ihm schon vorher angekündigt hat. Bileam bekommt eine klare Botschaft, die er weitergeben soll.

Ist das nicht immer und immer wieder atemberaubend? Der große Gott redet! Er redet so, dass Menschen ihn auch verstehen können! Mit dem, was er sagt, greift er ein in das Schicksal seines Volkes - und auch in unser Leben.

Es hat also sehr wohl Sinn, sich zurückzuziehen aus Lärm, Anforderungen und Bitten anderer sowie aus den eigenen Gedankenkreisen. In der Stille redet Gott. Daran hat sich nichts geändert. Wie viele Redemöglichkeiten räumen wir Gott in unserem Alltag ein? Wie viele ehrliche Fragen stellen wir? Sind wir gute Zuhörer? Halten wir die Einsamkeit aus? Ertragen wir Gottes Antworten, auch wenn sie uns und andere vielleicht schockieren und herausfordern?

*Kerstin Wendel*

*4 Mose 23,7-12 → GNB/AT149*

*4 Mose 23,13-26 → GNB/AT 150*

*Mit zitternden Knien*

Keine angenehme Aufgabe, die Bileam zu erfüllen hat. Er weiß genau, dass seine Botschaft nicht zu den Wünschen seines Auftraggebers passt. Sie wird wenigstens Missfallen erregen. Er könnte sich aber auch richtig Ärger einhandeln.
Aber nichts ist zu spüren von zitternden Knien, als Bileam mit klaren, schönen und unmissverständlichen Worten laut und deutlich Gottes Willen weitergibt. Mensch, war der mutig! Ich glaube, dass er diesen Mut aus seiner Gottesbegegnung heraus gewonnen hat. Für ihn steht fest: „Ich kann nichts anderes sagen, als was der Herr mir in den Mund legt."
Unsere Lebenssituation ist wahrscheinlich leichter als Bileams. Wir sind nicht aufgefordert jemanden zu verfluchen.
Trotzdem gibt es da immer wieder diese Angst. Vor dem, was die Leute denken, wenn wir klar von Gott reden. Oder was das für Konsequenzen haben wird. Was, wenn es Widerworte gibt? Was, wenn wir angegriffen werden? Da kann ich nur eines tun: Ich bitte *Gott* um Mut und Standfestigkeit für mich. Er kann mir unerwartete Stärke geben. Damit meine zitternden Knie ruhig werden.
*Kerstin Wendel*

*Gottes Segen gilt!*

Die Geschichte von Bileam will vor allem eines zeigen: Gott steht zu seinem Volk. Er behütet, beschützt und bewahrt es. *Sein* Segen ist mächtiger als alles andere. Diesen Segen hat Gott nie zurückgenommen.
Für uns ist das vielleicht schwer nachvollziehbar. Wenn wir auf die Geschichte seines Volkes blicken, sehen wir vor allem Bedrohungen, Nöte, Verfolgung. Das gilt leider bis in unsere Zeit hinein und erschreckt uns immer wieder. Trotzdem gilt: Keiner kann Gottes Segen zurücknehmen. Deshalb redet Bileam deutlich und klar, obwohl er negative Reaktionen von Balak befürchten muss.
Vielleicht haben Sie auch für Ihr Leben von Gott Verheißungen bekommen, klare Zusagen, versprochenen Segen?
Halten wir daran fest! Egal, was sich dazwischenschieben will an innerer oder äußerer Bedrohung. Halten wir daran fest! Egal, ob andere es verächtlich machen. Halten wir daran fest! Auch wenn wir noch nicht viel sehen. Das bedeutet zu glauben und zu vertrauen. Das ist unsere wichtigste tägliche Übung.
*Kerstin Wendel*

18. – 21. Juni

## Samstag, 22. Juni

*4 Mose 23,27-24,9 → GNB/AT 150*

*Treu, treuer, am treusten*

Balak scheitert auch mit seinem dritten Versuch Bileam umzustimmen. An Gottes Treue zu Israel ändert sich nichts. Sie ist fest, unverwüstlich, verlässlich und stetig. Mit anderen Worten: Es macht Gott Riesenfreude und entspringt seinem Herzen, Israel zu segnen! Das zieht sich durch die ganze Bibel wie ein roter Faden. In der Treue zu seinem Volk macht niemand Gott etwas vor. Der Grund dafür liegt in ihm selbst und nicht in irgendeinem Verdienst seines Volkes.

Zurück zu Ihren Treue-Versprechen (Auslegung gestern): Vielleicht sind es bei Ihnen Erfahrungen rund um Taufe, Heirat, Beruf, Kinder oder andere einschneidende Lebensentscheidungen? Wenn Gott Ihnen etwas gesagt hat, dann steht er auch dazu. Er ist treu. Das ist ein Grundzug seines Wesens. Wir können das immer wieder daran sehen, wie er zu seinem Volk steht und mit ihm umgeht.

Deshalb ist Dank, Vertrauen und innere Freude auch die angemessene Reaktion auf Gottes Zusagen und Verheißungen!

Gönnen Sie sich jetzt ein paar Minuten, um sich an Gottes Treue Ihnen gegenüber zu freuen. Spontan, ehrlich, wie es Ihnen entspricht.

*Kerstin Wendel*

## Sonntag, 23. Juni

*4 Mose 24,10-17.25 → GNB/AT 150*

*Das letzte Wort*

Jetzt hat Balak genug. Er ist richtig wütend! Doch nicht er in seinem Zorn über Bileam, Gott und das Volk Israel behält das letzte Wort. Gott hat es. Indem Bileam eine Zukunftsvision für Israel weitergibt, die bis zu Jesus reicht (der „Stern" aus Vers 17 ist ein Hinweis auf Matthäus 2,2)! Bileam hat wahrscheinlich selbst nicht alles verstanden. Aber er sagt, was er von Gott hört. Darum bleibt das letzte Wort über Israel ein gutes.

Und Balak? Er wählt den Zorn und bleibt darin. Menschen treffen ihre Entscheidungen. Sie treffen sie, weil sie von Gott die Möglichkeit dazu bekommen haben. Es geht dabei zum einen um die große Entscheidung, wem unser Lebensvertrauen gilt. Und es geht zum anderen um viele kleine Entscheidungen, in denen sich zeigt, ob wir uns von Gott abhängig machen oder nicht. „Seid heute, wenn ihr *seine* Stimme hört, nicht so verstockt wie eure Vorfahren." (Hebräer 3,7) Die Herausforderung lautet: Einsichtig sein, ein weiches Herz haben, Umkehrchancen nutzen. Egal, was es kostet. Dazu brauchen wir Mut und Demut.

*Kerstin Wendel*

Lukas 7,1-10 → GNB/NT 84

*Nur ein einziges Wort ...*

Der römische Hauptmann hat von Jesus gehört, von seinen Wundern und seiner Barmherzigkeit. Er achtet ihn und die jüdischen Gesetze. Darum geht er als Nichtjude nicht persönlich mit seinem Anliegen zu ihm, sondern schickt jüdische Fürsprecher. Es werden allerdings nicht viele Worte gemacht. Kein Small Talk, keine Schmeicheleien. Der Hauptmann glaubt einfach! Er erwartet auch nicht, dass Jesus sein Haus betritt. Er, der selbst oben in der militärischen Hierarchie steht, nennt Jesus demütig und ehrerbietig „Herr"!
*Sag nur ein Wort.* Diesem römischen Hauptmann genügt ein einziges Wort von Jesus. Er braucht weder dessen direkte Anwesenheit noch ein Zeichen. Der Hauptmann beschämt mich. Wie viel Achtung und Respekt bringt er Jesus entgegen, schon allein indem er die Gesetze, die nicht seine sind, beachtet. Er weiß um seine Grenzen. Und glaubt doch ohne „Wenn und Aber", dass der Macht von Jesus *keine* Grenzen gesetzt sind. Jesus ist über solchen Glauben verwundert. Er findet ihn nicht bei den Juden, von denen man ihn erwarten könnte, sondern bei einem der „Besatzer". Diesem Vertrauen kann er nicht widerstehen!
Findet er solchen Glauben auch bei Ihnen und mir?
*Sibylle Stegmaier*

*Lukas 7,11-17 → GNB/NT 85*

*Vollmacht und Erbarmen*

Ein guter Freund von uns war gestorben. Weinend und fassungslos saß ich vor der Traueranzeige. Und dachte: Ach, wenn Jesus auch hier einfach vorbeikommen und ihn wieder lebendig machen würde!
Ich stelle mir vor, wie die Mutter des Jungen erlebt, dass der größte Schmerz ihres Lebens in das größte Glück verwandelt wird. Alle Hoffnung auf Familie, auf Zukunft, auf Versorgung im Alter hatte sie verloren. Sie hatte schon ihren Mann begraben – und jetzt auch noch den Sohn! Aber Jesus verändert alles. Er schenkt ihr zurück, was sie verloren glaubt. Da, wo sie nicht mehr zu hoffen wagt, kommt Jesus in ihr Leben und ändert alles – mit Vollmacht und Erbarmen.
Diese Erfahrung kenne ich auch. Ich habe erlebt, dass Jesus in aussichtslosen Situationen in meinem Leben eingegriffen hat – mit Erbarmen und Vollmacht. Dass er alles verändert hat, selbst da, wo ich nicht mehr zu hoffen wagte. Manchmal tut er genau das, was wir uns (fast) nicht mehr zu bitten trauen, weil es zu aussichtslos erscheint. Und manchmal gibt er uns einfach den Mut und die Kraft, ihm weiter zu vertrauen. Wenn wir in schwierigen Situationen eigentlich verzweifeln wollen und sich nichts zu ändern scheint.
*Eva Leitinger*

## Mittwoch, 26. Juni

*Lukas 7,18-23* → *GNB/NT 85*

### Markante Zeichen

Unser Sohn sammelte im Rahmen des Konfirmandenunterrichtes in unserem Ort Spenden für das Diakonische Werk. Als er wieder nach Hause kam, fragte er mich erstaunt: „Mama, woher kennen mich die ganzen Leute?" Ich sagte lachend: „Guck mal in den Spiegel. Wer deine Oma kennt, weiß, zu wem du gehörst. Deine Gesichtsform und deine Sommersprossen verraten deine Herkunft."

*Jesus* ist an seinen Werken zu erkennen. Schon längst war im Alten Testament angekündigt worden, wie der Messias sein wird. Wie er handeln wird. Einige hatten sich allerdings nur gewisse Vorhersagen herausgepickt und daraus ein Bild vom Messias gemacht, das nicht diesem armen Wanderprediger entsprach. Jesus warnt vor solchen falschen Vorstellungen! Nicht mit Glanz und Gloria, sondern von Armut und Verachtung ist er umgeben. Und deshalb nehmen auch viele an ihm Anstoß! Glauben nicht, dass er der von Gott verheißene Retter ist. Doch Jesus vertraut darauf, dass Johannes das Wesentliche erkennt und vom Heiligen Geist geleitet wird. So wird er die Zeichen richtig deuten. Und in Jesus Gott erkennen.

Erkennen wir heute Jesus, wenn er uns begegnet? Und woran ist bei uns zu erkennen, dass wir zu Jesus gehören?

*Eva Leitinger*

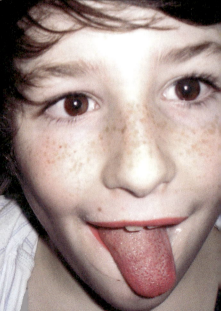

## Donnerstag, 27. Juni

*Lukas 7,24-27 → GNB/NT 85*

*Äußerlichkeiten*

Eine gute Freundin von mir ist ziemlich klein und eher von der stillen Sorte. In großen Menschenmengen kommt es leicht vor, dass man sie übersieht. Aber wer von ihr geschriebene Texte liest oder mit ihr persönlich spricht, ist überwältigt davon, was in dieser kleinen Person steckt!
Welche Erwartungen haben wir, wenn wir Menschen begegnen? Oft machen wir uns aus Äußerlichkeiten und dem, was uns andere erzählt haben, ein bestimmtes Bild.
Johannes wirkt in unseren Augen mit seinem Lebensstil vielleicht auch etwas „schräg" und sonderbar. Aber viele erfuhren durch ihn die Weisheit Gottes. Sie ließen sich von ihm zu Umkehr und Buße leiten. Er war ein Mann mit Vollmacht. Er steht so dicht wie niemand vor ihm an der Schwelle zur Zeit der Erfüllung: Er ist der direkte Wegbereiter des lange verheißenen und ersehnten Messias. Darum ist er mehr als alle Propheten vor ihm. Aber er ist nicht der Messias selbst. Und er ist auch nicht dessen Jünger. Jesus markiert im heutigen Text diese ganz besondere Stellung von Johannes dem Täufer in der Heilsgeschichte. Er blickt hinter die Äußerlichkeiten auf den „inneren" Menschen. Wie Gott ihn sieht.
Tun Sie das auch?!
*Eva Leitinger*

## Freitag, 28. Juni

*Lukas 7,31-35 → GNB/NT 85*

*Buttercremetorte und Blutwurst*

Es gibt eine Anekdote über einen Mann aus unserem Dorf. Der ließ sich gerne einladen und wollte dann immer das essen, was es gerade nicht gab. Wurde er zum Kaffeetrinken eingeladen, wünschte er Blutwurst. Gab es ein Schlachtfest, wollte er am liebsten ein Stück Buttercremetorte. Niemand weiß, was er mit seinen ausgefallenen Wünschen eigentlich bezweckte.
So ähnlich beschreibt Jesus im heutigen Bibeltext die Menschen seiner Zeit. Sie haben ganz bestimmte „geistliche" Ansprüche. Allerdings immer anders, als es gerade *geboten* wird. In ihren Augen benehmen sich weder Johannes noch Jesus so, wie *man* es gerne hätte. Der eine ist zu ausgeflippt, der andere zu normal. Keiner entspricht dem Bild von Heiligkeit, das sich die Menschen gemacht haben.
Das ist wohl nicht nur ein Problem in der Zeit von Jesus gewesen. Er ist bis heute für viele nicht so, wie *man* sich Gott vorstellt. Aber für die, die mit dem Herzen sehen, ihm ihr Herz öffnen, ist Gott in ihm erkennbar. An seiner Liebe und an seinen Taten.
Bitten Sie Gott heute um offene Augen, damit Sie ihn erkennen und nicht falschen Vorstellungen aufsitzen.
*Eva Leitinger*

## Samstag, 29. Juni

*Lukas 7,36-50 → GNB/NT 86*

*Liebe Sünderin,*

wie mutig du bist! Das hätte ich mich nie getraut. Du gehst uneingeladen in dieses vornehme Haus. Du platzt mitten in diese Männerrunde und tust so etwas Verrücktes!

Dir war doch klar, dass du dich damit bis auf die Knochen blamierst, oder? Hast du keine Angst gehabt, dass sie dich einfach rauswerfen? Hast du nicht befürchtet, dass Jesus dich peinlich findet? Warum hast du nicht gewartet, bis du ihn irgendwo allein triffst?

Viel zu oft schweige ich, wenn ich von meinem wunderbaren Freund Jesus sprechen könnte. Meistens passt es gerade nicht. Ich will niemanden vor den Kopf stoßen oder es ist mir einfach peinlich. Jesus sagt: *„Wem wenig vergeben wurde, der zeigt auch nur wenig Liebe."* Da fühle ich mich ertappt! Meine Sünden sind mir peinlich. Meistens versuche ich sie unter den Tisch zu kehren, zu erklären oder herunterzuspielen. Anstatt sie Jesus offen zu Füßen zu legen. Ich wage es nicht, sie zu Jesus zu bringen, weil ich mich nicht blamieren will. Nicht zugeben will, dass ich (schon wieder) versagt habe. Von dir kann ich lernen, wie Jesus uns begegnet, wenn wir mit unserer Schuld zu ihm kommen. Und ich begreife neu: Er ist vor allem mein Freund! Danke für deinen Mut!

Deine
*Eva Leitinger*

## Sonntag, 30. Juni

*Lukas 8,1-3 → GNB/NT 86*

*„Gut, dass wir einander haben..."*

Vielleicht kennen Sie dieses Lied von Manfred Siebald. Er besingt darin die Tatsache, dass jeder Mensch einerseits bereichernd, andererseits aber auch bedürftig ist. Daran erinnert mich heute der Bibeltext.

Ich bin gerne „bereichernd", lebe meine Begabungen auch zum Wohl anderer - am liebsten, wenn ich dabei gesehen werde. In meiner Bedürftigkeit (oder in meinem Versagen) habe ich dann nicht so gern Publikum.

Ich fühle mich lieber stark als schwach. Trotzdem sind es oft gerade die schwachen Momente meines Lebens, die Freundschaften stark machen. Trotz und mit Schwächen geliebt zu werden, Solidarität zu erleben oder einen warmen Händedruck des Neuanfangs. Das sind Pfeiler, auf denen meine besten, tragfähigsten Beziehungen stehen. Hier darf ich stark *und* schwach sein – und die anderen dürfen es auch!

Die Frauen im heutigen Text sind Jesus zunächst in ihrer Bedürftigkeit begegnet. Jesus hat ihre Bindungen gelöst und sie geheilt. Jetzt sind Jesus und seine Jünger bedürftig und die Frauen haben etwas zu geben. „Aus ihren eigenen Mitteln" wie es heißt.

Das ermutigt mich heute zu geben, was ich habe. Oder auch zu meiner Bedürftigkeit zu stehen und zu nehmen, was ich brauche.

*Elisabeth Vollmer*

*Lukas 2,19 → GNB/NT 76*

*Lukas 2,36-38 → GNB/NT 77*

*Weniger ist manchmal mehr*

Was, nur ein Vers? Vielleicht ging es Ihnen wie mir und Sie haben als erstes einen Druckfehler in der Textangabe vermutet. Doch dieser eine Vers hat es in sich! In der Flut von Worten und Bildern, denen ich mich Tag für Tag aussetze, zeigt er ein Kontrastprogramm auf:

*Hören!* Nicht nur an mir „vorbei rauschen" lassen, sondern wirklich aufnehmen. Wahrnehmen, was ich höre. Mit meinen Ohren und mit meinem Herzen.

*Bewahren!* Die Achtsamkeit und Wertschätzung des Gehörten dadurch leben, dass ich es mir bewahre: im Herzen, im Tagebuch, durch ein „Denk-Mal" in Form eines Symbols usw.

*Nachdenken!* Dabei bleiben. Nicht gleich zum nächsten übergehen, sondern die Worte „im Herzen bewegen", wie es in einer anderen Übersetzung des Bibelverses heißt.

Ist das möglich im ganz normalen Alltag? Fragt da in mir eine skeptische Stimme. Sicher nicht vollkommen, immer und überall. Aber das, was sich davon heute umsetzen lässt, das möchte ich versuchen zu leben.

*Elisabeth Vollmer*

*Mehr als der Augenschein*

Am 12. Januar 2007 ab 7.51 Uhr steht der weltberühmte Geiger Joshua Bell in der Metropassage in Washington. Als Straßenmusiker verkleidet spielt er 43 Minuten lang virtuos ein wunderbares Konzert. 1070 Menschen hasten unberührt vorbei, keiner bleibt länger stehen. Keiner erkennt ihn. Es ist nicht einfach, etwas Wunderbares wahrzunehmen, wenn der Kontext so unerwartet anders ist. Dazu braucht man eine große Sensibilität, wie Hannah sie hat. Sie sieht in dem unscheinbaren Baby den Retter. Was macht sie fähig zu dieser Sicht?

Hanna ist alt - sie ist lebenserfahren. Hanna ist Witwe – sie ist leidererprobt. Hanna dient im Tempel – sie ist glaubenserfahren. Vielleicht ist es diese besondere Mischung, die ihre inneren Antennen so auf Gott ausgerichtet hat, dass sie ihrem inneren Eindruck mehr traut als dem Augenschein. Sie vertraut sogar so sehr, dass sie es nicht nur für sich als Wahrheit annimmt, sondern auch andere ermutigt, diesen Blick zu wagen.

Ich bin mit Anfang Vierzig noch nicht mal halb so alt wie Hanna. Auch meine Leid- und Glaubenserfahrungen sind längst nicht so ausgeprägt wie ihre. Aber diese Ausrichtung auf Gott, die den Blick hinter das Augenscheinliche frei macht, die möchte ich heute trainieren.

*Elisabeth Vollmer*

## Mittwoch, 3. Juli

*Markus 7,24-30 → GNB/NT 56*

*Was für eine Liebe!*

Was für eine kluge, mutige und demütige Frau! Nichts kann sie aufhalten. Weder gesellschaftliche Tabus - eine nichtjüdische Frau kann doch keinen jüdischen Mann ansprechen - noch die ungeheuer derbe verbale Zurückweisung, die Jesus ihr zumutet. Sie lässt sich nicht einschüchtern. Sie verzichtet auf jegliche Rechtfertigung und nimmt die Argumentation der Zurückweisung für ihre eigene Überzeugungsarbeit auf. Jesus ist von ihr beeindruckt: „Das war ein Wort!" Und er handelt. Die Tochter wird frei. Manchmal mutet das Leben auch mir derbe Zurückweisungen zu. Ich mag das genauso wenig wie die derben Worte von Jesus. Es fällt mir schwer, damit umzugehen. Die Art, wie diese Frau es tut, finde ich großartig. Allerdings ist es sehr weit weg von *meinen* üblichen Reaktionsweisen. So liebesfähig, klug, mutig und demütig bin ich nicht. Es scheint mir auch ziemlich unerreichbar, so zu werden!
Vielleicht kann ich mich als erstes von dieser Geschichte ermutigen lassen, trotzdem dran zu bleiben. Nicht daran festzuhalten, was ich *nicht* bin. Sondern zu fördern, was in mir steckt. Und dann der nächsten Zumutung in meinem Leben *ein wenig* liebesfähiger, klüger, mutiger und demütiger zu begegnen.
*Elisabeth Vollmer*

## Donnerstag, 4. Juli

*Johannes 4,28-30 → GNB/NT 124*

*Ausgegrenzt*

Eine Frau, die in der Mittagshitze Wasser holt, ist wahrscheinlich von der Dorfgemeinschaft der Frauen ausgegrenzt. Die haben bereits in der Kühle des Morgens ihr Wasser geschöpft. Diese Frau hat zudem fünf Ehemänner gehabt und lebt jetzt unverheiratet mit einem Mann zusammen. Das entspricht nicht der kulturellen Norm. Die Frau ist eine Außenseiterin, die gemieden wird und andere meidet.
Umso erstaunlicher die Wende: Sie lässt stehen, wozu sie unterwegs ist, und geht zu denen, die sie meiden. So bewegt ist sie von der Begegnung mit Jesus! Er hat die Gesellschaftsregeln verletzt und sie angesprochen. Er hat sie mit ihren Schwächen konfrontiert. Aber er hat ihr auch neue Perspektiven eröffnet. Von lebendigem Wasser hat er geredet zu ihr, die so lebens- und liebesdurstig ist. Und diese neue Perspektive kann und will sie nicht für sich behalten. Sie geht zu denen, die ihr keine Chance mehr gegeben haben und eröffnet ihnen eine neue Chance. Die sie ergreifen! Und ich? Wo grenze ich aus? Wo werde ich ausgegrenzt? Wem möchte ich nicht begegnen? Wer geht mir aus dem Weg? Diese Menschen und Situationen möchte ich Jesus sagen und dafür offen sein, dass er hilft auch meine Grenzen zu überwinden.
*Elisabeth Vollmer*

*Johannes 8,3-11 → GNB/NT 130*

*Johannes 12,1-8 → GNB/NT 137*

*Ausnahmslos*

*Die Liebe bleibt*

Bislang fand ich die selbstgerechten Steine-werfen-Wollenden ziemlich schäbig. Aber heute fühle ich mich ihnen sehr solidarisch. Meine Freundin wurde von ihrem Mann betrogen und verlassen. Ihre Not und ihr Schmerz gehen mir unter die Haut. Ich spüre Wut, Trauer und Enttäuschung, möchte diesen Mann schütteln, habe „den Stein" schon in der Hand. Jesus erinnert mich an mein eigenes Versagen und schreibt in den Sand. Mein Herz rebelliert: *So* etwas habe ich nie getan! Im Vergleich dazu finde ich mein Versagen ziemlich gering. Jesus schreibt lange in den Sand. Nach und nach wird mir klar: Es geht nicht um die Größe der Vergehen, sondern um die Haltung, mit der Jesus Sündern begegnet. Er verurteilt nicht. Darüber bin ich froh, wenn ich an mein Versagen denke. Und schweren Herzens muss ich es auch dem Mann meiner Freundin zugestehen. Jesus verurteilt ihn nicht. Aber er sagt auch nicht: „Halb so schlimm, passiert doch jedem, mach nur weiter." Weder zur Ehebrecherin noch zum Mann meiner Freundin noch zu mir. „Geh' und tu diese Sünde nicht mehr." Sagt er zu uns allen. Er verurteilt uns nicht. Aber er verharmlost auch die Sünde nicht. Er ermutigt zu neuen Wegen. Ausnahmslos! Und das ist gut so!
*Elisabeth Vollmer*

Welch ein Kontrast in diesen wenigen Versen. Da ist die überfließende, verschwenderische, hingebungsvolle Liebe, mit der Maria Jesus die Füße salbt. Und da ist der Verrat der Liebe durch Judas, wenn auch noch gut getarnt. Auf den ersten Blick scheinen seine Argumente richtig und barmherzig.
Beides gehörte zum Leben von Jesus und gehört auch zu unserem Leben. Wir erleben Liebe und Verrat, Bewährung von Freundschaft und Enttäuschung. Besonders hart trifft es uns, wenn enge Freunde uns enttäuschen, so wie es bei Jesus und Judas der Fall war. Bei solchen Erfahrungen stehe ich in der Gefahr mich schützen zu wollen und niemanden mehr so nahe an mich heranzulassen. Allerdings schirme ich mich dann nicht nur gegen Enttäuschung, sondern auch gegen liebevolle Nähe ab. Jesus lässt beides zu. Die liebevolle Nähe von Maria und den Verrat durch Judas. Er bleibt offen, liebt und lässt sich lieben – und verraten.
Doch der Verrat hat nicht das letzte Wort. Jesus ist auferstanden! Die Liebe ist stärker als Verrat und Tod. Sie bleibt bestehen, wenn alles andere vergangen ist. Das macht mir Mut, mich heute zu entscheiden: Ich nehme das Risiko in Kauf, will offen bleiben. Lieben und mich lieben lassen.
*Elisabeth Vollmer*

### Stürme des Lebens

Stürme habe ich in meinem Leben schon an unterschiedlichen Stellen erlebt. Einige sah ich bereits von weitem aufziehen, andere fegten unerwartet über mich hinweg. Stürme haben eine zerstörerische Kraft und wenn sie toben, fühle ich mich manchmal sehr hilflos.

Ich musste lernen nicht bei jedem Sturm alles festhalten zu wollen, sondern auch Dinge oder Menschen loszulassen. Ich klammerte mich zum Beispiel an eingefahrene Meinungen oder ungesunde Denkmuster. Durch das Loslassen im Vertrauen auf Jesus wurde ich verändert. Mancher Neuanfang ist so möglich geworden.

Jesus spricht ein Wort und der Sturm muss weichen. Dabei erlebe ich die unmittelbare Stille danach häufig kraftvoller als den Sturm selbst. Diese Ruhe kann nur Jesus schenken! In solchen Momenten bleibt mir – wie den Jüngern im Boot – nur noch das ehrfürchtige Staunen über die Macht Gottes!

*Thierry Oppliger*

*Ich lebe mit meiner Frau und unseren drei Kindern in der Schweiz. Wir engagieren uns in der Evangelisch-methodistischen Kirche. Neben meiner Tätigkeit als kaufmännischer Angestellter arbeite ich als Fußball-Torhütertrainer. Mein Herz schlägt neben dem Sport noch besonders für Ehe- und Familienarbeit.*

*Ohne Aussaat keine Ernte*

Als Kind wuchs ich in direkter Nachbarschaft zu einem Bauernhof auf. Ich erlebte, wie Jahr für Jahr um unser Haus herum alles blühte, wuchs und Frucht brachte. Ich freute mich jedes Jahr wieder darauf, bei der Ernte dabei zu sein. Dass der Bauer dafür harte und schweißtreibende Vorarbeit geleistet hatte, nahm ich als kleiner Junge nicht wahr. Ich staunte einfach über das Resultat!
Es ist Grund zur Freude, wenn Menschen Jesus finden, ihr Leben ändern und auf diese Weise geistliche Frucht entsteht. Doch auch das geschieht nicht von allein. Die Bibel erinnert uns daran, nicht spärlich zu säen, sondern mit vollen Händen.
Begegnen Sie ihren Mitmenschen mit Liebe und Freude? Sind Sie ein Friedensstifter und bringen Geduld gegenüber anderen auf? Sind Sie freundlich zu den Menschen, die Sie treffen? Begegnen Sie ihnen wohlwollend und nachsichtig? Sind Sie treu in Ihren Beziehungen? Nehmen Sie Rücksicht auf Schwächere? Können Sie sich beherrschen, wenn jemand anderer Meinung ist? Können Sie eine oder mehrere Fragen mit „Ja" beantworten? Dann haben Sie den Platz des staunenden Kindes verlassen und helfen tatkräftig bei der Aussaat mit.
*Thierry Oppliger*

*Licht im Dunkel*

Vor vielen Jahren erlebte meine Familie beim Abendessen einen Stromausfall. Meine Eltern machten sich auf die Suche nach einer Kerze. Wir Kinder aßen trotz der Finsternis weiter. Wie aufregend und geheimnisvoll das war: Klirrende Gläser, nasse Ärmel, klebrige Hände. Das Ausmaß des Chaos wurde erst sichtbar, als meine Eltern mit einer Kerze kamen. Sie brachte Licht ins Dunkel und deckte auf, was wir angerichtet hatten.
Jesus zündet in den Herzen seiner Nachfolger ein Licht an. Dieses Licht deckt unser Chaos auf. Wenn wir es zulassen, vertreibt es aber auch all unsere Dunkelheit. Das Verborgene kann ans Licht kommen, denn die befreiende, erhellende Botschaft lautet: Gott liebt uns - trotz unserer Fehler.
Sollten das nicht auch andere Menschen erfahren? Oder geben wir uns damit zufrieden, dass dieses Licht nur unser Leben hell macht? Dann sind wir nichts anderes als eine Lampe, die unter das Bett gestellt wird. Durch Jesus sind wir im Licht. Und dieses Licht sollen wir an andere weitergehen. Dadurch haben wir nicht weniger. Im Gegenteil: Je mehr wir davon weitergeben, um so heller wird es auch in uns.
*Thierry Oppliger*

## Dienstag, 9. Juli

*Lukas 8,19-21 → GNB/NT 87*

### Loslassen

Maria liebte ihren Sohn. Doch sie musste lernen, ihn als ihr Kind loszulassen. Jede Mutter und jeder Vater kann nachvollziehen, wie schwierig das ist. Jesus tritt aus seiner Ursprungsfamilie heraus und gründet eine *neue* Familie mit seinen Nachfolgern. Er gehört nicht seinen Eltern oder Geschwistern. Er gehört Gott. Das gilt für jeden Menschen. Gott liebt jeden Menschen als sein Kind. Darum lässt er uns los und schenkt uns Freiheit. Wir können entscheiden, ob wir zu seiner Familie gehören wollen.

Mir wird durch diesen Text klar, dass es nicht reicht, Jesus als einen großartigen Menschen zu sehen. Es geht um eine Entscheidung. Die persönliche Beziehung zu ihm steht über allem anderen – auch über den familiären Bindungen!

Maria lernte im Laufe ihres Lebens schmerzhaft, dass Jesus nicht nur ihr Sohn ist, sondern der versprochene Retter der ganzen Welt. So wird aus der liebenden, sorgenden Mutter eine engagierte Nachfolgerin.

Was müssen Sie loslassen, um zu Jesus als Ihrem Retter zu finden? Jesus hält Ausschau nach Ihnen. Er sucht Sie und kann es kaum erwarten, Sie in seine Familie aufzunehmen.

*Thierry Oppliger*

## Mittwoch, 10. Juli

*Lukas 8, 22-25 → GNB/NT 87*

### Stürmische Zeiten

Haben Sie in Ihrem Leben schon stürmische Zeiten erlebt? Befinden Sie sich vielleicht gerade mittendrin? Hängen dunkle Wolken über Ihrer Ehe oder Familie? Bläst Ihnen an Ihrem Arbeitsplatz der Wind kalt ins Gesicht? Drohen Sie im finanziellen Chaos zu versinken? Rauben Ihnen gesundheitliche Sorgen den Schlaf?

Wie auch immer Ihr persönlicher Sturm aussieht: Schenken Sie ihm nie mehr Aufmerksamkeit als demjenigen, der jeden Sturm stillen kann: Jesus.

Die Jünger schreien zu Jesus, als sie nicht mehr weiterkommen. Sie haben Todesangst! Das ist ein richtiger Orkan, der da tobt und sie zu vernichten droht. Aber ein Machtwort von Jesus bringt ihn zur Ruhe.

Lernen Sie aus dieser Erfahrung der Jünger. Kommen Sie zu Jesus und vertrauen Sie darauf, dass er Ihnen helfen kann. Aber die Jünger haben Jesus ja auch nicht vertraut, werden Sie vielleicht einwenden. Das stimmt. Jesus hat ihnen trotzdem geholfen. Ich denke, dass sie deswegen diese Begebenheit nie vergessen haben!

*Thierry Oppliger*

*Lukas 8,26-33* → *GNB/NT 87*

### Befreit

Dämonen fügen Verletzungen zu und rauben Menschen ihre Freiheit und Selbstbestimmung. Solche Verletzungen können den Körper und die Seele treffen und auch in gefährliche Abhängigkeiten führen. Die Dämonen in diesem Mann kontrollierten seine Gedanken, seine Äußerungen und sein Verhalten. Sie machten ihn gewalttätig. Die Folgen waren schrecklich – für ihn selbst, aber auch für sein Umfeld. Ablehnung, Demütigungen und Ängste – Zustände, die in die Einsamkeit treiben. Die schlimmste Gefahr aber, die hinter solchen Angriffen steckt, ist die Trennung von Gott. Jesus ist gekommen um Menschen zu suchen, zurückzuholen und zu heilen. Dafür ist ihm kein Weg zu weit. In dieser Geschichte begibt er sich auf nichtjüdisches Gebiet und befreit einen Menschen, der nicht zum Volk Gottes gehört.

So beunruhigend uns diese Geschichte im ersten Teil vorkommt, so hoffnungsvoll geht sie weiter. Ein gebrochener, von der Gesellschaft ausgestoßener Mann wird gesund. Solche Macht hat Jesus! Er heilt ihn nicht nur körperlich, sondern auch in seinem Inneren. So kann der Mann seinen Platz auch in der Gesellschaft wieder einnehmen. Indem er frei wird, zu sich selbst zurückfindet - und vor allem zu Gott.

*Thierry Oppliger*

*Lukas 8,34-39* → *GNB/NT 88*

### Wahre Liebe

Die Nachricht von der Heilung verbreitet sich in Windeseile. Die Menschen aus den umliegenden Dörfern stürmen zum Ort des Geschehens. Mit eigenen Augen wollen sie sich ein Bild machen. Doch dieses Bild beunruhigt sie nur noch mehr. Sie bekommen richtig Angst.

Wieso verunsichert es so viele Menschen, wenn Jesus heilt? Wieso finden wir uns mit Leid, Verletzungen und Hoffnungslosigkeit so schnell ab? Durch Verdrängung und Ablenkung gelingt es uns in der Regel recht gut, die Wahrheit auszublenden: Dass wir ohne Jesus nicht leben können! Dass wir ihn brauchen. Damit tun wir dasselbe, was die Menschenmenge tat: Wir bitten Jesus wegzugehen. Jesus akzeptiert diese Entscheidung. Damals wie heute. Und er nimmt die Ablehnung vieler in Kauf für die Heilung und Rettung des Einen.

Doch das ist nur der Anfang. Jesus wird später noch weiter gehen. Er wird Schuld und Tod auf sich nehmen für die ganze Menschheit! Jesus will alle Menschen retten. Weil er alle Menschen liebt. Auch diejenigen, die ihn einmal abgelehnt haben. Doch weil er uns liebt, lässt er uns auch die Freiheit der Entscheidung, ob wir seine Liebe annehmen oder ablehnen.

*Thierry Oppliger*

## Samstag, 13. Juli

*Lukas 8,40-48 → GNB/NT 88*

### Geheilt und gerettet

Gesundheit ist ein hoher Wert in unserer leistungsorientierten Gesellschaft. Wer nicht gesund ist, steht schnell am Rand. Wird einsam. Fühlt sich wertlos. Nicht anders geht es der Frau in dieser Geschichte. Sie steht ganz unten in der sozialen Hierarchie. Durch ihre Erkrankung ist sie verarmt, gilt als unrein und ist ausgeschlossen von jeder menschlichen und religiösen Gemeinschaft. Seit zwölf Jahren leidet sie an den Blutungen und niemand konnte ihr helfen. Ihre Verzweiflung und ihre Ängste können wir nur ahnen. Doch dann hört sie von Jesus. Neue Hoffnung keimt in ihr. Darum wagt sie den Gang durch die Menschenmenge zu der Person, in die sie ihr ganzes Vertrauen setzt.

Menschen wünschen sich Gesundheit. Aber körperliche Heilung bedeutet noch kein Heil. Die Frau wird durch die Berührung gesund. Aber Jesus will mehr für sie. Er will ihr wirklich begegnen, ihr Herz erreichen. Er will ihre Rettung. Er gibt ihr ihre Würde und ihren Wert als Kind Gottes zurück.

Jesus möchte auch Ihr Heil. Er möchte Ihnen begegnen. Das wird Ihr Leben verändern. Erzählen Sie ihm, was Sie beschäftigt. Vertrauen Sie sich mit ihrem ganzen Leben ihm an. Dann sind Sie gerettet – mit Leib *und* Seele.

*Thierry Oppliger*

## Sonntag, 14. Juli

*Lukas 8,49-56 → GNB/NT 88*

### Steh auf!

Ein Freund von mir war vierzig Jahre lang ein richtiger *Schluri*. Liebenswert, aber einer, der sich gerne durchmogelte. Der es mit der Liebe nicht so genau nahm und viel Wert auf Äußerlichkeiten legte. Seinen Sport extrem und leichtsinnig trieb. Eines Tages rutschte beim Reparieren der Dachrinne die Leiter unter ihm weg. Er stürzte tief und lag da. Konnte sich nicht mehr bewegen. Gelähmt? Für immer? Zwei Tage und Nächte dauerte es, bis ihn jemand fand. Stunden voll quälender Angst... Es hat viele Monate gedauert, aber er kann langsam wieder laufen. Und er hat sich verändert. Hat den Beruf gewechselt. Sich auf die Frau, die er liebt, verbindlich eingelassen. Er würdigt sein Leben. Tiefgängiger ist er geworden, reifer.

Wie war das bei der Tochter des Jairus? Ein unscheinbares Kind ist tot. Tochter des Synagogenvorstehers, *nur* ein Mädchen, dessen Name nie genannt wird. Doch Jesus ruft sie: „Talita kum!" - „Mädchen, ich sage dir, steh auf!" Jesus weckt sie. Und sie steht auf. Welch unendlichen Wert hat das Leben für sie durch dieses Erlebnis bekommen?

Welch unendlichen Wert bekommt Ihr Leben durch den Ruf von Jesus?

*Dexter Nieswiodek*

## Ballast abwerfen

Es gibt Managerkurse, in denen Führungskräfte aufgefordert werden, ohne einen Cent, ohne Smartphone und ohne Kreditkarte von A nach B zu kommen. War die Aussendung der zwölf Jünger auch so eine Coaching-Übung? Oder Vorläufer eines neuen Minimalismus? Nach dem Motto: Beschränke dich auf das Nötige. Sei flexibel. Wirf Ballast ab.

Wir haben als Familie ein ganzes Haus voll nützlicher, schöner und auch überflüssiger Dinge. Doch wenn meine Zeit auf dieser Erde abgelaufen ist, kann ich nicht mal den Ehering mitnehmen.

Die Pharaonen ganz früher wollten möglichst alles mitnehmen ins nächste Leben. Darum gab es den Hausrat mit ins Grab und der Körper wurde einbalsamiert. Jetzt steht das alles im Museum. Nett für die Nachwelt...

Was die Jünger bei Jesus lernen, ist das genaue Gegenteil: Nicht festhalten, sondern loslassen. Im Vertrauen darauf, dass Gott sie trägt und versorgt. Jeden Tag aufs Neue. Dass er ihnen das gibt, was sie brauchen. Auch das, was sie trotz leerer Taschen weitergeben sollen: Glaube, Vertrauen, Heilung für Körper *und* Seele. Wie sind Sie unterwegs?

*Dexter Nieswiodek*

## Kennen Sie das?

Sie haben Gäste eingeladen. Schon beim Kochen denken Sie: „Wenn das mal reicht. Zwei Baguettes nur. Zwar Rotwein, aber keinen Weißen." Wie oft bin ich noch mal losgefahren und hab geholt, was dann doch niemand gebraucht hat. Doch was, wenn der Laden geschlossen ist und statt der zwölf Gäste stehen fünfzehn vor der Tür? Der Gedanke allein bereitet mir schon Magenschmerzen.

Bei Jesus kommen mal eben fünftausend vorbei. Auch die Jünger bekommen Schweißausbrüche und verfallen in hektische Betriebsamkeit. Jesus hat die Ruhe weg. Er lebt aus Gott. Er lebt mit Gott. Unbeeindruckt dankt er für das Brot, das da ist. Das allein ist wichtig. Die Organisation kann warten. Und was passiert? Alle werden satt.

Niemand muss allein vom Wort leben. Gott lässt uns nicht „selig" verhungern. Er weiß genau, was wir brauchen. Ganz lebensnah. Beides: Das Wort *und* das Brot. Seien Sie also ruhig gastfreundlich. Teilen Sie von beidem großzügig aus. Keine Angst: Es reicht für alle.

*Dexter Nieswiodek*

## Mittwoch, 17. Juli

*Lukas 9,18-22 → GNB/NT 89*

### Auf dem Holzweg?

Früher dachte ich: Wichtig ist, dass man an irgendetwas glaubt. Ob das nun Jesus ist, das allumfassende Universum oder eine heilige Kuh. Hauptsache überhaupt einen Glauben. Man ist ja bescheiden...
Dann habe ich Jesus kennengelernt. Und höre bei Christen manchmal Sätze wie: „Pfarrer Meier ist wirklich gläubiger Christ." Wie bitte? Kann ich nicht bei einem Prediger oder Pfarrer erwarten, dass er mit Christus lebt?
Ich erlebe in verschiedenen Gemeinden und Kirchen Gottesdienste. Und staune manchmal, wie man Jesus verbiegen kann – auch in einer Predigt! Oft kein Wort von einem lebendigen Gott. Von einem vergebenden Christus. Was für ein Holzweg! Auch Esoteriker glauben, dass es Jesus gab und würdigen ihn. Sind sie deswegen Christen?
Schon vor 2000 Jahren hatten die Menschen alle möglichen Ideen, wer Jesus sei: Elia, Johannes oder sonst ein Prophet.
Petrus spricht ein klares Glaubensbekenntnis aus: „Du bist Christus, der von Gott versprochene Retter!" Jesus ist es offensichtlich wichtig, dass die, die an ihn glauben, ihn auch erkennen. Als den, der er ist. Dann erst sind sie reif, auch seinen Weg ans Kreuz anzunehmen und ihm darauf zu folgen. Denn das ist kein Holzweg, sondern der Weg zum Leben!
*Dexter Nieswiodek*

## Donnerstag, 18. Juli

*Lukas 9,23-27 → GNB/NT 89*

### Ab in die Tonne

Vor einiger Zeit war das Wort „Verschrottungsprämie" in aller Munde. Auch wir haben überlegt, unseren alten Van verschrotten zu lassen und mit staatlichem Zuschuss einen neuen Wagen zu kaufen. Aber das gute Stück in die Presse? Zwar muss er dauernd zur Reparatur und richtig sparsam ist er auch nicht. Aber ich hänge doch an der Kiste. Am liebsten würde ich ihn behalten und dazu noch einen Neuen haben...
Was heißt das übertragen auf mein Leben? Will ich wirklich Christus folgen? Ein neuer Mensch werden nach seinen Vorstellungen? Mich von alten Gewohnheiten und Lebenseinstellungen lösen? Zum Beispiel keine Lügen und keine faulen Kompromisse mehr. Auch nicht im Job. Auch nicht, wenn (scheinbare) Vorteile verloren gehen...
Einen Schreibtisch räumt man auf, indem man ihn erst mal völlig leer räumt, dann gründlich säubert und am Ende nur die Dinge hinstellt, die man wirklich braucht. Der Rest kommt in die Tonne.
Mit dem (christlichen) Leben ist es ähnlich: Ich kann Jesus nur folgen, indem ich wirklich ausmiste und mich von ihm verändern und erneuern lasse. Ein lebenslanger Prozess.
Die göttliche „Verschrottungsprämie" dafür ist jedoch nicht weniger als das ewige Leben. Das lohnt sich doch, oder?
*Dexter Nieswiodek*

### Himmel auf Erden

Berufsbedingt habe ich schon an vielen Trauerfeiern teilgenommen und jede Menge Trauerreden gehört. Kraftvolle, stärkende, tröstende, langweilige, runtergeleierte, peinliche, sogar welche mit lustigen Anteilen. Am traurigsten empfinde ich Trauerfeiern für Menschen, die Jesus nicht kannten. Da hilft kein noch so guter Redner. Wo kein Ziel ist, ist keine Hoffnung und kein Trost. Da ist *der Himmel* weit weg... Die drei Jünger erleben auf dem Berg einen kurzen Blick „in den Himmel". Der Mensch Jesus taucht einen Moment ein in das Licht Gottes und erstrahlt darin. Das Gespräch mit Moses und Elija war dabei sicher kein einfaches. Denn der Weg, der vor Jesus liegt, ist unendlich schwer - und führt erst mal in den Tod. Doch gibt die Nähe Gottes ihm Zuspruch und Kraft. Für kurze Zeit steht er im „himmlischen Glanz". Das Erleben dieses Wunders ist so atemberaubend, dass Petrus voller Euphorie gleich drei Hütten bauen will, um das Gefühl zu konservieren.

Der Weg von Jesus führt durch den Tod zum Leben. Durch ihn ist auch für uns dieser Weg frei. Wir haben wirklich Grund zur Hoffnung auf den Himmel. Und manchmal ist er auch schon auf der Erde spürbar nah...

*Dexter Nieswiodek*

*Lukas 9,37-43a* → *GNB/NT 90*

*Lukas 9,46-48* → *GNB/NT 90*

### Alles auf eine Karte gesetzt

Das passt nicht so richtig zu meinem Bild von ihm: Jesus wirkt ungehalten und unfreundlich gegenüber seinen Nachfolgern. Haben die Jünger versagt? Müssen wir womöglich auch Angst haben, wenn wir es als Christen „nicht packen"?
Menschen neigen dazu, ihre Hoffnung auf Menschen zu setzen, anstatt auf Gott. Als die Ehe des Pastors einer erfolgreichen Gemeinde scheitert, gibt es plötzlich reihenweise Gemeindeaustritte. Langjährige Mitglieder verlassen eine andere Gemeinde, weil sie mit einer Personalentscheidung nicht einverstanden sind. Die katholische Kirche schrumpft wegen des Missbrauch-Skandals. Menschen machen Fehler und müssen daraus - mitunter harte - Konsequenzen ziehen.
Die eigentliche Frage ist doch: Wackelt mein Glaube, weil *Christen* versagen? Auch Christen bleiben Menschen! Verschließe ich mich vor *Jesus*, weil seine Anhänger schwächeln? Vielleicht war Jesus es wirklich mal leid, dass die Menschen immer wieder ihr Heil an der falschen Stelle suchen. Der Vater des Jungen aber ist verzweifelt und von den Jüngern enttäuscht. Doch er setzt alles auf eine Karte - auf Jesus. Das reicht: Von *Jesus* wird er nicht enttäuscht. Gott sei Dank!
*Dexter Nieswiodek*

### Groß – größer - Gott

Unsere Pflegetochter ist drei Jahre alt. Aber sie fühlt sich groß, seit sie in den Kindergarten geht. Nein, nicht einfach nur groß, sondern *größer*. Um die Steigerung geht es! Und unsere Achtjährige passt auf, dass die Kleine ihr nicht über den Kopf wächst. Kleiner und größer – das sind wichtige Kriterien für das kindliche Selbstwertgefühl.
Jesus kennt diese Gedanken, die sogar noch uns Erwachsene beschäftigen. Er zeigt seinen Jüngern, worum es aber eigentlich geht. Der Weg zu wahrer Größe führt mitten ins Herz. Wenn wir groß sein wollen, sollen wir den einzig wirklich Großen aufnehmen – Gott.
Die Erkenntnis, dass ich selbst nur ein begrenzter Mensch bin und nichts ohne Gott kann, hat etwas ungemein Befreiendes. Daran zerbrechen Eitelkeit und Perfektionismus. Dieses Wissen ermöglicht mir eine Beziehung zum Kostbarsten, das uns geschenkt ist – den Kindern.
Mit unserer Pflegetochter hat Gott uns seine Liebe direkt ins Haus gesungen und getanzt. An ihr sehen wir, wie groß Gottes Liebe zu uns ist. Und die wird immer größer. Sie wächst mit dem Kind und mit der Aufgabe, für sie zu sorgen. Wir können diese Aufgabe nur mit ihm gemeinsam tragen. Und dabei lernen wir, in der Liebe zu wachsen.
*Tanja Jeschke*

*Mit festem Blick*

Irmgard sitzt in der Flughafenhalle von Addis Abeba und wartet. Die Leute der Missionsgesellschaft hatten ihr per Mail angekündigt einen Wagen vorbeizuschicken. Der soll sie ins Landesinnere bringen. Dort will sie für einige Wochen bei einem Einsatz mitarbeiten und den Dorfbewohnern zeigen, wie man effektiver Gemüse anbauen kann. Die Zeit vergeht und niemand kommt. Irmgard wird unruhig. Ihre Wasserflasche ist leer. Je länger sie die Drehtür am Ausgang mit hilflosen Augen fixiert, desto wütender wird sie. Die haben mich vergessen! Die lassen mich sitzen! Ist denen denn nicht klar, dass ich extra *für sie* komme? Ich mach das ja nicht aus Vergnügen! Irmgards Gedanken lassen es Feuer regnen auf die, die sie hier vergessen haben.
Dann besinnt sie sich. Wer hat mich hierher geschickt? Es waren nicht diese Leute. Es war Gott. *Er* hat etwas mit mir vor. Das nimmt Irmgard jetzt fest in den Blick. Sie löst ihre Augen von der Drehtür und schließt sie zum Gebet. Es ist Gottes Sache, für mich zu sorgen. Er sieht mich. Da brauche ich nicht die andern zu verwünschen, die nicht so funktionieren, wie ich es gern hätte.
Mit Gottes Ziel vor Augen wird Irmgard ruhig. Und viel später wird sie auch endlich abgeholt.
*Tanja Jeschke*

*Sogwirkung*

Wer Jesus nachfolgt, gerät in den Sog einer ungeheuren Kraft. Sie reißt mit, nach vorn, an einen Ort von unvorstellbarer Lebendigkeit und Freiheit. Dazu gehört aber auch eine Kompromisslosigkeit, die dem (bisherigen) Leben ziemlich zusetzen kann.
Wo solche Bewegung entsteht, da wackeln die Wände der Bequemlichkeit. *Mach dir das ganz klar,* sagt Jesus zu Ute, weil sie immer noch kindlich auf Verschonung hofft. *Jetzt geht es wirklich um etwas. Es geht weiter und du weißt nicht, wohin!* Ein einfaches und sicher eingerichtetes Leben – Fehlanzeige!
Wo solches Leben wächst, da spielt das Tote keine Rolle mehr. Es fällt unbeachtet zu Boden wie eine Hülle, durch die sich eine Knospe ans Licht drängt. Der Knospe gilt die Aufmerksamkeit! *Lass das Tote tot sein,* sagt Jesus zu Harald. Weil der seine Überlegenheitsgefühle immer noch aus seiner Vergangenheit als Hausbesetzer zieht. *Erlaube dir jetzt, ein Neuer zu werden!*
Wo solche Freiheit entsteht, da werden auch alte Bindungen durchtrennt. *Halte dich nicht an deiner Familie fest,* sagt Jesus zu Hanna. Denn sie meint, vor allem für ihre Eltern und Geschwister da sein zu müssen.
Jesus fordert uns heraus zu einer Nachfolge ohne Wenn und Aber!
*Tanja Jeschke*

## Mittwoch, 24. Juli

*Lukas 10,1-2 → GNB/NT 91*

*Ernte-Gebet*

Jesus schickt seine Jünger voraus in die Orte, in die er als nächstes kommen will. Eine reiche Ernte ist dort einzubringen. Damit sind die Menschen gemeint, die Jesus mit seiner Liebesbotschaft retten möchte. Aber der Retter braucht Helfer.

Nun könnte er zu seinen Jüngern sagen: Geht von Haus zu Haus und holt die Leute heraus. Sagt ihnen, sie sollen mithelfen! Würde eine solche Aufforderung ankommen? Wohl eher nicht. Denn die Erntehelfer, die Jesus meint, stellen sich nicht ein, indem man sie zusammentrommelt. Sie werden geschickt. Vom Herrn der Ernte selbst - von Gott. Wie Jesus seine Jünger schickt, so schickt auch Gott seine Mitarbeiter.

Es sind Menschen, die durch Gebet bewegt werden. Kein frommer Druck, keine Not, kein Gut-sein-wollen kann bewirken, dass Gottes Ernte eingebracht wird. Denn diese Ernte meint keine Zahlen, sondern bezieht sich auf den inneren Menschen. Das Herz muss zustimmen und sich dafür gewinnen lassen, das Reich Gottes zu bauen.

Gottes Erntehelfer sind zuerst selbst „geerntet" worden - vom Heiligen Geist durch das Gebet. Wie Jesus können auch wir auf die Macht des Gebetes vertrauen, wo immer eine Ernte ansteht. Gott wird seine Helfer schicken!

*Tanja Jeschke*

## Donnerstag, 25. Juli

*Lukas 10,3-12 → GNB/NT 91*

*Türen auf, der Frieden kommt!*

Gott richtet seine Herrschaft *jetzt* auf. Das ist die Tatsache, die Jesus seinen Jüngern mit auf den Weg gibt, als sie losziehen. Aus dieser Botschaft besteht ihr gesamtes Reisegepäck. Nichts leichter als das!? Keineswegs. Denn wenn Lämmer Wölfen etwas zu sagen haben, kann das für die Lämmer gefährlich werden. Das Anbrechen der Herrschaft Gottes besteht in der Verkündigung des Friedens. Es ist Gott, der mit seinen Menschen Frieden macht. Also, ihr Wölfe, tut es ihm gleich! Zieht die Klauen ein und schließt euer gieriges Maul.

Sind die Menschen bereit für diesen Frieden? Das ist die entscheidende Frage. Dabei geht es um Leben oder Tod - nicht nur für die Lämmer! Wer sich für den Frieden Gottes öffnet, erfährt seine Auswirkungen. Auch Kranke werden geheilt, wo Menschen sich auf diesen Frieden einlassen.

Wo aber für diesen Frieden kein Platz ist, hinterlassen die Lämmer nur eine Staubwolke. Das Heil bleibt aus. Den Schaden tragen die Wölfe selbst.

Frieden mit Gott auszuschlagen – was für ein dunkles Leben. Erkennen, dass dieser Frieden alles ist, was wir brauchen – darin liegt wahres Leben!

*Tanja Jeschke*

## Freitag, 26. Juli

*Lukas 10,17-20 → GNB/NT 92*

### Was ist mein Skorpion?

Lena hat zum Glauben an Jesus Christus gefunden. Sie erlebt, was für eine Kraft in seinem Namen liegt. Ihre Alpträume sind verschwunden, seit sie vor dem Einschlafen zu Jesus betet. Aber ihre Migräne wird sie dennoch nicht los.

Mit der Zeit konzentriert sich Lena immer mehr auf dieses Übel. Das ist mein „Skorpion", denkt sie. Ich habe doch die Vollmacht ihn im Glauben zunichte zu machen!

Doch das klappt nicht. Im Gegenteil. Die Migräne drängt sich um so machtvoller in den Vordergrund, je enttäuschter Lena ist, weil sie diese nicht wegbeten kann.

„Aber es steht doch in der Bibel, dass wir als Christen die Macht des Feindes zunichte machen können!", klagt sie ihrer Freundin Annika. „Kümmere dich nicht zuerst um deine Migräne, Lena", sagt Annika. „Freu dich lieber daran, dass du Gottes Kind bist!"

Beim nächsten Migräne-Anfall fängt Lena an zu summen. Zuerst aus Trotz. Um dem Schmerz die Stirn zu bieten, die er da so gemein attackiert. Dann aus Freude an Gott. Jeder Ton wird zu einem Tritt gegen den Skorpion. Die Migräne bleibt, aber sie kann Lena nicht schaden. Sie hat ihre Macht verloren.

*Tanja Jeschke*

## Samstag, 27. Juli

*Lukas 10,21-24 → GNB/NT 92*

### Augen auf!

In seinem Jubel sagt Jesus etwas Geheimnisvolles: Die *Unwissenden* werden beschenkt mit einem Wissen über Gottes Herrschaft. Sie bekommen Augen von Gott, mit denen sie sein Reich erkennen und verstehen können.

Was ist damit gemeint? Gottes Geschenk der Gnade wird nicht durch ein besonderes Wissen, ein Know-how oder eine Leistung erworben. Seine Gnade kann nur empfangen und entdeckt werden. Darauf weist Jesus hin. Er will, dass seine Nachfolger hinter das sehen, was vor Augen ist. Vor Augen ist das Alltägliche, das Kleine und Große, Banale, Schwierige, Mühsame und Froh-Machende. Wir können es aber mit den Augen des Glaubens anschauen. Uns also von Jesus zeigen lassen, wie er dahinter gegenwärtig ist, regiert und sein Reich baut.

Er öffnet uns die Augen, wenn wir sagen: „All mein Wissen kann dich nicht verstehen, Jesus. Aber ich bitte dich, mir deine Gnade zu zeigen. Daraus will ich leben!"

Dieses Gebet bindet mein *Wissen* an Jesus. Ich bleibe in seiner Nähe und unter seiner Herrschaft. Hier lerne ich darauf zu achten, was durch ihn geschieht - in meinem Leben und um mich herum.

*Tanja Jeschke*

## Sonntag, 28. Juli

*Lukas 10,25-28 → GNB/NT 92*

*Gute Frage!*

Sagt mein Mann immer, wenn er keine Antwort auf eine ernst gemeinte Frage von mir hat. Anders im heutigen Bibeltext. Da wissen beide die Antwort auf eine gute Frage. Deshalb ist es auch keine echte Frage. Es ist eine Fangfrage, mit der Jesus auf die Probe gestellt werden soll.
Aber das geht schief. Denn zum einen gibt es keine Fragen, die Jesus nicht beantworten könnte. Zum anderen lässt er sich von uns nicht auf die Probe stellen. Dabei ist die Frage wirklich eine gute Frage.
Allerdings belässt es Jesus nicht nur bei einer guten Antwort: „Liebe den Herrn deinen Gott, von ganzem Herzen, mit ganzem Willen und mit aller deiner Kraft und deinem ganzen Verstand. Und: Liebe deinen Nächsten wie dich selbst."
Jesus ist kein Lehrer, der sich mit angelerntem Wissen zufrieden gibt.
Manchmal wissen wir genau, was richtig ist. Wir kennen die Lehrsätze auswendig und können sie perfekt aufsagen. Jesus aber will mehr. Er will, dass wir unser Wissen in die Tat umsetzen. Darum fügt er dem "Du hast richtig geantwortet" hinzu: „Handle so, dann wirst du leben."
*Marieluise Bierbaum*

## Montag, 29. Juli

*Lukas 10,29-37 → GNB/NT 92*

*Und wo bleibt der Dank?*

Wir wissen nicht, ob der ausgeraubte Mann bewusstlos am Straßenrand lag oder um Hilfe gerufen hat. Wir wissen auch nicht, ob er mitbekam, dass bereits zwei Männer an ihm vorbei gegangen waren, ohne ihm zu helfen. Doch irgendwann war er wieder bei Bewusstsein. Er fand sich in einer Herberge wieder und wurde dort gepflegt. Spätestens dann wird er gefragt haben, wer ihn dorthin gebracht hat. Der Wirt erzählt ihm, dass ein Fremder, ein Samariter, für die Kosten aufkommt. Vielleicht hat der Verwundete dann ein Wort des Dankes oder zumindest des Staunens fallen lassen. Sein Wohltäter jedenfalls zog weiter ohne auf irgendwelchen Dank zu warten. Was ist das Entscheidende bei der Geschichte, die Jesus hier erzählt? Dass wir uns persönlich angesprochen fühlen. Dass wir uns zur Hilfe für den uns Unbekannten aufgefordert fühlen. Dass wir nicht an der Not des uns Fremden vorbeigehen. Dass wir, wenn wir uns so verhalten, nicht auf Dank warten.
Gott im Himmel sieht die Betroffenheit und die selbstlose Hilfe des Samariters. Er sieht es auch, wenn wir so handeln. Das reicht.
*Marieluise Bierbaum*

*Lukas 10,38-42 → GNB/NT 93*

### Zuhören!

Dienstagmorgen, 2. Stunde, Klasse 9a, Englischunterricht: Am nächsten Tag soll die letzte Klassenarbeit des Schuljahres geschrieben werden. Ich erkläre noch einmal genau, was abgefragt wird. Die Mädchen in der zweiten Reihe hören aufmerksam zu. Gespannt sehen sie mich an und schreiben eifrig einige Stichworte auf.

In der letzten Bankreihe und vorne rechts ist Getuschel zu hören. Einige kramen in ihren Taschen und holen schon mal das Frühstück heraus. Ob sie wohl etwas von dem mitbekommen, was ich gerade erkläre?

Wie oft habe ich meine Schüler schon ermahnt: „Zuhören! Aufpassen! Sonst bekommt ihr nicht mit, was wirklich wichtig ist." Viele denken, dass man zuhören und gleichzeitig etwas anderes tun kann. Doch weit gefehlt! Aktives Zuhören ist die Voraussetzung für Begreifen und Verstehen.

Wissen ist ein Besitz, den uns keiner nehmen kann. Das sagte schon meine alte Mutter und freute sich über die vielen Bibel- und Gesangbuchverse, die sie in ihrer Jugend gelernt hatte.

Das weiß auch Maria. Sie hört aufmerksam zu und behält im Herzen, was Jesus sagt. Damit hat sie die richtige Wahl getroffen. Dieses Gut kann ihr keiner nehmen.

*Marieluise Bierbaum*

*Lukas 11,1-4 → GNB/NT 93*

### Unser Vater

„Ich war mit meinem Papa am Sonntag auf der Alster. Mit einem Kanu. Das war toll!" Begeistert erzählt die kleine Charlotta ihr Erlebnis am Montagmorgen im Kindergarten. Lisa hört die Geschichte. Dabei verändert sich ihr Gesicht. Traurig schaut sie zu Boden und Tränen treten ihr in die Augen. Dann sieht sie Charlotta an und sagt: „Ich habe keinen Papa so wie du. Mein Papa ist abgehauen, sagt meine Mama. Ich kenne ihn gar nicht." Eine Szene, wie sie in jedem Kindergarten geschehen könnte. Nichts Ungewöhnliches in unserer Zeit.

Doch hier hat die Kindergärtnerin alles beobachtet und reagiert schnell. „Komm mal her, Lisa." Sie zieht das Kind zu sich heran, hockt sich hin und sagt: „Weißt du, Lisa, du hast auch einen Vater. Ich meine nicht den, der abgehauen ist. Ich meine den, der im Himmel wohnt. Gott, der dich lieb hat und für dich sorgt. Der immer bei dir ist und auf dich aufpasst. Er ist viel besser als alle Väter der Welt. Wir alle haben diesen Vater. Du und ich und alle Menschen. Ist das nicht toll?!" Lisas Tränen sind getrocknet. Für heute geht sie getröstet in den Tag.

Diesem himmlischen Vater dürfen auch Sie und ich heute unser Leben anvertrauen. Er hört unser Gebet.

*Marieluise Bierbaum*

28. – 31. Juli

## Persönlich

### Martha-Dienst

Vor kurzem begrüßte mich bei einer Konferenz eine Frau besonders herzlich und sagte: „Ich erinnere mich so gerne an das Frühstück bei Ihnen! Sie hatten alles so liebevoll hergerichtet und wir haben uns so gut unterhalten." Ich dachte, ich hätte diese Frau noch nie gesehen und erinnerte mich auch nicht an das Frühstück. Wie peinlich!

So geht es mir öfter. Denn die Menschen, die ich über Jahrzehnte in unserem Haus als Frau eines Pastors zu Gast hatte, sind kaum zu zählen. Aber ich bin froh, dass ich diese Möglichkeit hatte. Vor der damit verbundenen Arbeit habe ich mich nie gedrückt. Ich freue mich, wenn durch die Gemeinschaft beim Essen auch die Gemeinschaft im Glauben in guter und stärkender Erinnerung bleibt. Wenn mein eher praktischer Martha-Dienst dazu beigetragen hat, auch die Freude über meinen Glauben an Jesus auszudrücken.
*Marieluise Bierbaum*

*Ich bin Jahrgang 1946, seit über 40 Jahren verheiratet und habe zwei erwachsene Kinder. Ich war Lehrerin für Biologie und Englisch. Inzwischen bin ich gern unterwegs als Referentin für Frauenfrühstückstreffen, arbeite als Autorin und engagiere mich im Hauptvorstand der Evangelischen Allianz.*

*Lukas 11,5-8 → GNB/NT 93*

### Gibt´s im Himmel Gummibärchen?

„Oma, darf ich was Süßes?" –
„Nein, jetzt nicht!" Eine halbe
Stunde später: „Oma, darf ich
was Süßes?" „Nein, du kannst
einen Apfel haben." „Ich möchte
aber von den Gummibärchen aus
der blauen Dose. Ich weiß, dass
du welche hast." Doch die Oma
bleibt hart. Zehn Minuten später:
„Oma, darf ich jetzt was Süßes?"
Die Kleine gibt nicht auf. „Na gut,
für jede Hand eins. Du gibst ja
doch keine Ruhe."
Zwei Tage später: „Oma, im
Himmel gibt es ganz viele Gummibärchen! Der liebe Gott ist
nämlich nicht so geizig wie du.
Das habe ich heute im Kindergot-
tesdienst gelernt." Da staunt die
Oma nicht schlecht und ist überrascht von der Logik ihrer Enkelin.
Aber es stimmt: Unserem Vater
im Himmel werden wir mit unseren Bitten nie lästig. Er will uns
gern und reichlich aus seinem
Reichtum geben, was wir brauchen. Darin liegt eine wunderbare Verheißung.
Ob das auch für Gummibärchen
gilt, ist allerdings nicht sicher.
*Marieluise Bierbaum*

## Freitag, 2. August

*Lukas 11,9-13 → GNB/NT 93*

### Suchen und finden

Wie viel Zeit habe ich in meinem Leben schon mit Suchen verbracht! Mal ist es die Brille, mal sind es die Hausschlüssel. Und immer im unpassendsten Augenblick. Einmal habe ich sogar unser Auto „verloren". Ich war in einer fremden Stadt. Ich parkte schnell, wo ich gerade Platz fand – und los zu einem wichtigen Termin. Als ich wieder nach Hause fahren wollte, war es schon dunkel. Und ich wusste nicht mehr, wo das Auto ist. Da stand ich allein und keiner konnte mir helfen. Sonst weiß mein Mann immer Bescheid. Er hat das nötige Orientierungsvermögen. Ich leider nicht... Nun ja, Brille, Schlüssel und auch unser Auto haben sich wieder angefunden. Zu meiner Erleichterung und Freude.
Das Schöne am Suchen ist ja das Finden. Und das verspricht uns die Bibel. Wenn wir ehrlich nach dem Sinn unseres Lebens suchen. Wenn wir nach dem Woher, Wohin und Wozu fragen. Dann bleibt unser Suchen nicht vergeblich. Dann finden wir. Ihn – Jesus Christus.
*Marieluise Bierbaum*

## Samstag, 3. August

*Lukas 12,1-7 → GNB/NT 95*

### Heuchelei

Da stehen sie wieder dicht zusammen auf dem Flur und reden leise miteinander. Eine schaut sich prüfend um. Als sie sieht, dass ich näher komme, stößt sie die andere kurz an. Freundlich wünschen mir beide Frauen einen „Guten Morgen", als ich vorbeigehe. Aber mir ist sofort klar, dass sie wieder schlecht über mich geredet haben. Dass sie mich nicht leiden können, weiß ich schon lange. Spätestens seit der Abschiedsfeier einer Kollegin, die in den Ruhestand ging und der ich für diesen neuen Lebensabschnitt bewusst Gottes Segen gewünscht habe. Das kam bei den beiden nicht gut an.
Die Tuschelei und Heuchelei der beiden Kolleginnen erlebe ich heute nicht zum ersten Mal. Es ärgert mich sehr. Am liebsten möchte ich mich gern einmal laut und deutlich wehren. Aber richtig treffen können sie mich eigentlich nicht, denn ich weiß mich gut aufgehoben und beschützt. Von einem, der es wirklich gut meint mit mir: Jesus Christus, mein Herr und Heiland.
Er redet nicht über mich hinter meinem Rücken. Er sieht mich an und kennt mich. Er weiß auch, wie ich es meine. Und ich will mich treu zu ihm bekennen – egal, wie es ankommt.
*Marieluise Bierbaum*

*Haben oder Sein*

„Papa! Leon hat mir mein Auto weggenommen!"
Geht das schon wieder los? Müssen die beiden sich immer um die Spielsachen streiten? Und muss der eine unbedingt das Teil haben, mit dem der andere gerade spielt? Haben wollen! Wieso fängt das bei den Kleinen so früh an? Wissen die schon etwas von dem verzweifelten Versuch von uns Erwachsenen, mit Haben Eindruck zu machen? Andere mit meinem Besitz blass aussehen zu lassen? Dem Wunsch, von anderen beneidet zu werden?
Gebt acht! Hütet euch! Sagt Jesus.
Wenn ich versuche, ein gelingendes, erfülltes Leben durch Besitz hinzubekommen, dann bin ich auf der falschen Fährte. Wenn ich mich auf mein Haben verlasse, bin ich ganz schnell verlassen. Denn was ist, wenn ich eines Morgens aufwache – und alles ist weg? Durch eine Wirtschaftskrise, ein Unglück, durch die Habgier anderer, die auch haben wollen?
Leben kommt nicht aus dem Haben, sondern aus dem Sein. Weil Gott wie ein Vater für mich sorgt, kann ich ihm vertrauen. Das, was er mir schenkt, will ich fröhlich annehmen und mit denen teilen, die es brauchen.
Leon und Max spielen jetzt übrigens gemeinsam mit der Eisenbahn. Und lachen dabei fröhlich.
*Jens Peter Erichsen*

*Wenn ich das gewusst hätte!*

Wie wird das nur werden mit diesem Seminar morgen? Ich komme da in eine völlig fremde Gruppe. Wie wird sich das anfühlen? Wie werden die mich aufnehmen? Was werden die von mir denken? Ob ich da mithalten kann? Vielleicht sind die anderen schon viel tiefer im Stoff drin. Was ziehe ich an? Ich will ja nicht aus dem Rahmen fallen, aber wenn die anderen sich richtig chic machen? Und wie spricht man da miteinander? Sage ich „Sie" oder „Du"? Ich darf nur nicht zu spät kommen, aber auch nicht zu früh...
Mir keine Sorgen machen? Gar nicht so leicht. Jesus sagt, dass Gott schon weiß, was ich brauche. Dass ich also Gott vertrauen und die Sorgen loslassen kann. Das ist eine Entscheidung, die ich treffen muss.
Petrus ermutigt dazu, alle unsere Sorgen auf Gott zu werfen, weil er für uns sorgt (1 Petrus 5,7). Na gut. Ich will es versuchen...
Eben rief Conny an. Sie geht auch zu dem Seminar morgen. Dann bin ich ja gar nicht so fremd. Wenn ich das gewusst hätte! Danke, Gott!
*Jens Peter Erichsen*

## Dienstag, 6. August

*Lukas 12,33-34 → GNB/NT 97*

### *Was du heute kannst entsorgen...*

Das steht auf einem Berliner Müll-eimer. „Was du heute kannst ent-sorgen, das verschiebe nicht auf morgen." Wenn mein Besitz, sein Erhalt, seine Verwaltung, seine Erweiterung mir ständig Sorgen bereitet, dann soll ich lieber alles verkaufen, als dass es mich weiter plagt. Klar, Jesus. Kein Problem. Oder? Schließlich meinst du es ja nicht so radikal, wie es sich an-hört. Oder? Es soll mich bloß nicht so belasten, nicht wahr?
„Euer Herz wird immer dort sein, wo ihr eure Schätze habt!" Deshalb hilft im Ernstfall nur ein radikaler Schnitt. Dann geht es an die Wurzel (lateinisch: radix). Kann ich meine kleinen Schät-ze wirklich loslassen, wenn sie mich davon abhalten, Jesus und seinem Wort zu folgen? Die Be-ziehung, die sich so gut anfühlt, in der ich aber meinen Glauben lieber nicht so zeige? Die Ar-beitsstelle, die ich nach langer Suche gefunden habe, in der aber manche Dinge nicht ganz ehrlich laufen? Das Traumhaus, das ich nur finanzieren kann, wenn ich meine Spenden drastisch reduziere? Jesus, ohne dich schaffe ich das nicht. Bitte gib mir das Vertrauen und die Kraft dazu!
*Jens Peter Erichsen*

## Mittwoch, 7. August

*Lukas 12,35-40 → GNB/NT 97*

### *Allzeit bereit!*

Das war wieder ein langer Tag. Viel Arbeit, viele Menschen, viele Gespräche. Manchmal schwirrte mir der Kopf und ich kam ziem-lich ins Schwitzen. Aber ich habe alles geschafft. Gott sei Dank! Gott sei Dank? An Gott habe ich den ganzen Tag gar nicht so ge-dacht. Ob ich ihm begegnet bin? Bei dem Gespräch mit der Frau, die ihren kranken und verwirrten Vater pflegt, da hatte ich plötzlich diesen guten Gedanken, der ihr Trost gab. Mit Gott habe ich das gar nicht in Verbindung gebracht. Und ihm nicht gedankt.
Und da, wo ich noch rechtzeitig bremsen konnte, als das Kind über die Straße lief – wie mein Herz da schlug! Aber an Gott habe ich da gar nicht gedacht.
An dich, Gott, habe ich gar nicht gedacht. Wie gut, dass du dage-gen immer an mich denkst und bereit bist, mein Leben mit mir zu teilen.
Am Ende ihrer Treffen ermutigen sich die Pfadfinder gegenseitig, „allzeit bereit" zu sein: für die Beziehung zu Gott, für die Un-terstützung anderer und für die eigene Entwicklung.
Weil du, Gott, „allzeit bereit" bist für uns, mache mich aufmerksam und „allzeit bereit" für deine Gegenwart und dein Handeln in meinem Leben – und im Leben derer, denen ich begegne.
*Jens Peter Erichsen*

## Donnerstag, 8. August

*Lukas 12,41-48 → GNB/NT 97*

*Zumutung*

Wie Gott mit uns Menschen umgeht, das ist eine Zumutung. Er mutet uns viel zu. Er traut uns viel zu. Er vertraut uns vieles an. Am Anfang sagt er: „Füllt die ganze Erde und nehmt sie in Besitz! Ich setze euch über ...[alle Tiere] und vertraue sie eurer Fürsorge an." (1 Mose 1,28)
Bevor Jesus zu seinem Vater zurückkehrt, beauftragt er seine Nachfolger: „Geht zu allen Völkern der Welt und macht die Menschen zu meinen Jüngern und Jüngerinnen." (Matthäus 28,19)
Gott vertraut uns die ganze Erde an und traut uns zu, dass wir sie in guter Fürsorge verwalten. Und Jesus sendet uns, der ganzen Welt die Botschaft vom Heil im Glauben an ihn zu vermitteln. Was für eine Zumutung! Was für ein Zutrauen!
Für diese anvertraute Aufgabe gibt Gott jedem von uns Gewissen, Verstand und unterschiedliche Fähigkeiten.
Wie sieht meine Antwort auf diese Zumutung aus? Auf dieses Vertrauen, das Gott in mich setzt? Wie gehe ich mit der Verantwortung um, die er mir gibt? Wem viel anvertraut ist, von dem wird auch viel gefordert, sagt Jesus. Aber er ist es auch, von dem wir die Kraft bekommen, diese Verantwortung zu tragen. Nur Mut!
*Jens Peter Erichsen*

## Freitag, 9. August

*Lukas 13,6-9 → GNB/NT 98*

*Er gibt mich nicht auf*

Ich hab es nicht geschafft. Schon wieder nicht. Dabei wollte ich mich doch mit aller Kraft anstrengen, um es dieses Mal besser hinzubekommen. Nicht in die Falle zu tappen. Mich nicht verleiten zu lassen, nachzugeben, schwach zu werden. Ich wollte nach Gottes Wort handeln. Ihm vertrauen.
Ich hab es nicht geschafft. Schon wieder nicht. Wieder habe ich zuallererst an mich gedacht. Hatte Angst, zu kurz zu kommen. Habe die vermeintliche Abkürzung genommen, habe nicht ausgehalten.
Jesus hat mir immer wieder eine Chance gegeben. Aber irgendwann ist doch Schluss. Irgendwann müsste seine Geduld auch am Ende sein, oder?
Und dann höre ich Jesus rufen: Lass ihn noch „ein Jahr"! Gib ihm noch eine Chance!
Jesus gibt mich nicht auf. Er will mir gerade in meiner Schwachheit seine Kraft geben. Er hat Hoffnung für mich. Und weil er mein Versagen am Kreuz getragen hat, darf ich neu anfangen. Darf ich nach dem Hinfallen wieder aufstehen. Es wieder versuchen. Weitergehen. Mit ihm an meiner Seite.
Danke, Jesus!
*Jens Peter Erichsen*

## Samstag, 10. August

*Lukas 13,10-17* → *GNB/NT 98*

*Mutig lieben*

Warum ist mein Herz so hart geworden? Ich habe mich an das Leid von Menschen gewöhnt. Gefiltert durch die Mattscheibe erreicht ihre Not nur noch selten mein Herz. Zigtausende, die sterben, weil sie nicht genug zu essen haben. Hunderte sterben jeden Tag durch die Hand anderer Menschen. Leute um mich her sind krank und haben wenig Hoffnung für ihr Leben. Andere sind verzweifelt und wissen nicht, wie sie die Zukunft bewältigen sollen. Eine Frau ist seit 18 Jahren körperlich schwer behindert.

Ich achte darauf, dass alles seine Ordnung hat, dass die Regeln eingehalten werden. Ich schaue, dass ich nicht zu kurz komme und mein Einfluss gewahrt bleibt. Und verliere die Menschen aus dem Auge.

Warum ist mein Herz so hart geworden? Warum bin ich oft so selbstgerecht? Warum bin ich so feige?

Ich vergesse, was Jesus für mich getan hat. Ich vergesse, dass er ganz von sich weg gesehen hat, um mich zu lieben und zu retten. Ich vergesse, dass die Liebe Kraft hat, Mauern zu überwinden, mutige Schritte zu gehen, um Menschen im Abseits zu erreichen. Ich vergesse das alles, obwohl ich doch allein daraus leben kann. Jesus, fülle mein Herz neu mit deiner Liebe, damit ich mutig lieben kann.

*Jens Peter Erichsen*

## Sonntag, 11. August

*Lukas 13,18-21* → *GNB/NT 98*

*Nur eine Handvoll...*

Manchmal denken wir entmutigt: Wenn wir doch mehr hätten... Wenn wir doch mehr Mitarbeitende wären, dann könnten wir... Wenn wir doch mehr Geld hätten, dann wäre es uns möglich... Wenn ich doch auch so toll singen/reden/tanzen könnte, dann könnte ich...

Doch wir sind nur eine Handvoll. Wir haben nur eine Handvoll. Ich schaue auf das, was nicht da ist, was fehlt, auf den Mangel, auf die geringe Zahl, auf die kleine Kraft. Nur eine Handvoll...

Jesus korrigiert meinen Blick: Nur eine Handvoll Sauerteig mengt die Frau unter fast 40 Liter Mehl – und alles wird davon durchsäuert. *Alles.*

Wenn wir uns im Reich Gottes auf große Zahlen verlassen, könnten wir schief liegen. Wichtig ist, dass die gute Nachricht hineinkommt in das „Mehl" des Lebens. Da, wo Christen sich nicht verstecken, sondern fröhlich ihren Glauben einbringen in die Beziehungen und Begegnungen des Alltags, da wirkt Glauben ansteckend und breitet sich aus. In einem Maß, das zum Staunen ist! Probieren wir es heute aus. Es braucht nur eine Handvoll!

*Jens Peter Erichsen*

## Montag, 12. August

*Psalm 1 → GNB/AT 512*

*Der Traum vom Glück*

Jeder Mensch träumt von einem glücklichen Leben. Das Streben nach Freude und Zufriedenheit bestimmt uns. Niemand will ein kümmerliches Dasein führen, vielmehr möchte er seine Träume verwirklichen.
Leider geht nicht alles in Erfüllung, was wir uns erhoffen. Aber wir dürfen dennoch versuchen, danach zu streben! Wer sich keine Ziele setzt oder zu früh resigniert, vergibt die Chance, vielleicht doch etwas zu erleben und zu erreichen. Der Volksmund sagt zwar: „Träume sind Schäume". Die Erkenntnis der Psychologie dagegen lautet: „Der Mensch braucht Träume". Diese beflügeln ihn und setzen ungeahnte Kräfte frei. Wichtig ist es natürlich, auch beim Träumen eine gewisse Bodenhaftung nicht zu verlieren. Um glücklich zu werden, bedarf es vor allem eines geeigneten Lebensfundamentes. Der Psalm heute sagt uns, dass wir dieses Fundament allein bei Gott finden. Das entspricht auch meiner Lebenserfahrung.
Der Glaube gibt uns Ruhe und Gelassenheit. In der Beziehung zu Gott ist unser Wunsch nach Glück am besten aufgehoben. Egal, wie die Umstände unseres Lebens sind. Probieren Sie es aus.
*Hans-Joachim Heil*

## Dienstag, 13. August

*5 Mose 6,4-9 → GNB/AT 169*

*Denk daran!*

Es muss deutlich sein, dass Gott unser Herr ist – und nur er allein. Ihn sollen wir mit ungeteiltem Herzen lieben. Wenn man jemanden liebt, denkt man oft an ihn. Man sucht seine Nähe. Das Zusammensein mit dem Geliebten tut einem gut.
Beziehungen müssen gepflegt werden. Das gilt nicht nur für Freundschaften mit Menschen. Es gilt ebenso für unsere Beziehung zu Gott. Sind wir hier nachlässig, verlieren wir die Leidenschaft und Gott wird uns fremd. Der Appell „Denk daran!" will unserer Vergesslichkeit entgegenwirken. Vergesslichkeit kann viele Ursachen haben. Wenn wir zu viele Dinge auf einmal speichern wollen, überfordern wir zum Beispiel unsere Merkfähigkeit. Wollen wir uns etwas wirklich fest und dauerhaft einprägen, müssen wir uns auf Weniges beschränken. Wir müssen eine Auswahl treffen und Prioritäten setzen.
Die Weisungen Gottes haben in diesem Zusammenhang einen hohen Stellenwert. Nicht nur damals für das Volk Israel, sondern auch für uns heute. Denn sie geben uns eine Werteskala, nach der wir entscheiden können. Sie weisen nicht nur den Weg zu einem gelingenden Leben. Im Gehorsam ihnen gegenüber soll sich auch unsere Liebe und ungeteilte Hingabe an Gott ausdrücken. Denken Sie heute daran!
*Hans-Joachim Heil*

*Prüfe deinen Umgang!*

So mancher lebt in einem Umfeld, das von Gottesleugnung, vielleicht sogar von Gotteslästerung geprägt ist. Aber mit Menschen, die sich gegen Gott stellen, können wir als Christen keine Gemeinschaft haben. Wir brauchen zu einem solchen Umfeld innere und manchmal auch äußere Distanz. Denn die Beziehungen, auf die wir uns einlassen, prägen uns. Ein Sprichwort lautet: „Sage mir, mit wem du gehst, und ich sage dir, wer du bist."

Gott weiß das. Darum ermahnt er sein Volk Israel so eindringlich, auf seinen Umgang zu achten. Damit es sich durch seine Umgebung nicht verleiten lässt zur Abkehr von ihm. Denn allein in *Gottes* Liebe und Erwählung liegt Israels Identität. Das Volk kann seine besondere Stellung nicht auf seine eigene Leistung oder sein Verhalten zurückführen. Dabei ist eines besonders zu beachten: Der Bund Gottes mit denen, die ihn *lieben*, gilt bis ins tausendste Glied. Das heißt: *für immer*.

Denen aber, die ihn ablehnen, vergilt er ihre Entscheidung direkt und nicht über sie selbst hinaus. Das widerlegt für mich sehr eindrücklich das verbreitete Missverständnis, dass der Gott des Alten Testamentes ein Rachegott sei. Gott ist und bleibt zuerst ein Gott der Liebe!
*Hans-Joachim Heil*

## Donnerstag, 15. August

*5 Mose 18,9-13* → *GNB/AT 181*

*Gott gehört unser Leben!*

Bis heute gibt es solche okkulten Praktiken wie die, vor denen das Volk Israel im Text gewarnt wird. Warum tun Menschen so etwas? Sie versuchen mit Hilfe okkulter Praktiken - damals wie heute - Einfluss zu nehmen auf ihr jetziges und auf ihr zukünftiges Leben. Egal ob Horoskope, Wahrsagen, Spiritismus oder Totenbefragung, wenn Menschen sich darauf einlassen, entspringt es derselben Grundhaltung: Neugier und Angst. Sie treiben Menschen in die Arme derer, die behaupten, über besondere Kräfte oder geheimes Wissen zu verfügen. Doch allzu oft endet es so wie in dem Gedicht von J.W. Goethe „Der Zauberlehrling". Der wird die Mächte, die er rief, nämlich nicht mehr los!

So ergeht es auch denen, die sich auf okkulte Kräfte einlassen. Sie werden zu Gefangenen. Sie warten - oft ängstlich - auf die Erfüllung des Angekündigten. Sie sind unfrei, ihre Gegenwart und Zukunft aus eigener Kraft und vor allem in Demut vor Gott zu gestalten.

Unser Ergehen liegt allein in Gottes Hand! Ihm gehört unser ganzes Leben. Wenn uns Sorgen und Zukunftsängste plagen, dürfen wir sie ihm sagen. Wir dürfen ihn um seine Hilfe bitten. Und in aller Freiheit das Unsere tun.

*Hans-Joachim Heil*

## Freitag, 16. August

*5 Mose 18,14-20* → *GNB/AT 181*

*Gott redet!*

Im Text sagt Gott seinem Volk Israel klar zu, dass er es nie allein und ohne seine Wegweisung lassen wird. Immer wird es von ihm Beauftragte geben, die den Menschen seinen Willen mitteilen. An klarer Wegweisung soll es also nicht fehlen. Dabei sprechen die Propheten Gottes oft auch unangenehme und unerwünschte Wahrheiten aus. Zum Beispiel, indem sie zur Umkehr auffordern, wenn Einzelne oder das ganze Volk vom richtigen Weg abweichen. Das Alte Testament ist voll mit Beispielen dafür. Entscheidend ist, dass der oder die Betreffende das ausspricht, was *Gott* den Hörern in ihrer Situation und Zeit sagen will.

Das brauchen wir auch heute! Ob so jemand als Prophet, Prediger, Evangelist oder Seelsorger in Erscheinung tritt, ist dabei nebensächlich. Wichtig ist, dass uns Gottes Wort und sein Wille bekanntgemacht werden. Setzen wir das Gehörte in unserem Leben um, befinden wir uns auf dem richtigen Weg.

Gott redet also für jeden vernehmbar, der es hören will.

Ich finde es tröstlich, dass diese Zusage bis heute gilt. Sowohl für uns persönlich als auch in all den Umbrüchen und Herausforderungen, die unsere Zeit bestimmen.

*Hans-Joachim Heil*

## Samstag, 17. August

*5 Mose 28,1-7 → GNB/AT 189*

### Gesegnet!

Reicher Segen wird demjenigen zugesagt, der sich an Gott hält und seine Weisungen achtet. Und dieser Segen drückt sich nach alttestamentlichem Verständnis durchaus auch materiell aus! Wie im Text deutlich zu lesen. Dennoch geht es hier nicht um eine Art „Wohlstands-Evangelium". Nach dem Motto: Wer glaubt, der ist reich und gesund.
Gottes Gebote werden immer verstanden als Orientierungshilfen, durch die wir in Einklang mit ihm, mit uns selbst und mit unseren Mitmenschen leben können. Das hat nichts zu tun mit einem zwanghaften oder angstbesetzten Einhalten von Regeln und Vorschriften. Es geht nicht um religiöse Leistungen, die wir erbringen sollen. Und für die wir dann belohnt werden.
Gottes Gebote sollen keine Last für uns sein, sondern unserem Leben die richtige Richtung geben. Wir sind am Ziel, wenn wir Freude an Gott finden. Anders gesagt: Gehorsam ist ein Ausdruck unserer Liebe zu ihm. Sind wir mit ihm *in Liebe* verbunden, halten wir uns sozusagen von innen heraus an seine Weisungen. Weil wir wissen, dass sie gut für uns sind. Weil wir Gott vertrauen.
Dann sind nicht nur wir gesegnet. Sondern alle, die mit uns zu tun haben.
*Hans-Joachim Heil*

## Sonntag, 18. August

*5 Mose 31, 9-13 → GNB/AT 194*

### Das Grundgesetz

Die letzten Kapitel des 5. Buches Mose waren von grundsätzlicher Bedeutung für das Volk Israel. Sie sind es auch noch für uns heute. Warum?
Im Auftrag Gottes schreibt Mose diese Anweisungen auf. So erhält Israel eine schriftliche Grundlage. Wir würden es heute vielleicht das „Grundgesetz" nennen. Hier wird der wegweisende Wille Gottes festgehalten.
Dieses Buch ist aber nicht fürs Museum bestimmt. Es soll in festgelegten Zeitabschnitten vorgelesen werden. Es ist auch nicht nur für die Priester bestimmt. Das ganze Volk soll kommen und hören, wenn es vorgelesen wird. Und es umsetzen! Beachten Sie die Tätigkeitswörter (Vers 12): Sie sollen hören und sie sollen lernen, Gott ernst zu nehmen und seine Anordnungen zu befolgen. Zweimal werden dabei die Kinder erwähnt. Keiner soll sagen: Ach, die verstehen es ja noch gar nicht! Es ist unser Auftrag, es so zu sagen, dass sie es begreifen. Dass sie lernen, es umzusetzen. Ein wichtiger Auftrag, der uns selbst zugutekommen wird. Tröstlich für das Volk ist auch, dass Gott selbst für Moses Nachfolger sorgt. Für uns ein Anstoß, Gott um gute Leiter zu bitten - in Kirche, Politik und Gesellschaft!
*Rudi Diezel*

*5 Mose 33,26-29* → *GNB/AT 195*

*5 Mose 34,1-12* → *GNB/AT 198*

*Letzte Worte*

*Mose stirbt*

Versetzen wir uns in die Situation von Mose am Ende seines Lebens. Was lag da alles hinter ihm: Der außergewöhnliche Ruf Gottes im Dornbusch, die Auseinandersetzungen mit dem Pharao, die Widerspenstigkeit des Volkes, die Begegnung mit Gott am Sinai, die 40-jährige Straf-Wanderung durch die Wüste. Und jetzt ist er am Ziel aller Träume. Das verheißene Land ist in Sichtweite. Aber er wird nicht mit seinem Volk einziehen. Er wird hier sterben. Er hält eine letzte Rede an das Volk Israel. Was fällt daran auf? Er jammert nicht oder grollt Gott. Nein, er spricht Segensworte für die 12 Stämme und fasst alles zusammen in einem Lobpreis der Einzigartigkeit Gottes. Denn darin liegt der Grund der Berufung und der Identität des Volkes Israel.
Er dankt Gott dafür, dass er und sein Volk bei ihm immer wieder Zuflucht gefunden haben. Sehr eindringlich mahnt er Israel, das nicht zu vergessen. Seine letzten Worte sind zugleich eine prophetische Vorausschau. Sein Volk wird wohnen in sicheren Grenzen in einem fruchtbaren Land. „Wie glücklich bist du, Israel, denn der lebendige Gott ist dein Helfer." Moses Bekenntnis am Ende seines Lebens lautet: Auf Gott kannst du dich verlassen!
Ist das auch unser Bekenntnis?
*Rudi Diezel*

Kaum hat Mose in einem Lied sein Zeugnis von der Treue Gottes abgelegt, steigt er auf den Berg Nebo. Was hat er dort wohl erwartet? Weil Gottes Zusagen keine leeren Versprechungen sind, gibt Gott ihm eine besondere Vision: Mose sieht die Weite des verheißenen Landes. Er sieht, was Gott ihm und dem Volk versprochen hat. Dann stirbt er in den Armen Gottes. Mit den Augen Israels gesehen, verschwand er spurlos. Denn Israel soll nicht nostalgisch zurücksehen, sondern im Vertrauen auf Gott vorwärts gehen. Hinein ins verheißene Land unter neuer Führung.
Im Text heißt es eindrücklich: Nie mehr gab es in Israel einen Propheten wie Mose. Kein anderer hat das Volk und den Pharao die Macht Gottes so spüren lassen. Sie hätten ihm sicher gern ein Mausoleum errichtet und Totenkult betrieben. Aber Gott hat vorgesorgt. Er hat den Nachfolger bestimmt. Jetzt sollen die Israeliten nicht in Trauer verharren, sondern aufbrechen und ins verheißene Land einziehen.
Jemand hat mal über Mose gesagt: „Er musste 40 Jahre lernen, jemand zu werden, 40 Jahre lernen, ein Niemand zu sein, und 40 Jahre zeigen, was Gott tun kann mit jemandem, der gelernt hat, ein Niemand zu sein."
In welcher Phase sind Sie?
*Rudi Diezel*

## Mittwoch, 21. August

*Josua 1,1-9* → *GNB/AT 199*

### Ich bin mit dir!

Viele Jahre hindurch hat Josua sich als zweiter Mann hinter Mose bewährt. Am Berg Horeb, als Mose 40 Tage mit Gott im Gespräch war, heißt es von ihm: „Nur Josua, damals noch ein junger Mann, blieb stets als Hüter vor dem Zelt." Er hat sich bewährt als Kundschafter. Er hat sich bewährt als Soldat im Kampf gegen Amalek. Nun soll Josua der Nachfolger von Mose werden. Man sagt, ein guter Zweiter ist noch lange kein guter Erster. Josua jedenfalls wird angst und bange, wenn er an das denkt, was auf ihn zukommt. Er soll den Auftrag von Mose vollenden und das Volk ins verheißene Land führen. Gott sagt ihm zu, dass er ihm dabei zur Seite steht. Wie er es bei Mose getan hat. Aber Josua scheint innerlich zu zögern und verzagt zu sein.

Wie geht Gott damit um? Sieben Mal steht im Zusammenhang mit der Berufung von Josua der Zuspruch Gottes: „Sei getrost und unverzagt! Sei tapfer und entschlossen! Halte dich mutig und unbeirrbar an das, was dir gesagt ist." Das sind starke Ermutigungen.

Die auch uns heute gelten! Die auch uns auf unserem Weg ermutigen können. Denn Jesus hat seinen Nachfolgern zugesagt: „Ich bin alle Tage bei euch bis zum Ende der Welt."

*Rudi Diezel*

## Donnerstag, 22. August

*Josua 1, 10-18* → *GNB/AT 200*

### Die Frucht des Gehorsams

Mit dem heutigen Text sind wir an einem wichtigen Punkt. Gott hat Josua berufen. Seine Zusagen an ihn sind eindeutig und mehrmals wiederholt. Jetzt gilt es für Josua, zu handeln. Und Josua gehorcht! Er tut Glaubensschritte, indem er das tut, was Gott ihm aufgetragen hat.

Die Anweisungen, die Josua gibt, sind dabei konkret. Er zögert den Aufbruch nicht hinaus. Mutig packt er auch die internen Probleme an. Die Stämme Ruben und Gad wollen sich im Ostjordanland ansiedeln. Aber vorher gilt es zu kämpfen und den anderen Stämmen zu helfen. Erstaunlich das Echo: Die Israeliten bestätigen Josuas Gehorsam und wiederholen am Ende ihrer Zusage die Verheißung Gottes. So ermutigen sie ihren Führer.

Es ist interessant zu sehen, wie Josuas Vorbild ansteckend wirkt auf die Verantwortlichen der Stämme. Josua war kein „ausgebildeter" politischer Führer oder kühner Feldherr. Sein Mut kommt aus den Zusagen Gottes.

Die Geschichte von Josua erinnert uns an die Stärke, die auch uns zur Verfügung steht. Sei es im persönlichen Leben oder im Kampf gegen die Probleme der modernen Welt. Wo wir versuchen, gehorsam den Willen Gottes umzusetzen, da werden wir auch Früchte sehen.

*Rudi Diezel*

*Die Predigt von Rahab*

Josua war glaubensstark, aber nicht naiv. Er hatte die Zusage Gottes: „Ich will mit dir sein!" Aber Glaubensschritte zu gehen heißt nicht, leichtsinnig zu sein. So tut er das strategisch Richtige und sendet Kundschafter aus. Was aber führt die zwei Spione ins Haus einer Prostituierten? Auf jeden Fall ein Unterschlupf, um unerkannt zu bleiben.
Gott nutzt diese Situation in mehrfacher Weise. Er holt Rahab aus der Welt der fremden Götter in eine Beziehung zu sich, dem wahren Gott. Sie hat ihre eigene Verlorenheit und die ihres Volkes erkannt. Sie entscheidet sich für den Gott Israels. Das ist in ihrer schwierigen Situation eine mutige Glaubensentscheidung. Sie will einen neuen Weg gehen und setzt alles auf eine Karte.
Darum finden wir Rahab, eine Ausländerin und Prostituierte, in einer Liste von Glaubenshelden im Neuen Testament (Hebräer 11) wieder. Wie Gott mit ihr umgeht, so wird Jesus viele Jahrhunderte später in Gottes Namen allen Menschen begegnen: „Ich bin gekommen, um die Verlorenen zu suchen und zu retten."
Die Kundschafter kehren gestärkt zurück, denn aus dem Mund von Rahab haben sie eine Predigt über die Geschichte ihres Volkes gehört. Sollte Gott etwas unmöglich sein?
*Rudi Diezel*

*Die Rückkehr der Kundschafter*

Rahab sah nicht nur die Sünde der Stadt, in der sie lebte. Sie sah auch ihre eigene Verlorenheit. Sie bat um Hilfe. Das rote Seil wird ihre Rettung. Zur Rettung gehörte nicht nur die richtige Erkenntnis. Sie musste das Seil auch sichtbar aushängen. Dieses Zeichen sollte für alle zur Rettung werden, die dem Wort der Männer vertrauten. Damit wird das rote Seil zum Bild für die Rettung durch das Kreuz. Pastor Wilhelm Busch zitiert in einer Predigt über diese Geschichte einen alten Bibel-Ausleger: „Dem Teufel zum Trotz muss die rote Farbe dabei sein. Denn sie redet von dem Blute Christi, das für uns vergossen wurde."
Wir sprechen gern von der Geschichte *der Eroberung* Jerichos. Aber vergessen wir nicht die einzelnen Schritte, die nötig waren, damit es so weit kam: Gottes Berufung des Josua, sein Gehorsam, sein strategisches Planen. Die Kundschafter, die nicht so sehr von den Mauern beeindruckt waren, sondern von der Mutlosigkeit der Bewohner. Der Mut von Rahab... Dieser schrittweise Gehorsam führte zum Sieg. Das glaubensvolle Zeugnis der Kundschafter motivierte dann das ganze Volk!
Auch heute wird die Gemeinde Jesu belebt und ermutigt, wenn Menschen bezeugen, dass Gott in ihrem Leben handelt.
*Rudi Diezel*

### Auf zu neuen Ufern

Bevor die Israeliten das Land einnehmen können, müssen sie den Jordan überqueren. Der führt zu diesem Zeitpunkt aufgrund der Jahreszeit Hochwasser. Er ist wie eine Schwelle, die sie überschreiten müssen. Durch das Wunder, das Gott schenkt und das ihnen erlaubt, trockenen Fußes auf die andere Seite zu kommen, setzt Gott ein Zeichen: Ich bin bei euch. Ihr steht unter meiner Führung und unter meinem Schutz. Das ist eine wertvolle Zusicherung für den Weg ins Unbekannte.

Wie oft haben Sie an einer solchen Schwelle gestanden? Also Vertrautes zurückgelassen und Neues vor sich gehabt? Eine neue Arbeitsstelle, eine neue Gemeinde, eine neue Stadt? Da klopft das Herz nicht nur aus Vorfreude, sondern auch vor Aufregung. Was wird auf mich zukommen? Werde ich alles bewältigen? Ich denke an letztes Jahr, als ich anfing, in einer Buchhandlung zu arbeiten. Ein Traum wurde wahr. Gleichzeitig war mir bange vor all den neuen Aufgaben. Die Priester setzen den Fuß ins Wasser und erleben: Gott hält sein Wort. Genauso dürfen auch wir fest mit ihm rechnen. In Jesus spricht Gott uns zu: Ich bin bei euch.

*Ulrike Chuchra*

## Montag, 26. August

*Josua 4,19–5,1* → *GNB/AT 202*

### Zum Gedenken

Gerade hat Gott an seinem Volk ein großartiges Wunder getan. Man könnte meinen, wer so etwas miterlebt, wird im Glauben nie wieder wanken. Doch meine Erfahrung sagt: Die großen und kleinen Wunder, die Gott schenkt, geraten leider schnell in Vergessenheit. Darum lässt Josua die zwölf Steine aufstellen. Sie dienen dem Gedenken an das große Ereignis. Sie sollen stets daran erinnern, der nächsten Generation davon zu erzählen. Wenn die Hochgefühle über das Wunder abgeklungen sind, stehen da immer noch die Steine. Sie sagen: Hier hat Gott seine Macht erwiesen. Er hat es damals getan und er wird es wieder tun.

Auch mein Glaube braucht etwas, an dem er sich festhalten kann. Die Höhepunkte, in denen Gott mir besonders nahe kommt, werden schnell abgelöst vom Alltagsgrau. Welche „Gedenksteine" können mein Vertrauen stärken? Für mich ist das ein Tagebucheintrag, ein Bibelvers oder irgendein Gegenstand, der mich an eine Begegnung mit Gott erinnert. So trage ich von einer ermutigenden Freizeit noch immer einen glatten Stein in der Manteltasche mit mir herum. Er sagt mir: Gott ist mächtig und wird mich nicht im Stich lassen.

Wie ist Gott Ihnen in letzter Zeit begegnet? Wie sehen Ihre „Gedenksteine" aus?

*Ulrike Chuchra*

## Dienstag, 27. August

*Josua 5,13-15* → *GNB/AT 203*

### Getragen

Früher dachte ich: Ist doch toll, eine Sache in der Hand zu haben. Der „Bestimmer" zu sein. Ich sah darin kein Problem. Erst später begriff ich, was es bedeutet, Verantwortung zu übernehmen und für getroffene Entscheidungen gerade zu stehen. Bei großen Aufgaben ist es für den Verantwortlichen oft auch eine große Belastung.

Josua hat von Mose einen gewaltigen Auftrag übernommen. Er soll mit den Israeliten das von Gott versprochene Land erobern. Überall sind feindliche Völker zu besiegen. „Wie soll das nur gelingen?", denkt er vielleicht. „Und ich bin auch noch dafür verantwortlich!"

In dieser Situation tritt ihm der geheimnisvolle Mann mit dem gezogenen Schwert entgegen – der Oberbefehlshaber über Gottes Heer! Wie viele Lasten mögen wohl von Josua abgefallen sein, als er das hört. Was für ein unglaubliches Glück: Er ist in diesem Kampf weder allein noch trägt er die letzte Verantwortung! Er darf sich einem Größeren unterordnen. Gott selbst wird anweisen, was er tun soll.

Ich habe richtig aufgeatmet beim Lesen dieses kurzen Textes. Gott sei Dank! Die Last meines Lebens trägt ein anderer. Ich darf mich in seine Arme fallen lassen!

*Ulrike Chuchra*

## Mittwoch, 28. August

*Josua 6,1-11 → GNB/AT 203*

### Eine harte Nuss

Mit ihren hohen Mauern und fest verriegelten Toren ist die Stadt Jericho eine harte Nuss. Allerdings ist diese Situation erneut eine Gelegenheit, in der Gottes Macht sichtbar werden kann. Seine Anweisungen an Josua und die Israeliten sind klar, entsprechen aber nicht der menschlichen Vorstellung von Kriegsführung.
Das tägliche Umrunden der Stadt erschreckt die Einwohner von Jericho vermutlich. Doch das bringt die Mauern nicht zum Einsturz. Gott bewirkt es! Bei ihrem Marsch führen die Israeliten die Bundeslade als das Zeichen von Gottes Gegenwart mit sich. Damit proklamieren sie Gottes Größe und Macht, noch bevor die Stadt an sie gefallen ist. Auf der Grundlage dieses Vertrauens und Gehorsams schenkt Gott ihnen den Sieg.
Das möchte ich mir merken für die harten Nüsse in meinem Leben: Es lohnt sich, Gott zu vertrauen und zu gehorchen. Ich darf ihn loben, bevor ich sein Handeln sehe. Denn ich kann mich auf ihn verlassen.
*Ulrike Chuchra*

## Donnerstag, 29. August

*Josua 6,12-20 → GNB/AT 203*

### Vernichtung

Es ist zuerst mal eine Triumphgeschichte: Josua zieht mit den Priestern und dem ganzen Volk um Jericho, bis die Mauern zusammenbrechen. Ist es nicht großartig, was Gott alles kann? Doch ein Schatten fällt auf meine Begeisterung, wenn ich den Befehl lese, dass alles Lebendige in der Stadt getötet werden soll. Männer, Frauen, Kinder, Alte und Tiere. Das kommt mir grausam und entsetzlich vor. Ich bringe es nicht in Einklang mit dem Bild von Gott als liebendem Vater, den Jesus mir zeigt.
Zwei Gedanken helfen mir im Umgang mit diesem Text.
1. Die Israeliten sollen ein Volk sein, das ganz allein Gott gehört. Es soll keine Vermischung geben mit der heidnischen Bevölkerung und keine Hinwendung zu deren Göttern. So radikal, wie die Feinde vernichtet werden, so radikal soll sich das Volk von allem fernhalten, was zur Abkehr von Gott verleiten könnte.
2. Wer Jesus sieht, der sieht den Vater (Johannes 14,9). Darum schaue ich fest auf Jesus, wenn Gott im Alten Testament eine mir unverständliche Seite zeigt.
*Ulrike Chuchra*

### Alle für einen

In der Fussball-Bundesliga treten die nahezu unschlagbaren Bayern gegen Hannover 96 an. Jeder erwartet, dass die Münchener ihre Siegesserie fortsetzen. Doch nach einem Foul sieht Jerome Boateng die rote Karte. Das Spiel endet für die Favoriten mit einer Niederlage.

Die Eroberung von Kanaan ist natürlich kein Spiel, aber ich sehe eine Parallele. *Ein* Mann verstößt gegen die Regeln. Das hat Konsequenzen für die ganze Gemeinschaft.

Gott hat klar gesagt: Alles, was sich in Jericho befindet, muss unter den Bann gestellt werden. Das heißt, es gehört Gott allein. Es muss vernichtet oder ins Heiligtum gebracht werden (Josua 6,17-19). Wer dagegen verstößt, bricht den Bund zwischen Gott und Volk.

Achan hat seinen Diebstahl vermutlich für eine Kleinigkeit gehalten, für eine Art private Aktion. Er ist jedoch kein Privatmann, sondern Teil von Gottes Volk. Darum treffen die Auswirkungen seines Handelns das ganze Volk. Genau wie beim Fußball eine ganze Mannschaft für den Fehler eines Einzelnen einstehen muss. Auch ich bin in Gemeinschaften eingebunden – die Familie, die Gemeinde, das Team bei der Arbeit. Welche Auswirkungen kann mein persönlicher Ungehorsam gegen Gott für diese Gemeinschaften haben?

*Ulrike Chuchra*

### Sünde hat einen Preis

Um die Studiengebühren zahlen zu können, nahm Daniela einen Kredit in Anspruch. Für den Lebensunterhalt wurde ihr Bafög gewährt. So kam sie bis zum Studienabschluss gut über die Runden. Als sie dann in den Beruf einstieg, wurde ihr die Rechnung über ihre angesammelten Schulden präsentiert. Zusammen mit der Aufforderung, ab einem bestimmten Zeitpunkt mit der Rückzahlung zu beginnen.

Durch sein Handeln hat Achan Schuld über das Volk Israel gebracht. Genau wie ein Kredit muss diese Schuld beglichen werden. Sünde hat einen Preis. Sie lässt sich nicht einfach vom Tisch wischen, sondern muss gesühnt werden. Der Bruch zwischen Gott und den Israeliten kann nur geheilt werden, wenn das Volk den Schuldigen ermittelt und ihn aus seiner Mitte entfernt. Gott kennt seinen Namen längst und wird ihn durch das Losverfahren offenbaren. Dann kommt für Achan die Stunde der Abrechnung. Sein Ungehorsam wird ihn das Leben kosten. Der Preis für die Sünde ist der Tod.

Das gilt für jeden Menschen. Auch ich habe einen Schuld(en)-Berg, der mich bei Gott belastet. Doch den Preis für meine Sünde hat Jesus bezahlt. Durch seinen Tod ist meine Schuld ans Kreuz genagelt und beseitigt (Kolosser 2,14). Gott sei Dank!

*Ulrike Chuchra*

### Haben oder Sein

Warum begeht Achan diese Dummheit und verstößt gegen Gottes klare Anweisungen? Sein erster Irrtum: Ich brauche diese Dinge. Aber warum denn? Er war doch schon reich! Sein zweiter Irrtum: Gott sieht das nicht. Meine Sünde hat keine Konsequenzen. Dabei kann Achan seine Beute gar nicht genießen. Er muss sie vergraben aus Angst, entdeckt zu werden. Verstehen Sie anhand dieser Geschichte, warum die Bibel vom „Betrug der Sünde" redet?!
Immerhin analysiert Achan sein Grundproblem zutreffend: Sehen – nicht widerstehen können – nehmen. Die Bibel nennt das Habgier.
Kommt uns das Verhaltensmuster nicht bekannt vor? Wie ist das bei uns mit „Gold und Silber"? Oder besser mit dem Auto oder den Schuhen oder dem Urlaub? An welchen Stellen fallen wir auf die Lüge des Materialismus herein, wir bräuchten nur noch ein bisschen mehr, um wirklich glücklich zu sein?
Gott sei Dank sind wir besser dran als Achan. Jesus rettet uns vor dem gerechten Zorn Gottes, wenn wir ihn um Vergebung für unsere Schuld bitten. Mit Gottes Hilfe kann ich frei werden auch von „Hab-Sucht". Denn wirkliche „Zu-*Frieden*-heit" beruht nicht auf dem, was ich *habe*, sondern auf dem, was ich *bin*: Ein Kind des lebendigen Gottes!
*Andreas Utsch*

### Wohin mit meiner Schuld?

Im Marketing gibt es die Bezeichnung „Unique Selling Position", kurz „USP". Gemeint ist damit die Eigenschaft eines Produktes, die dieses einzigartig macht. Das Alleinstellungs-Merkmal wird dann gezielt für den Verkauf des Produktes eingesetzt.
Was ist das „USP" des christlichen Glaubens? Im Vergleich zu allen anderen Weltreligionen und Lebenskonzepten? Dass es durch Jesus einen einzigartigen und zufriedenstellenden Weg gibt, wie wir mit unserer Schuld umgehen können! Kein Wunder also, dass das Thema „Schuld" für die meisten Menschen ein Tabuthema ist. Dabei geht es hier um zentrale Fragen: Wohin kann ich gehen, wenn mich die Sünden meines Lebens einholen? Wo gibt es Vergebung und Befreiung von Schuld? Wie gehe ich um mit den Konsequenzen meiner Schuld? Wer rettet mich vor dem kommenden Gericht Gottes?
Wir müssen nicht mehr in irgendwelche Freistädte fliehen. Aber in ihrer Einrichtung wird etwas deutlich sowohl von der Realität menschlicher Schuld als auch von der Frage nach dem Umgang damit.
Jesus Christus ist der Weg zu Vergebung und Versöhnung (Römer 3,24f.). Das Kreuz ist das „USP" unseres Glaubens!
*Andreas Utsch*

### (Auch) für meine Kinder!

In der Abschiedsrede von Josua (Kapitel 24) hat mich besonders das Thema „Götter eurer Vorfahren" sehr beschäftigt. Wie sieht es damit in meinem Leben aus? Welche Werte, welche Lebensziele vermittle ich meinen Kindern? Und zwar nicht durch das, was ich sage. Sondern durch das, was ich lebe! Denn niemand beobachtet mich so genau wie meine Kinder. Sie nehmen sehr deutlich wahr, welche Dinge mir wichtig sind. Was meine Gedanken und Gefühle wirklich beschäftigt. Was möchte ich meinen Kindern mitgeben für ihr Leben? Wie lebe ich ihnen meine Beziehung zu Jesus Christus vor – mittendrin in den Herausforderungen des Alltags?

Josua macht mir Mut, mit Gottes Hilfe gegen die „anderen Götter" anzugehen und „entschlossen dem Herrn zu dienen." Nicht nur, aber auch um meiner Kinder willen.

*Andreas Utsch*

*Ich bin verheiratet und Vater von vier Kindern. Wir leben als Familie in Nürnberg und gehören dort zur Freien evangelischen Gemeinde. Ich arbeite als kaufmännischer Angestellter. Meine freie Zeit verbringe ich am liebsten mit meiner family.*

## Dienstag, 3. September

*Josua 21,43-45* → *GNB/AT 220*

### Gott hält Wort!

Bei uns zu Hause hängt an der Wand ein Poster mit einer schönen Landschaftsaufnahme. Aber noch besser als das Bild gefällt uns der Spruch am unteren Rand: „God keeps his promises" - „Gott hält seine Versprechen." Diese ermutigende Erinnerung an Gottes Treue möchten wir uns keinen Tag entgehen lassen.
So sieht es auch Josua. Die Landnahme ist abgeschlossen und er zieht Bilanz. Das Fazit lautet: Gott hat *alle* seine Zusagen erfüllt! Sechsmal steht im Text „alles" oder „ganz". Diese Erkenntnis ist so wichtig, dass sie mehrmals wiederholt wird. Gott hält sein Wort.
Wenn wir doch diese Botschaft der Treue Gottes für uns persönlich in unserem Herzen behalten und dort fest verankern könnten! Vermutlich sind wir noch nicht in „Kapitel 21" unseres Lebens angekommen. Wir sind noch *mittendrin* in den Kämpfen und Problemen des Lebens. Vielleicht sieht Ihr Leben auch gerade eher nach Niederlage als nach Sieg aus. Wenn Sie momentan in einer Krisensituation sind, dann lassen Sie sich von der Erfahrung des Volkes Israel ermutigen: Gott ist auch Ihnen treu!
Und wenn Ihnen in Ihrem Leben gerade vieles gelingt, dann freuen Sie sich daran. Und danken Sie Gott dafür!
*Andreas Utsch*

## Mittwoch, 4. September

*Josua 23,1-8.11* → *GNB/AT 222*

### Die Liebe macht´s möglich

Vor 25 Jahren war ich bei einer jungen Dame zum Frühstück eingeladen. Sie wohnte in Nürnberg, ich in Bonn. Also musste ich sehr früh aufstehen, um rechtzeitig dort zu sein. Erstaunlicherweise machte mir das nichts aus. Was motiviert einen ausgesprochenen Langschläfer dazu, mitten in der Nacht aufzustehen und dabei noch fröhlich zu sein? Die Liebe! Inzwischen sind wir seit 20 Jahren glücklich verheiratet...
Was ist der Schlüssel dafür, dass das Land Kanaan inzwischen von Israel bewohnt wird? Wie kann die erfolgreiche Landnahme fortgesetzt werden? Josua weiß: Neben Gottes Treue (um die er sich interessanterweise keine Sorgen macht) hängt alles davon ab, ob auch Israel zukünftig treu zu Gott steht. Es ist spannend zu sehen, wie Josua das Volk motiviert, Gott treu zu bleiben. Er weiß: Die einzige Macht, die fröhlichen Gehorsam bewirken kann, ist Liebe. Siehe oben!
Daher sein eindringlicher Appell an Israel damals – und an uns heute: „Auch in Zukunft hängt euer Leben davon ab, dass ihr allein den Herrn, euren Gott, liebt." Darum lautet mein Gebet: „Herr Jesus, danke für deine Liebe zu mir! Bitte fülle mein Herz heute neu mit Liebe zu dir. Amen."
*Andreas Utsch*

*Eindrücklicher Geschichtsunterricht*

Mit seiner letzten Rede zeigt Josua dem Volk in großen Linien auf, woher es kommt. Was die Basis seiner heutigen Existenz ist. Er erinnert sie an die geschichtliche Wirklichkeit, auf der ihr Glaube beruht.

Es war Gottes freiwillige Initiative, Abraham, den Stammvater Israels, auszuwählen. Allein Gottes buchstäblich *wunder-vollem* Handeln ist es zu verdanken (16 Mal „ich"!), dass aus einem Menschen ein ganzes Volk entstanden ist. Alles, was Israel ausmacht, ist Geschenk Gottes. Nichts können sie sich selbst oder ihrem eigenen Vermögen zuschreiben. Dieser Überblick über Israels Geschichte macht deutlich: Israel ist ein einziges Wunder Gottes! Die Berufung seiner Urväter, die Sklavenzeit in Ägypten, 40 Jahre Wüstenwanderung bis hin zur Eroberung des Landes Kanaan ist eine Ansammlung von Unmöglichkeiten. Diese Geschichte lässt alles erwarten, nur nicht ein eigenständiges Volk. So hat Israel seine Identität allein in der Gnade Gottes. Durch Gott ist Israel. Ohne Gott ist Israel nichts. Überdenken Sie unter diesem Blickwinkel Ihre eigene Geschichte: Wie sind Sie mit Gott in Kontakt gekommen? Was macht Ihre Identität aus? Gibt es auch in Ihrem Leben Grund, Gott zu danken?

*Andreas Utsch*

*Ungeteilte Liebe*

Kurz vor seinem Tod fordert Josua von Israel eine Grundsatzentscheidung: „Wem wollt ihr dienen: Gott? Den Göttern eurer Väter? Den Göttern der Menschen um euch herum?"

Diese Frage steht für uns heute ebenso. Wir können nur einem Gott folgen! Und wie viele „Götzen" gibt es, die uns von Gott wegziehen wollen. Die meisten haben mit Sex, Macht und Geld zu tun.

Unser menschliches Wesen ist von *Halb-Herzigkeit* geprägt. Wir glauben in unserer Selbstüberschätzung, dass wir vor Gott mit faulen Kompromissen bestehen können. Doch Josua macht klar: „Gott erwartet von euch *ungeteilte* Liebe!"

Ist es da verwunderlich, dass er zu dem frustrierenden Schluss kommt: „Stellt euch das nur nicht so leicht vor." Gott aus eigener Kraft ungeteilt zu lieben ist menschlich unmöglich! Doch soll uns dieses ehrliche Eingeständnis nicht in die Verzweiflung treiben, sondern zu Demut und zu Gott selbst.

Denn: „Gott widersetzt sich den Überheblichen, aber denen, die gering von sich denken, wendet er sein Liebe zu." (1 Petrus 5,5) Reden Sie im Gebet offen mit Gott. Bekennen Sie Ihre Unfähigkeit, ihm aus eigener Kraft mit ungeteiltem Herzen nachzufolgen. Und bitten Sie ihn um seine Hilfe!

*Andreas Utsch*

## Samstag, 7. September

*Josua 24,22-31 → GNB/AT 223*

*Es ist nicht alles Gott, was glänzt!*

Am Ende des Buches Josua lautet die entscheidende Frage: Wie geht es weiter mit dem Volk Israel? Hält es Gott die Treue? Wird es am Ziel ankommen?
Die große Gefahr und Versuchung, die Josua sieht, sind „die fremden Götter, die ihr noch bei euch habt." Denn die setzen alles daran, das Volk von Gott wegzuziehen! Deshalb ist Josua konsequent und fordert: „Schafft die fremden Götter fort, die ihr noch bei euch habt!"
Woran erkennen wir aber solche Götter? „Alles, was uns wichtiger ist als Gott, was unsere Gedanken und Gefühle mehr gefangen nimmt als er und von dem wir uns das versprechen, was nur Gott geben kann, ist ein Götze."* Ich frage Sie jetzt ganz konkret: Welche

*Götzen*, welche *fremden Götter* gibt es noch in Ihrem Leben? Wirkliche Lebenserfüllung finden wir nur in einer Beziehung zu Gott, durch seinen Sohn Jesus Christus. Wenn wir das erkennen und erfahren, dann werden wir bereit, die Götzen unseres Lebens „fortzuschaffen". Das ist allerdings kein einmaliger Akt. Das ist eine Lebensaufgabe!
Für mich ist Josua ein großartiges Vorbild dafür, wie erfüllt ein Leben verlaufen kann, wenn wir Gott den ersten Platz darin geben.
*Andreas Utsch*

*\*Tim Keller: „Es ist nicht alles Gott , was glänzt", Gerth Medien GmbH, Asslar 2011, S. 18; ein hervorragendes Buch zum Thema*

## Sonntag, 8. September

*Psalm 135 → GNB/AT 589*

*Schon vergessen?*

„Ich hatte ganz vergessen, wie schön das immer war", sagte eine Freundin zu mir, nachdem wir einen ganzen Abend beim Italiener verquatscht hatten. Eingespannt in Job, Familie und Haushalt war in den letzten Jahren wenig Platz für solche Unternehmungen. Wie schnell verlieren wir aus dem Blick, was uns gut tut. Was wir wirklich zum Leben brauchen. Was kann uns helfen, uns zu erinnern?
*Halleluja - preist den Herrn, lobt den Namen des Herrn!*
Diese Aufforderung zieht sich durch den Psalm. Immer wieder ruft der Beter: „Lobt Gott! Er ist der Schöpfer, der Retter. Der, von dem alles abhängt."
Ich kann fast hören, wie eindringlich die Stimme des Psalmbeters hier klingt.
Denn er ist verzweifelt darüber, dass auch damals die Menschen vergesslich waren: „Hey, denkt daran: *Er* war es, der euch gerettet hat. Ihr habt es doch in eurer Geschichte erfahren. Gott ist zuverlässig. Er sorgt für euch!"
Und er hat auch eine klare Vorstellung davon, was gegen das Vergessen hilft: *Alle, die ihr dem Herrn in Ehrfurcht begegnet - lobt ihn.*
Denn, wenn wir *Gott* loben, bleibt das in *uns* nicht ohne Wirkung. Indem wir aussprechen, was Gott Gutes für uns tut, beginnt es für uns Wirklichkeit zu werden. Probieren Sie es heute aus!
*Anneke Pilgrim*

## Montag, 9. September

*Lukas 14,1-6 → GNB/NT 99*

*Ganz schön mutig*

Sie bekommen mit, wie Ihr Chef eine Kollegin anbrüllt. Setzen Sie sich für die Frau ein? Keiner aus Ihrer Nachbarschaft redet mit der Familie, die neu in die Straße gezogen ist. Klopfen Sie an ihre Tür? Sie sitzen mit Freunden beim Abendessen. Alle lachen über eine Bekannte. Sagen Sie laut und deutlich, dass Sie das nicht gut finden?
Ich ertappe mich oft dabei, dass ich nicht mutig bin. Ich habe Angst, allein dazustehen, abgelehnt zu werden, nicht mehr dazuzugehören.
Jesus ist dieses Risiko eingegangen, immer wieder, bis in die letzte Konsequenz, den Tod. Er hat sich für die eingesetzt, die Hilfe brauchten - im Zweifelsfall auch gegen religiöse und gesellschaftliche Konventionen. Wie in der Geschichte heute. Weil er eben nicht alleine war, sondern auf die Liebe und die Kraft seines himmlischen Vaters vertraut hat.
Solche Geschichten von Jesus machen mir Mut. Sie erinnern mich daran, dass auch ich ein geliebtes Kind Gottes bin. Und deswegen brauche ich keine Angst zu haben, mutig zu sein. Denn mit ihm an meiner Seite kann ich gar nicht alleine dastehen.
*Anneke Pilgrim*

*Lukas 14,7-14 → GNB/NT 99*

*Lukas 14,15-24 → GNB/NT 100*

### Bitte nach Ihnen!

„Mir macht es nichts aus, im Hintergrund zu bleiben", sagte neulich eine Kollegin zu mir. Wir hatten gemeinsam ein Projekt vorbereitet. Jetzt war die Frage, wer der Abteilung die Ergebnisse präsentieren sollte.

„Aber das ist doch *die* Gelegenheit, den anderen zu zeigen, was wir drauf haben", wandte ich ein. Nicht nur im beruflichen Zusammenhang geht es darum, sich zu beweisen, etwas darzustellen, möglichst besser zu sein als andere. Wer anderen den Vortritt lässt, hat schon verloren.

Gott legt andere Maßstäbe an. Gerade nicht diejenigen, die am besten ihre Ellenbogen einsetzen, kommen bei ihm an erster Stelle. Gott verteilt keine Belohnung für gute Leistungen. Wer sich selbst erniedrigt, den wird Gott ehren. Was für eine Entlastung. Ich muss nicht dauernd die Nase vorn haben. Ich muss um meinen Wert nicht kämpfen, denn den habe ich von Gott bekommen. Das gilt ein für alle Mal, egal was ich tue, egal, was mir passiert. Und weil Gott so großzügig zu mir ist, darf auch ich anderen gegenüber großzügig sein.

*Anneke Pilgrim*

### Ent-täuscht

Ist Ihnen das auch schon mal passiert? Sie wollen jemandem eine Freude bereiten, der Ihnen am Herzen liegt. Sie machen sich Gedanken, planen, investieren eine Menge Zeit in die Vorbereitungen. Sie sind voller Vorfreude. Und dann kann der andere gar nichts mit Ihrem Geschenk anfangen.

Es bleibt nicht aus, dass andere Menschen uns enttäuschen. Oder dass wir andere Menschen enttäuschen. Oft gehen daran Beziehungen kaputt.

Gilt diese Erfahrung auch für die Beziehung zwischen Gott und den Menschen?

Gott wird uns in dieser Geschichte als großzügiger Gastgeber beschrieben. Nach menschlichem Ermessen müsste er maßlos enttäuscht sein, dass seine Einladung ausgeschlagen wird. Aber Gott begegnet uns Menschen anders. *Ent*täuscht wird nämlich nur, wer sich *ge*täuscht hat.

Gott sieht Sie und mich, wie wir sind. Auch mit unseren Schwächen und Fehlern. Und über nichts freut es sich mehr, als wenn wir zu ihm kommen. Was für ein Trost. Was für eine Hoffnung. Gottes Haus steht für alle offen, die zu ihm kommen wollen. Manchmal finden wir die Tür erst nach Umwegen. Aber sie ist offen.

*Anneke Pilgrim*

### Konsequenzen

„Nun komm doch mit! Das wird bestimmt ganz toll." Lassen Sie sich gerne von der Begeisterung anderer mitreißen? Es kann eine gute Erfahrung sein, Bedenken in den Wind zu schlagen. Auf diese Art und Weise erleben wir manchmal unerwartete Dinge - ein tolles Konzert, einen schönen Kinoabend, einen Kurzurlaub am Meer, eine wertvolle Begegnung. Manchmal ist es gut, nicht lange zu grübeln, sondern einfach loszugehen.

Hier sagt Jesus allerdings: „Überleg es dir gut!" Für ihn wäre es ein Leichtes gewesen, Menschenmengen zu begeistern und mitzuziehen. Aber ganz offensichtlich möchte Jesus Menschen nicht überreden oder manipulieren. Denn ein Leben mit ihm hat Konsequenzen. Und das verschweigt er nicht.

Ein Leben mit Jesus fordert mich heraus, meine Prioritäten neu zu setzen. Es fordert mich heraus, alte Gewohnheiten aufzugeben und vielleicht auch manchen Konflikt zu riskieren.

Der Glaube ist kein überschwängliches Gefühl. Der Glaube ist eine Entscheidung: Ja, ich will dir vertrauen, Jesus: Du gehst mit mir den richtigen Weg. Und ich folge dir.

*Anneke Pilgrim*

### Geschenkt!

Ich kann mir die Szene so richtig vorstellen. Mit jeder Pore strahlen die Pharisäer und Schriftgelehrten Empörung aus. Warum gibt Jesus sich mit diesen Leuten so viel Mühe? Die sind es doch nicht wert.

In jeder Gesellschaft gibt es die Erfolgreichen, die es geschafft haben. Und es gibt die Verlierer, die es eben nicht gepackt haben. Wie oft schwingt denen gegenüber auch bei mir der Gedanke mit: Irgendwie sind die doch selbst schuld. Die, die keine Arbeit haben. Die, deren Ehen kaputt gegangen sind. Die, die auf die schiefe Bahn geraten sind.

Für die Pharisäer ist es nicht zu ertragen, dass sich Jesus solchen gescheiterten Menschen zuwendet. Sie sind überzeugt, sie selbst hätten diese Aufmerksamkeit viel eher verdient. Bei der vorbildlichen Lebensführung, die sie vorzuweisen haben. Wenn Jesus die Menschen rettet, die selbst nichts für ihre Rettung getan haben, was ist es dann noch wert, was die Pharisäer in ihrem Leben geleistet haben?

Kann ich annehmen, dass Jesus mir seine Liebe und Fürsorge *schenken* möchte?

*Anneke Pilgrim*

*„Wo schaust du hin in deinem Leben?"*

Seit ich den lebendigen Gott kennengelernt habe, ist das eine der wichtigsten Fragen, die er mir immer wieder stellt. Wie oft ertappe ich mich dabei, nur das wahrzunehmen, was schief gegangen ist. Was ich nicht erreicht habe. Wo Menschen mich enttäuscht haben. Wo das Leben ungerecht zu mir war. Und ich vergesse alle guten Erfahrungen, die das Leben mir geschenkt hat und immer wieder schenkt.

Halleluja, denn gut ist der Herr. Mir hilft es, so einen Vers wie aus Psalm 135 zu lesen, laut auszusprechen, immer wieder vor mich hin zu murmeln. Die Worte mit in meinen Tag zu nehmen. Nicht, weil sich dann alles Schwere in Luft auflöst. Sondern, weil so Gottes Stimme für mich hörbar wird. Der mir ganz persönlich zusagt: Ich bin bei dir und ich lasse dich nicht los. Das hast du schon erfahren, und das gilt auch weiterhin. Vertrau mir.

*Anneke Pilgrim*

*Ich bin 48 Jahre alt, Politologin, verheiratet und Mutter von drei Kindern. Ich bin daneben gern als Referentin und Predigerin in der evangelischen Kirche unterwegs. Die Balance zwischen familiären Aufgaben und eigenen, auch beruflichen, Plänen ist immer wieder eine Herausforderung für mich. Wie gut, dass Gott mich einlädt, meine Begrenzungen zu akzeptieren und seine Hilfe anzunehmen.*

## Samstag, 14. September

*Lukas 15,11-24 → GNB/NT 101*

*Frei werden*

Der Sohn packt seine Sachen und geht. Wie viele Eltern und Kinder müssen mit dieser Situation leben: Es gibt keinen Kontakt mehr. Neben Wut, Verletzung und Trauer kämpfen die Beteiligten auch oft mit einer großen Hilflosigkeit. „Die verstehen mich einfach nicht, da kann ich sagen, was ich will."
Zunächst einmal auf Abstand zu gehen, kann eine Hilfe sein. Und der Vater hält den Sohn in der Geschichte auch nicht zurück. Aber der Verlauf zeigt uns, dass der Konflikt den jungen Mann einholt und sein Leben zu zerstören droht.
„Ich bin schuldig geworden. An Gott und an meinem Vater." Es geht in dieser Geschichte nicht darum, dass der Sohn bei seinem Vater „zu Kreuze" kriechen muss. Die Lebenserfahrung sagt uns, dass zu einem Konflikt meist zwei Parteien gehören.
Diese Geschichte lädt Sie und mich zuerst dazu ein, vor Gott ehrlich zu werden. Mit Gottes Hilfe hinzuschauen, wo mein Leben nicht in Ordnung ist. Gott möchte Sie und mich von dem befreien, was uns zerstört. Wir dürfen darauf vertrauen, dass er uns dann auch die Kraft gibt, den nächsten Schritt zu gehen.
*Anneke Pilgrim*

## Sonntag, 15. September

*Lukas 15,25-32 → GNB/NT 101*

*Feiern und Freuen*

Als ich zum Glauben an Jesus Christus fand, schloss ich mich einer sehr strengen christlichen Gruppe an. Hier wurde unter anderem vermittelt, dass man nur christliche Musik hören darf. Das war für mich als Teenager besonders einschneidend. Viele meiner Schallplatten landeten auf dem Müll. Gott war für mich vor allem ein strenger Herrscher - nach dem Vorbild meines Vaters. Wer etwas falsch machte, wurde bestraft.
So ähnlich scheint es dem älteren Sohn gegangen zu sein. Tag und Nacht hat er für seinen Vater gearbeitet. Die schönen Dinge, die der Vater ihm schenken wollte, hat er nicht gesehen. Nicht erlebt. Sich nicht daran gefreut. Gott möchte nicht, dass wir in seinem Namen *unsere* Regeln aufstellen. Die wir einhalten und auch anderen aufzwingen, damit wir „gute Christen" sind.
Wir sollen uns an das halten, was in Gottes Wort steht. Darauf vertrauen, dass Gott uns liebt. Das genügt. Dabei darf es uns auch gut gehen. Wir dürfen feiern und uns freuen! Wenn wir das nicht (mehr) können, dann stimmt etwas nicht.
*Kathrin Grüner*

## Montag, 16. September

*Lukas 16,10-13 → GNB/NT 102*

### Mein Geld gehört mir!?

Neulich fiel mir beim Friseur eine Zeitschrift in die Hände, die ich sonst nicht lese. In einem Artikel ging es um drei Frauen. Ihr Leben wurde beschrieben, ihr Kleidungs- und Einrichtungsstil dargestellt. Ich habe nur gestaunt: So viel Geld geben die für Schuhe, Klamotten und Möbel aus? Das könnte ich mir nicht vorstellen. Abends in den Nachrichten sehe ich dann, dass viele Menschen zu wenig Geld verdienen. Dass alles für Wohnung und Essen draufgeht, wenn es dafür überhaupt reicht. Auch in unserem reichen Europa!

Ich frage mich, welche persönlichen und politischen Umstände dazu geführt haben, dass so vielen Menschen das Notwendige zum Leben fehlt. Die Diskrepanz zwischen denen, die kaum das Nötige haben, und denen, die anscheinend ohne nachzudenken Ressourcen verschwenden, wird mir überdeutlich.

Und ich merke: Mein Geld gehört nicht mir! Gott hat mir die Fähigkeiten gegeben, die ich brauche, um meinem Beruf nachgehen zu können. Ich verdiene mein Geld mit seiner Hilfe.

Damit trage ich auch Verantwortung, mit meinem Geld so umzugehen, wie er es möchte.

*Kathrin Grüner*

## Dienstag, 17. September

*Lukas 16,19-24 → GNB/NT 103*

### Die Not vor meiner Tür

Wir mussten vor kurzem ziemlich unerwartet umziehen. Natürlich gab es da entsetzlich viel zu tun. Wer zieht schon gern mit seiner Familie, Haustieren und dem kompletten Hausstand *mal eben* um? Und außerdem bin ich auch noch berufstätig. Eine Verwandte bot mir an, in dieser turbulenten Zeit an *einem* Nachmittag *zwei* Stunden auf unsere Tochter aufzupassen. Sie ist Rentnerin und hat viel Zeit.

Der Umzug hat mich enorm mitgenommen. Auch Wochen danach schleppe ich mich recht müde durch die Tage. Denn schließlich muss alles auch wieder ein- und aufgeräumt werden – neben Familie, Haustieren und Beruf.

Da treffe ich auf der Straße meine Verwandte. „Du siehst müde aus. Du solltest dich mal etwas ausruhen", sagt sie zu mir. Ich sehe sie an und fühle mich total verschaukelt! Wie soll ich das denn machen, wenn mir keiner hilft? Auch sie nicht!

Diese persönliche Erfahrung und der Text heute machen mir klar: Ich will lernen auf die Menschen *vor meiner Tür* zu achten. Ihre Bedürfnisse wahrnehmen. Ich will meine Augen nicht vor ihrer inneren oder äußeren Not verschließen. Ich will merken, wenn andere Hilfe brauchen. Und ihnen im Rahmen meiner Möglichkeiten helfen. Mit Gottes Hilfe.

*Kathrin Grüner*

*Lukas 16,25-31* → *GNB/NT 103*

*Lukas 17,7-10* → *GNB/NT 104*

## Glaube und Wunder

Ich habe schon oft erlebt, dass Gott konkret in mein Leben eingegriffen hat. Er hat sich mir sehr persönlich gezeigt. Er hat mir auch schon auf Weisen geholfen, die ich als *übernatürlich* bezeichne.
Trotz dieser *Wunder* hatte ich aber immer wieder auch Krisen. Situationen, in denen ich mich gefragt habe, ob es Gott tatsächlich gibt. Zeiten, in denen mein Glaube auf der Kippe stand. Mehr als einmal habe ich Gott gesagt, dass ich so nicht weitermachen möchte.
Die erlebten *Wunder* Gottes in meinem Leben haben meinen Glauben nicht unumstößlich gemacht. Gefestigt wurde er vor allem dadurch, dass ich trotz der Probleme an Gott festgehalten habe. Dass ich seinen Zusagen, seinem Wort vertraut habe. Auch als es eng wurde und dunkel in meinem Leben. Und gerade dann habe ich es immer wieder erlebt, dass Gott mich hält.
Es geht darum, *jetzt*, in der Gegenwart, auf das zu hören, was Gott uns sagt. Durch sein Wort. Wie bei dem reichen Mann und seiner Familie wissen wir eigentlich alles, was wir wissen müssen! Wir müssen uns nur daran halten. Sonst helfen auch keine Wunder.
*Kathrin Grüner*

## Immer weiter!

Es war eine mitreißende Predigt, die ich da als junge Frau hörte. Die Worte klingen mir noch heute in den Ohren: „Immer kämpfen", sagte der Redner. „Bei Gott geht es immer darum zu kämpfen, weiterzumachen, dabei zu bleiben."
Diese Worte habe ich in meinem Leben in vielen Situationen praktisch begreifen gelernt. Dranbleiben an Gott, weitermachen für Gott - trotz Krankheit, Arbeitslosigkeit, unerfülltem Kinderwunsch... Immer wieder musste ich mich darauf einlassen, dass Gott nicht nur der liebende Vater ist. Sondern auch der große, unbegreifliche Gott. Der in unserem Leben Dinge geschehen lässt, die wir nicht verstehen. Der uns etwas abfordert.
Meine Liebe zu Jesus wird nicht zuerst in großen Gefühlen im Gottesdienst deutlich, sondern im Alltag. Sie zeigt sich daran, wie ich mit Situationen umgehe, in denen ich am Ende bin. An meine Grenzen stoße. Wie sehen dann mein Glaube und der Umgang mit meinen Mitmenschen aus? Weiter für Jesus arbeiten, dranbleiben, nicht müde werden. Das ist eine große Herausforderung. „Jesus, ich liebe dich" bedeutet „Jesus, ich will deinen Willen tun." Auch wenn es für mich manchmal unbequem, anstrengend und herausfordernd ist.
*Kathrin Grüner*

## Freitag, 20. September

*Lukas 17,11-19* → *GNB/NT 104*

### Gott sei Dank

„Da kann man nur noch beten." Diesen Satz höre ich öfter. Vor allem, wenn es um schwierige Situationen geht. Gebet als letzte Möglichkeit. Als letzte Hoffnung, wenn alles andere ausgeschöpft ist. Das impliziert, dass Gott vor allem ein Nothelfer ist. Er soll mir helfen, wenn es mir schlecht geht. So sehen es vielleicht auch die zehn Leprakranken in dieser Geschichte. Sie bitten Jesus um Heilung. Sie glauben daran, dass er heilen kann. Sie gehen auf sein Wort hin los und werden tatsächlich gesund.

Aber nur einer kehrt zurück, um Gott dafür zu danken! Nur einer sucht tatsächlich eine Beziehung zu Jesus, die über die Heilung seines Körpers hinausgeht. Und das ist ausgerechnet der Eine, der *kein* Jude ist, sondern ein Samariter. Er gehört zu dem Volk, mit dem die Juden nichts zu tun haben wollen. Das sie verachten. Ein Ausländer.

Gott liebt jeden Menschen, der mit ihm eine Beziehung eingehen möchte. Diese Beziehung macht den Glauben aus und führt zur Rettung.

Wenn ich darüber nachdenke, was das für mich bedeutet, dann kann ich nur noch beten: Gott sei Dank!

Nehmen Sie sich jetzt Zeit, um Gott die Ehre zu geben und ihm zu danken. Für alles, was er Ihnen in Ihrem Leben geschenkt hat.
*Kathrin Grüner*

## Samstag, 21. September

*Lukas 18,1-8* → *GNB/NT 105*

### Die bittende Witwe

Ich wurde in meinem Elternhaus streng erzogen. Ich habe als Kind gelernt, dass es wenig Sinn hat, meine Wünsche auszudrücken. Sie wurden in der Regel nicht erfüllt. Mit der Zeit lernte ich immer mehr, mich zurückzunehmen. Ich habe mich angepasst und mich bemüht, nicht unangenehm aufzufallen.

Bei Gott scheinen andere Regeln zu gelten. So verstehe ich diesen Text. In ihm werden wir ermutigt, Gott regelrecht zu *nerven* mit unseren Bitten. Wir dürfen und sollen Gott sagen, was wir uns wünschen. Was wir brauchen. Nicht nur ein Mal. Nein, immer wieder! So lange, bis er es uns endlich gibt.

Dabei geht es der Witwe hier nicht um irgendwas. Nein, sie kämpft für das, was ihr rechtmäßig zusteht. Wie sollte uns ein barmherziger Gott das verweigern?

Eigentlich sträubt sich alles in mir, wenn ich diese Geschichte lese. Ich empfinde diese Art von Gebet fast als Missbrauch Gottes. Ich weiß gar nicht, ob ich das kann, Gott so auf den Wecker zu fallen.

Aber es steht in der Bibel. Darum habe ich mich entschlossen es auszuprobieren. Mit einer Sache, die mir sehr wichtig ist. Ich bin gespannt, was passiert.
*Kathrin Grüner*

*Lukas 18,9-14* → *GNB/NT 105*

*Lukas 18,15-17* → *GNB/NT 105*

*Stolz*

*Alles auf Anfang*

Das Internet-Lexikon *wikipedia* schreibt: *„Stolz ist das Gefühl einer großen Zufriedenheit mit sich selbst, einer Hochachtung seiner selbst."*
Der Pharisäer in der Geschichte findet sich eindeutig richtig großartig. Christen passiert das ja nicht oft, oder? Die kennen ja diese Geschichte. Die bemühen sich, bescheiden zu sein und nicht zu gut von sich zu denken. Dabei fallen sie manchmal auf der anderen Seite vom Pferd. Haben Sie das nicht auch schon erlebt? Jemand ist für eine bestimmte Sache begabt, aber scheinbar viel zu bescheiden, seine Gabe auch einzusetzen. Man will sich nicht in den Vordergrund drängen. Man will doch als Christ demütig sein. Ich denke, diese Haltung ist keine Demut, sondern eine andere Art von Stolz.
Denn wenn Gott uns beschenkt mit Gaben oder Vorzügen, dann möchte er auch, dass wir sie für ihn einsetzen. Wichtig ist dabei, in welcher Haltung wir es tun. Da können wir von dem Zolleinnehmer lernen. Der nicht großartig *von sich* denkt, aber von *Gott*. Darum lautet mein Gebet: „Schenk du mir alles, Gott. Denn ich kann nichts und bin nichts ohne dich. Sogar gegen dich wendet sich manchmal mein ganzes Wesen. Erbarme dich über mich und hilf mir, mein Leben für dich zu leben!"
*Constanze Nolting*

Vertrauensvoll legt die kleine Sophie die Scherben in meine Hand. „Kannst du wieder kleben!" behauptet sie im Brustton der Überzeugung. Ich kehre den Rest zusammen. Dann muss ich ihr sagen, dass ich die vielen Scherben auf keinen Fall wieder zu ihrem Porzellan-Küken zusammenkleben kann. Es sind einfach zu viele. Sie sind zu klein. Sophie geht enttäuscht davon. Die Großen können doch nicht alles.
Vielleicht sind es diese kleinen Erlebnisse, die uns langsam erwachsen werden lassen. Die die Einsicht in unseren Herzen reifen lassen, dass Glauben ja nichts nützt. Dass unsere Hoffnungen doch irgendwann enttäuscht werden.
Jesus dagegen ermutigt damals und heute seine Nachfolger dazu, ihren kindlichen Glauben aus dem Schutt von Enttäuschung und Frustration hervorzubuddeln. *Gott* ist ein Vater, der wirklich alles kann. Wirklich. Alles. Kann. Kinder wissen um ihre Bedürftigkeit und Abhängigkeit. Darum sind sie bereit zu empfangen. „Lasst euch wie Kinder Gottes Sicht auf die Welt schenken!", ermutigt Jesus. „Gott regiert, er hat die Macht und er handelt. Nehmt die Scherben eures Lebens und überlasst sie dem, der ein wunderschönes Kunstwerk daraus gestalten wird."
*Constanze Nolting*

## Dienstag, 24. September

*Lukas 18,18-27 → GNB/NT 105*

### „Tein Platz mehr!"

Freudig spielt mein kleiner Sohn am Küchentisch. Heute habe ich ihm „Mixi" mitgebracht, den kleinen orangefarbenen Betonmischer der Baufahrzeugserie, die er so liebt. Nun baut er die anderen Autos zur Begrüßung auf. Nach dieser Zeremonie sollen alle ins Kinderzimmer verfrachtet werden. Er stapelt die Fahrzeuge auf seine Arme, sogar am Zeigefinger baumelte ein Bagger. Aber wohin mit Mixi? Er stutzt und muss einsehen: Mixi kann er nicht auch noch tragen. Er hat einfach schon zu viel in seinen Händen. Aber in der Küche stehenlassen? Wo er endlich am Ziel seiner Baustellen-Träume ist? Das geht natürlich nicht. Während er verstört auf seinen Stuhl sinkt, weint er laut los und jammert: „Tein Platz mehr, tein Platz!"

Vielleicht hat Jesus auch für mich ein großartiges Geschenk. Er weiß ja, wonach ich mich sehne. Dass ich ihm von Herzen nachfolgen möchte. Doch der Text stellt mich infrage. Ich habe auch so viel: Gehalt, Erspartes, Auto, Wohnung, Urlaub, Familie, Freunde... Ist mein Leben zu voll mit Dingen, die *mir* wichtig vorkommen? Ist da am Ende „tein Platz" mehr für das, was *Gott* wichtig ist? Was er mir schenken möchte? Was muss ich vielleicht loslassen?

*Constanze Nolting*

## Mittwoch, 25. September

*Lukas 18,28-30* → *GNB/NT 106*

*Es lohnt sich*

Ich bin 46 Jahre jung und fröhlichen Mutes, dass erst die Hälfte meines Lebens rum ist. Und wie geht es dann weiter für mich, wenn mir Gott noch 45 Jahre schenkt? Die ich für ihn auf dieser Welt leben darf?
Bisher lief vieles nach *meinem* Plan: *Ich* habe mir meinen Beruf gewählt. *Ich* habe geheiratet. *Ich* habe zwei Kinder bekommen. *Ich* habe ein Haus bauen lassen. Durch den Text höre ich, dass Jesus mich fragt: „Hast du das für das Reich Gottes getan?"
Wenn *mein* Leben doch Gott gehört, warum vertrödele ich dann so viel Zeit, Energie und Geld für Dinge, die nicht wichtig in *seinen* Augen sind? Ich glaube, mein Mann und die Kinder sind wichtig und Gott hat sie mir anvertraut. Aber wie viel wertvolles Leben verplempere ich anderswo? Wie viel Kraft geht verloren, indem ich sie z. B. in materielle Dinge investiere?
Ich habe darum angefangen, *mein* Leben zu ändern. Das ist schwer. Aber ich will weglassen, was mir und dem Reich Gottes schadet. Auch wenn es etwas kostet. Jesus darf meinen Charakter und meine Ziele verändern. Denn ich traue dem Versprechen, das er damals wie heute seinen Nachfolgern gibt: Wer für ihn und sein Reich etwas aufgibt, der wird dafür belohnt – in dieser Zeit und in der Ewigkeit!
*Constanze Nolting*

## Donnerstag, 26. September

*Psalm 128* → *GNB/AT 587*

*Gott segnet!*

Kennen Sie solche Menschen, die gleich anfangen zu klagen, wenn Sie mit ihnen sprechen? Die sich in düsteren Bildern ausmalen, was ihnen und ihren Lieben Schlimmes zustoßen kann? Die lange an negativen Dingen festhalten, die sie erlebt haben?
Die Bibel lädt uns zu einem anderen Blickwinkel auf unser Leben ein. Ohne allerdings das Schwere oder Traurige zu ignorieren. Sie ermutigt uns aber, zuerst an Gottes Versprechen festzuhalten. Und auch laut auszusprechen, was er uns Gutes tun kann und wird (Vers 1a!).
Ich lade Sie ein, heute den Segen Gottes auch über Ihrem Leben auszusprechen. Egal, wie die Umstände gerade sind. Schreiben Sie auf einen Zettel: „Ich bin glücklich, denn ich fürchte den Herrn und gehe auf seinen Wegen! Ich werde die Frucht meiner Arbeit genießen. Ich werde glücklich sein und es wird mir gut gehen!"
Kleben Sie den Zettel an Ihren Spiegel oder an die Tür. Lernen Sie den Satz auswendig. Lassen Sie diese Zusage Gottes so Raum gewinnen in Ihrem Leben. Machen Sie das immer wieder, wenn Sie die guten Zusagen Gottes lesen. Die auch für Ihr Leben gelten! Sprechen Sie diese Sätze laut aus. Sie werden staunen, wie das Wort Gottes ihr Leben verändert. Ich habe es so erlebt.
*Constanze Nolting*

24. – 26. September

## Freitag, 27. September

*2 Könige 2,1-12 → GNB/AT 348*

### Kleben am Segen

„Ich weiche nicht von deiner Seite!" sagt der Verliebte, der ohne den anderen nicht mehr leben kann. Doch oft ist die *große Liebe* vor allem leidvolle Abhängigkeit. Besteht zwischen Elija und Elischa auch so eine Art emotionale Nabelschnur? Elischa weiß, dass Gott sehr bald seinen Lehrer Elija zu sich holen wird. Mehrmals wird er aufgefordert zurückzubleiben. Aber er will es nicht wahrhaben, scheint es zu verdrängen, bleibt stur an seiner Seite. Eigenartig! Oder gibt es vielleicht ganz andere Gründe für sein Dranbleiben? So ist es. Denn Elischa will unbedingt den Segen Gottes, um Elijas Auftrag weiterzuführen zu können. Denn das Volk Israel war in Götzendienst verstrickt und musste umkehren. Also ist das bei Elischa kein Hängen am Menschen, sondern Kleben am Segen. Und da steht Gott voll dahinter.
Das ist heute nicht anders. Wer dran bleibt, erlebt Wunder. Wer Gott treu ist und wirklich verstanden und verinnerlicht hat: *„An Gottes Segen ist alles gelegen!"* Da kann es vorkommen, dass wir Menschen des Glaubens nicht von der Seite weichen, weil wir wissen, dass wir durch sie gesegnet werden.
*Reinhold Frey*

## Samstag, 28. September

*2 Könige 2,12b-18 → GNB/AT 348*

### Trockenen Fußes durchgekommen

Das Missionszelt war bis auf den letzten Platz besetzt. Nach dem Vorprogramm sollte nun die Predigt beginnen. Plötzlich fing es heftig an zu regnen. Man konnte kein Wort mehr verstehen! Dann ein Gebet des Evangelisten. Außer mir, der ich als Diakon am Außenlautsprecher stand, konnte es im Sturmgetöse niemand hören. Es war ein kindliches Flehen. Und wirklich - Gott stellte den Regen ab und der Prediger kam ungestört durch den ganzen Vortrag. Sofort danach meldete sich das Unwetter zurück. Das war ein „Hammer-Erlebnis", das sich viele Jahre später wiederholte, als ich selbst der Redner im Zelt war. Elischa ruft: „Wo ist der Herr?" Und Gott antwortet, indem er ihn und seinen Auftrag als Nachfolger Elijas bestätigt: Elischa geht trockenen Fußes durch den Jordan.
Wie oft sind wir in Zweifel und Not und rufen: „Wo bist du, Gott?" Und das Wasser teilt sich *nicht*! Wir werden auch *nicht* blitzartig auf die andere Seite des Jordans „gebeamt". Ich lade Sie ein, einen Glaubensschritt zu wagen. Und dann noch einen... Im Vertrauen auf Gott werden wir trockenen Fußes durchkommen.
*Reinhold Frey*

### *Die Quelle des Lebens*

Mit der allgemeinen Gesundheitswelle hat sich die Ansicht durchgesetzt, dass wir mit Umweltgiften belastete Lebensmittel meiden sollen. Trinkwasser zum Beispiel muss frei von krankheitserregenden Organismen sein. In Europa wird dies durch die Trinkwasserverordnung garantiert. Dennoch kommt es immer wieder vor, dass Schadstoffe im Trinkwasser die Gesundheit belasten. In den Entwicklungsländern sterben Hunderttausende Menschen, besonders Kinder, an verunreinigtem Wasser.

Auch in Jericho starben damals Kinder durch *schlechtes* Wasser. Gott selbst reinigte es durch Elischa. Er machte damit deutlich, dass er die Quelle des Lebens ist. Und zwar eines gesunden Lebens für Leib *und* Seele.

Denn es darf nicht übersehen werden, dass häufig auch unsere *geistige* Nahrung vergiftet ist und die Seele krank macht. Kaum jemand hält es für notwendig etwa auf die Reinheit und Qualität der oft niveaulosen Medienberieselung zu achten.

Gott muss dringend reinigendes Salz in die Welt streuen. Genau das tut er auch. Durch Menschen, die ihm vertrauen und die so das Salz der Erde sind.

Wir haben viel zu tun! Unsere Haupt-Aufgabe ist es dabei, Menschen zur Quelle des Lebens zu führen: zu Gott selbst und seinem Wort.

*Reinhold Frey*

### *„Flasche leer…"*

„Ein neuer Härtefall für Schuldenberater Peter Zwegat, denn die alleinerziehende Mutter kann der Schuldenfalle ohne Hilfe nicht mehr entkommen." Schlagzeilen dieser Art kennen wir. Jeder kann schnell und unverschuldet in eine solche Situation geraten. Dann liegen die Mahnbescheide im Briefkasten, der Gerichtsvollzieher steht vor der Tür, das Konto wird gepfändet. Für die Betroffenen und ihre Familien ist das auch bei fachkundiger Beratung mit hohem Leidensdruck verbunden. Wir haben bei völlig überschuldeten Bekannten nicht nur Mitleid, sondern werden ihnen sicher auch praktisch helfen, so gut wir eben können.

Wenn auch vielleicht nicht ganz so *wunderbar* wie Elischa der Witwe: Die arme Frau war total am Ende. Flasche leer! Aber ihr wurde *voll* geholfen.

Das erinnert mich an das, was eine Frau bei einer Freizeit sagte: „Man könnte meinen, dass es mir nicht gut gehen kann: Ich habe keinen Mann, keine Kinder, kein Geld, keine Gesundheit. Aber ich habe Jesus. Und es geht mir gut." Die Frau war authentisch und ihre Worte beeindruckten uns alle sehr.

So kann unser Herz voll und unser Glaube groß sein. Und der schließt das Vertrauen ein, dass Gott uns versorgt. Auch wenn die Umstände schwierig sind.

*Reinhold Frey*

*Gastfreundschaft*

Die Gastfreundschaft der Deutschen wird unterschiedlich beurteilt. Die Theologin Margot Käßmann hält sie für „recht mager" ausgeprägt. Nach einer Umfrage bei der Fußball-WM 2010 fühlten sich allerdings die Gäste sehr willkommen. Und 93 % von ihnen bestätigten, dass Deutschland gastfreundlich sei. Deutsche sind vielleicht etwas reservierter und brauchen etwas länger um *aufzutauen* als andere Nationen. Meine persönliche Erfahrung dazu: Wenn ich zu Predigten oder Vorträgen in verschiedenen Gemeinden unterwegs bin, sind nie „Aufwärmphasen" nötig. Ich erlebe stets großartige und herzliche Gastfreundschaft. Meine Gastgeber haben diese Ermahnungen nie nötig: „Seid gastfrei ohne Murren" (1 Petrus 4,9) oder „Gastfrei zu sein vergesst nicht; denn dadurch haben einige ohne ihr Wissen Engel beherbergt" (Hebräer 13,2). Sie geben mir gern ein Stück Zuhause. Das erlebt auch Elischa. Darum wollte er seiner Gastgeberin aus Dankbarkeit unbedingt etwas wirklich Gutes tun. Das kann ich gut verstehen. Mir geht das auch so.

Darum lautet mein Gebet: *„Herr, segne meine liebevollen Gastgeber! Versorge sie, gib ihnen alles, was sie brauchen. Und wenn es sein kann, erfülle ihnen auch ihren Herzenswunsch."*
Reinhold Frey

*2 Könige 4,18-31* → *GNB/AT 351*

### Groß rauskommen

Haben Sie auch schon mal davon geträumt, *groß rauszukommen*? Als Held gefeiert zu werden? Es ist doch schön, gefragt und umjubelt zu sein.

Unsere Wirklichkeit sieht oft anders aus. Wir sind mitunter wenig überzeugend und stehen im Schatten anderer, die die Lorbeeren ernten. Damit können wir meist schlecht umgehen. Und wenn sich eine Gelegenheit bietet, schwingen wir unser Zepter... Elischa gibt seinem Diener Gehasi, der vielleicht auch nicht begeistert war, dass er vom Glanz seines Herrn so wenig abbekam, seinen Prophetenstab. Und damit eine Steilvorlage! J. G. von Herder schrieb 1821 zu diesem Text: „Freudig eilte Gehasi nach Schunem mit dem Wunderstabe des Propheten, nach welchem er so lange getrachtet hatte: denn längst hatte er ein Wunder zu thun begehret." War Gehasi würdig, den Stab der Vollmacht Gottes zu übernehmen? Ich glaube, er war ein Mensch, der auch in der Gemeinschaft mit Elischa kein Verständnis für das Handeln Gottes gewonnen hat. Obwohl sein misslungener Versuch nicht getadelt wird.

Ich lerne hier: Es ist nicht wichtig, groß rauszukommen und im Scheinwerferlicht zu stehen. Wohl aber, sich ins Licht Gottes zu begeben. Er durchschaut uns und gibt uns Gaben und Aufgaben, denen wir gewachsen sind.
*Reinhold Frey*

## Donnerstag, 3. Oktober

*2 Könige 4,32-37 → GNB/AT 351*

*Angst vor dem Tod?*

In seiner Erzählung „ Der Tod des Iwan Iljitsch" setzt sich Lew Tolstoi mit der menschlichen Angst vor dem Tod auseinander. Und der damit verbundenen Bloßstellung unserer Ohnmacht gegenüber diesem Schicksal. Der Mensch kann die Todesfrage nicht lösen. Er stößt hier an die Grenzen seiner Machbarkeit. Man kann den Tod verharmlosen, verdrängen oder auch sarkastisch ignorieren wie der griechische Philosoph Epikur. Der sagte: „Der Tod geht uns nichts an. Solange wir leben, ist der Tod nicht da. Ist der Tod aber da, existieren wir nicht mehr." Es hilft nichts: Angesichts des Todes sind wir alle mit unserer Weisheit am Ende. Nur Gott hat die Macht über den Tod. Das kann man glauben oder nicht. Skeptiker lassen sich davon nicht überzeugen. Der Jubel der Christenheit lässt sie kalt: „Tod, wo ist dein Stachel, Hölle, wo ist dein Sieg?!" Als Glaubende wurden wir vom *Mund* Gottes berührt und sind *warm* geworden. Er hat uns die Augen geöffnet. Wir glauben, dass Gott Jesus sandte, der den Tod überwunden hat.  Diese Tatsache wollen wir verinnerlichen und Jesus jeden Tag viel Raum in uns geben. Dann wird seine Liebe unsere Ängste im Zaum halten und auch die scheinbar übermächtige Angst vor dem Tod besiegen.
*Reinhold Frey*

## Freitag, 4. Oktober

*2 Könige 4,38-41 → GNB/AT 351*

*„Setzt den großen Topf auf!"*

Stellen wir uns das in einer tiefen Rezession als Schlagzeile in der Bild-Zeitung vor! Die haben wohl einen Sprung in der Schüssel, würde man sagen.
Vielleicht dachten die Prophetenschüler zunächst auch, dass Elischa nicht „ganz dicht" sei. Es herrschte Hungersnot. Sie hätten noch nicht einmal einen *kleinen* Topf füllen können. Aber sie befolgten Elischas Anweisungen, weil sie wussten, dass Gott ihn schon oft „wunder-voll" bestätigt hatte. Anstatt aber satt zu werden, wird es ihnen schlecht.
Das kennen wir doch. Wir sind in Not. Wir hoffen, beten, vertrauen Gott und meinen, Licht am Ende des Tunnels zu sehen. Dann aber stellt sich heraus, dass das Licht die Scheinwerfer eines entgegenkommenden Zuges sind. Da kann einem schon übel werden...
Georg Müller, der „Vater der Waisen" im 19. Jahrhundert in England, saß eines Morgens mit seinen vielen Kindern am Tisch und sollte das Tischgebet sprechen. Aber es gab weder Milch noch Brot. Er betete dennoch. Und mit dem *Amen* kam der Milchmann. Kurz darauf der Bäcker. Denken wir, dass Georg Müller immer so prompt bedient wurde? Weit gefehlt. Er musste mit vielen *Vergiftungen* fertigwerden. Aber wie Elischa hörte er nie auf, Gott zu vertrauen.
*Reinhold Frey*

## Samstag, 5. Oktober

*2 Könige 4,42-44* → *GNB/AT 352*

*„Es ist genug für alle da!"*

Unter diesem Motto führte „Brot für die Welt" vor einigen Jahren eine Hilfsaktion durch. Der Slogan sei bewusst provokant, sagte damals die Direktorin. Nach wie vor würden jährlich Millionen Menschen sterben, weil sie nicht genug zu essen bekommen. Davon seien insbesondere Kinder betroffen. Für viele wäre das Brot heute auf neue Weise unerschwinglich geworden. Kleinbauern müssten z. B. unter dem Konkurrenzdruck großer Agrarfirmen aufgeben.

Das Thema regt uns an und auf. Wir halten es für rücksichtslos und unannehmbar, dass Großkonzerne Menschen in armen Ländern ausbeuten. Da kommen Ärger und Wut hoch. Auf keinen Fall darf aber unsere Empörung zum Ersatz für unser Handeln werden. Jeder kann etwas tun. Wir wollen global denken und konkret handeln. Aber ist das nicht ein Tropfen auf einen heißen Stein?

Wir lesen im Text: „Wie soll das für *hundert* Männer reichen?" Wir sollten nie denken, dass unser relativ kleiner Beitrag wenig bringt! Denn mit jeder praktischen Tat setzen wir ein Zeichen. Und Gott kann daraus genug für alle machen!

*Reinhold Frey*

## Sonntag, 6. Oktober

*2 Könige 5,1-7* → *GNB/AT 352*

*Wenn Macht sich selbst gefällt*

Hat der syrische König nicht richtig zugehört? Wie kommt er darauf, seinem Amtskollegen in Israel einen Brief mit so missverständlichem Inhalt zu schreiben? Er bittet ihn um Unmögliches: Naaman zu heilen. Dabei hat die Dienerin klar und deutlich auf den Propheten verwiesen. *Der* kann das!

Vielleicht hat dieser Irrtum seinen Grund darin, dass der syrische König sich in seiner eigenen Macht gefällt: Wir Könige sind die Größten! Wir können einfach befehlen. Ich befehle dir zu heilen. Und du befiehlst der Krankheit zu verschwinden.

Machtgehabe aber sät Misstrauen. Der israelische König kennt seine Grenzen, weil er Gott kennt. Der Syrer will ihm ans Leder - befürchtet er. Die Machtfrage rollt von Palast zu Palast, schwer wie eine Kanonenkugel. Und schon droht Krieg.

Dass allein Gott die *Macht* hat, ist eigentlich klar. Aber es wird nicht danach gehandelt. Die Grenzen verschwimmen im menschlichen Machtgerangel. Schnell wird daraus ein handfester Machtkampf. Wer ruft „Halt!"?

Wir brauchen ein Stoppschild, wenn wir uns aufgeblasen gegenüberstehen. Jeder mit seiner Macht in der Hand. Gott allein ist unser Halt. Und das gilt durchaus im doppelten Wortsinn.

*Tanja Jeschke*

## Montag, 7. Oktober

*2 Könige 5,8-19a → GNB/AT 352*

*Die Macht der Vorstellung*

Es gibt eine Macht, die sich raffiniert hinter unseren Vorstellungen verbirgt. Diese Macht kann verhindern, dass Gottes Liebe für uns spürbar wird.
Wir sehen diese Macht bei Naaman. Er kann sich nicht vorstellen, dass es reichen soll, wenn er für seine Heilung im Jordan badet. Das ist doch viel zu einfach. Oder zu dreckig. Oder zu unspektakulär. Will Elischa ihn lächerlich machen?
Aber Gottes Vorgehensweise ist für jeden Menschen maßgeschneidert. Naaman soll nicht einfach nur baden. Er soll in diesem Akt seine Denkweise ins Wasser werfen! Die lautet: „Ich weiß, wie es geht!" Naaman erlebt eine Art Taufe, als er sich umstimmen lässt und doch tut, was Elischa ihm befiehlt. Er taucht aus dem Wasser als neuer Mensch wieder auf: Gottes Wege sind anders als gedacht. Jetzt erkennt er den wahren Gott!
Bei Maik war es ähnlich: Er wollte eine Frau. Aber die sollte ihn sozusagen auf der Stelle umwerfen mit ihrer Schönheit. Dann tauchte Lisa-Marie auf. Schön im gängigen Sinn war sie nicht. Aber ihr Lachen! Damit steckte sie Maik an. Und als er *seine* Vorstellung von Schönheit über Bord warf, konnte Gott ihn endlich mit der Frau beschenken, die zu ihm passt.
*Tanja Jeschke*

## Dienstag, 8. Oktober

*2 Könige 5,19b-27 → GNB/AT 353*

*Von Weisheit und Habgier*

Weisheit ist eine göttliche Gabe. Die Propheten schöpfen daraus wie andere Leute aus ihrem Geldsack. Die Gabe macht sie reich. Sie haben so viel, dass auch die Menschen um sie herum an diesem Reichtum Anteil haben können.
Gehasi, der Knecht des Propheten Elischa, wird allerdings von der Habgier gepackt. Diesem finsteren Trieb, der in jedem Menschen wüten kann. Seine Macht ist deshalb so groß, weil Habgier mitunter so vernünftig zu sein scheint. Ist es denn nicht menschlich, dass Gehasi nicht mitansehen kann, wie all das Silber einfach verschmäht wird? Diese Geschenke nicht zu wollen – wie dumm erscheint ihm sein weiser Herr an dieser Stelle! Also diese Dummheit wieder gut machen! Wenn ´s sein muss, heimlich. Sagt die Habgier. Elischas Reaktion darauf schlägt ihr den Kopf ab: „Dies ist nicht der Augenblick für Anschaffungen!"
Die *Weisheit* weiß von richtigen Zeitpunkten für alles. Die *Habgier* dagegen will alles und zwar sofort. Sie nimmt nur und hat doch nie genug. Die *Weisheit* dient Gott und bekommt alles von ihm. Die *Habgier* dient nur sich selbst und erschöpft sich im Haben.
Was der Habgier Einhalt gebieten kann? Eine weise Frage zur rechten Zeit:
Brauche ich dies oder das *jetzt*?
*Tanja Jeschke*

## Mittwoch, 9. Oktober

*2 Könige 6,8-17* → *GNB/AT 353*

*Augen auf für Gottes Heerscharen!*

Unter Stalin wurden in der Sowjetunion viele unschuldige Menschen verfolgt und getötet, darunter auch Christen. In einer kleinen Stadt suchten aus diesem Grund die Gläubigen Zuflucht in ihrer Kirche und versteckten sich dort. Sie hofften, dass die Soldaten sie hier verschonen würden. Doch irgendwann stürmten ihre Verfolger den Raum. Sie schrien und schossen um sich. Plötzlich blieben sie wie erstarrt stehen. Mit entsetzten Augen blickten sie umher und verließen dann fluchtartig die Kirche. Die Christen blieben am Leben. Aber sie konnten sich nicht erklären, was geschehen war.
Viel später erfuhren sie von einem der beteiligten Soldaten, der inzwischen Christ geworden war, den Hintergrund des ungewöhnlichen Verhaltens. Er berichtete, dass plötzlich vier mächtige, hell leuchtende Gestalten mitten in der Kirche gestanden hatten. Deren Ausstrahlung von Kraft und Macht war überwältigend. Die Soldaten erschraken zu Tode. Sie erkannten: Die sind stärker als wir. Also rannten sie davon. Eine wahre Geschichte!
Es ist mitten unter uns - das unsichtbare Reich Gottes! Bitten wir Gott darum, dass er uns die Augen öffnet für seine Anwesenheit und Wirklichkeit in unserem Leben!
*Tanja Jeschke*

## Donnerstag, 10. Oktober

*2 Könige 6,18-23* → *GNB/AT 354*

*Mit Humor*

Manche sagen: In der Bibel wird selten gelacht. Sie ist ein humorloses Buch. Ich finde, dass stimmt nicht. Elischa hat sich bestimmt ins Fäustchen gelacht, als er die Syrer an der Nase herum und nach Samaria geführt hat. Was müssen die für Gesichter gemacht haben, als sie entdeckten, wo sie sich befanden. Mitten in feindlichem Gebiet! Und was für einen „göttlichen Klamauk" erlaubt sich der Prophet, wenn er mit seinem Gebet Augen schließen, öffnen und dann wieder schließen lässt!
Humor ist großzügig und füllt das Herz. Doch sogar für den Bauch der Feinde sorgt Elischa. Anstelle von Mord und Totschlag gibt es für die Feinde ein gutes Essen! Diese ungewöhnliche Kriegstaktik führt zum Erfolg. Die Syrer unterlassen von da an ihre Raubzüge gegen Israel.
Wie ist es bei Ihnen um den Humor bestellt? Wer über sich selbst lachen kann, macht auf jeden Fall einen klugen Schachzug. Denn er fällt nicht so leicht auf sich herein. Die inneren oder äußeren Feinde verlieren damit ihre Bedrohlichkeit. Anstatt sie zu bekämpfen, werden sie gefüttert - mit Souveränität und Nüchternheit. Und Gott lacht mit, ganz bestimmt.
*Tanja Jeschke*

7. – 10. Oktober

## Freitag, 11. Oktober

*2 Könige 6,24.25.32-7,2*
*→ GNB/AT 354*

### Gott schickt kein Unglück

Angelika setzt alles auf die eine Karte. Sie heißt *Gott*. Im Vertrauen auf ihn kündigt sie ihren Job. Sie will mit einer Missionsgesellschaft in den Sudan gehen. Sie weiß, was sie dort erwartet: Der Hunger von Tausenden. Sie hat sich intensiv damit beschäftigt und fühlt sich gewappnet. Mein Glaube ist mein Halt, denkt sie. Doch als sie den Menschen dort in ihrer grauenvollen Realität begegnet, kommt ein nie gekannter Schwindel über sie. Er heißt: Was für ein Unglück! Liegt die Verantwortung für das Elend nicht auch bei Gott!? Die Karte ihres Gottvertrauens - ist die hier nicht längst vergeblich ausgespielt? Ob Christen oder Muslime - Hunger haben sie alle. Und kaum eine Chance. Angelikas Vertrauen bröckelt. Da geht es ihr nicht anders als dem König im belagerten Samaria.
Und dann trifft Angelika eine junge Frau mit ihrem Kind, beide ausgemergelt bis auf die Knochen. Mary heißt sie. Die sagt ihr: „Es geht mir besser, seitdem ich Jesus kenne. Jesus ist stärker als der Hunger." - „Was bedeutet aber *stärker*?" fragt Angelika zurück. „Weißt du das nicht?", fragt Mary erstaunt.
Mary wird zu einem Fenster in Angelikas Himmel. Gott schickt kein Unglück. Er schickt Menschen wie Mary. Oder Elischa.
*Tanja Jeschke*

## Samstag, 12. Oktober

*2 Könige 7,3-10 → GNB/AT 355*

### Frohe Botschaft

Aussätzige waren früher wegen ihrer Erkrankung die Benachteiligten, die Ausgestoßenen, die am Rand der Gesellschaft.
Sie sind für mich ein Bild für viele Benachteiligte heute: Für die, die draußen gehalten werden aus der Gesellschaft. Die sich nicht trauen, mit den anderen mit zu leben, weil sie sich für schlechter halten. Für die, die sich mit großen Ängsten fernhalten. Oder die, die glauben einen Makel zu haben, den keiner sehen darf. Was geschieht, wenn solche Menschen sich doch auf den Weg machen? Wie in der Geschichte heute? Wenn sie sich einmischen, vordringen zu den anderen, sich nicht mehr abhalten lassen von dem, was das Leben zu bieten hat?
Ingmar ist so einer. Er hat es gewagt. Wenn er früher auf dem Bodensee allein mit seinem kleinen Segelboot unterwegs war, hat er laut geschrien: „Das ist mein Leben! Es gehört mir allein!" Da hat immer auch dieses alte Gefühl von Wertlosigkeit mit geschrien. Es hat ihn belagert. Als er es mit Gottes Hilfe über Bord warf, wurde er wirklich frei. Er muss seinen Schatz jetzt nicht mehr verbergen, sein Leben nicht für sich behalten. Er hat Freunde mit ins Boot genommen.
Die Aussätzigen bringen frohe Botschaft: Die Belagerer sind weg! Gott sei Dank.
*Tanja Jeschke*

*2 Könige 7,11-20 → GNB/AT 355*

*Unmöglich - aber wahr*

Es könnte so eine gute Nachricht sein: „Die Feinde sind weg!" Doch wer wagt es, in schlechten Zeiten guten Nachrichten zu trauen? Wenn man viel Schlimmes erlebt hat, dann vermutet man auch dahinter nur den nächsten Hinterhalt. Der König jedenfalls meint genau zu wissen, wie es weitergehen wird.

Wie gut, dass da noch andere sind. Dieser Offizier, der meint, dass es auch anders sein könnte. Solche Leute werden gebraucht! Solche, die sich nicht abfinden mit der negativen Perspektive. Auch wenn sie vom König kommt. Die Brille des Misstrauens - gefärbt durch die Härten des Lebens - ist nicht immer die richtige Brille.

Und wie gut, dass der eine auf den anderen hört. Der König hätte die Idee des Offiziers ignorieren können. Doch er lässt sich darauf ein. Das ist *die* Chance. In einer Situation, in der sowieso alles verloren scheint, da wagt er das Risiko. Ein Risiko, das sich lohnt. Mitten in der Niederlage ereignet sich völlig unverhofft ein Sieg - mit großer Beute. Diesen Sieg hat *Gott* errungen! Und darin erfüllt sich alles, was der Prophet angekündigt hatte. Welche Perspektive eröffnet das für Ihr Leben?

*Astrid Eichler*

## Montag, 14. Oktober

*2 Könige 8,1-6 → GNB/AT 356*

### So ein Zufall!?

Wir haben sie vielleicht schon wieder vergessen. Diese Frau, deren Sohn Elischa lebendig gemacht hatte (2 Könige 4,8ff). Doch ihre Geschichte geht weiter. Damals war das vermutlich viel normaler als heute: Ein Mann Gottes gibt *Weisung*. Eine Weisung, die Leben bewahrt. Solche Weisungen hätten wir auch gern, oder? Wo und von wem empfangen wir Wegweisung für unser Leben? Um die richtigen Entscheidungen zu treffen? Um nicht ins Unglück zu stürzen? Ungewöhnlich für damalige Verhältnisse ist wohl, dass Elischa einer Frau die Verantwortung für die Familie überträgt. Ihr Gehorsam ihm gegenüber rettet sie selbst und ihren Sohn. Aber er führt sie auch in die Fremde. Beide behalten zwar ihr Leben, aber alles andere verlieren sie. Wieder heimgekehrt braucht die Frau Haus und Acker als Lebensgrundlage. Mutig will sie darum kämpfen.
Was dann folgt, lässt mir den Atem stocken: Die richtigen Leute am richtigen Ort zur richtigen Zeit - und alles wird gut. So ein Zufall!?
Ich finde diese Geschichte sehr ermutigend: Gott bewahrt nicht nur unser Leben, wenn wir auf ihn hören. Er gibt auch, was dafür nötig ist - manchmal auf sehr ungewöhnlichen Wegen.
Durch welche „Zufälle" hat er Sie schon in Ihrem Leben versorgt?
*Astrid Eichler*

## Dienstag, 15. Oktober

*2 Könige 18,1-8 → GNB/AT 369*

### Der Unterschied

Das abschließende Urteil über das Leben eines Königs in Israel und Juda wird immer nach dem gleiche Kriterium gefällt. Entweder: Er tat, was Gott *missfiel*. Oder: Er tat, was Gott *gefiel*. Wobei es bei denen, die taten, was dem Herrn gefiel, zwei Kategorien gibt. Einmal die, die so handeln wie ihre jeweiligen Väter. Aber doch nicht so wie der „Prototyp" des gottgefälligen Königs, nämlich König David.
Von Hiskija aber heißt es: „Er tat, was dem Herrn gefällt, genau wie sein Ahnherr David. Er ließ die Opferstätten rings im Land zerstören, die geweihten Steinmale in Stücke schlagen..."
Was macht nun den entscheidenden Unterschied aus? Die eine Kategorie Könige hat Gott, den Herrn. *Und* daneben auch noch andere Götter – zumindest geduldet, erlaubt, nicht verboten. Hiskija aber kennt kein *und*. Er vertraut *ganz* Gott, dem Herrn. Hiskija wagt und fordert Ausschließlichkeit. Das drückt sich auch darin aus, dass der Tempel in Jerusalem als zentrales Heiligtum gestärkt wird.
Dabei geht es um das erste Gebot: „Ich bin der Herr, dein Gott. ... Du sollst keine anderen Götter haben neben mir." (2 Mose 20,2.3)
Was sind wir für Leute? Haben wir Gott *und* ... ? Oder wagen wir Ausschließlichkeit?
*Astrid Eichler*

## Mittwoch, 16. Oktober

*2 Könige 18,9-12* → *GNB/AT 369*

*Kein blindes Schicksal*

Wir befinden uns mitten in einer dramatischen Phase der Weltgeschichte. Assyrien ist *die* Weltmacht im Vorderen Orient und bestimmt mit seiner Eroberungspolitik diese Zeit. Auf der Weltbühne agieren viele kleine und große Völker, unter ihnen auch Juda und Israel, deren Geschichte eng miteinander verwoben ist. Im Jahr 722 v. Chr. geschieht dann *die* Katastrophe für das Nordreich Israel. Die Assyrer erobern das Land, zerstören seine Hauptstadt Samaria und verschleppen vor allem die Oberschicht der Bevölkerung ins Exil. Das Volk hört auf, ein Volk zu sein.
Für die, die diese Ereignisse dokumentieren und interpretieren, ist das aber kein böser Zufall. Es ist kein blindes Schicksal. Oder eine bittere Niederlage, weil es an militärischer Macht fehlte. Die Ereignisse werden verstanden als logische Folge dessen, was das Volk und seine Führer gelebt haben: Die Missachtung Gottes, seiner Gebote und seines Bundes mit ihnen. Niederlage und Gefangenschaft sind die Frucht des Ungehorsams.
Eine bittere Erkenntnis. Und dennoch tröstlich: Denn dann hat immer noch Gott alles in der Hand! Er ist und bleibt der Herr der Geschichte. Auch die Siegermächte sind (nur) sein Werkzeug.
*Astrid Eichler*

## Donnerstag, 17. Oktober

*2 Könige 18,13-18* → *GNB/AT 369*

*Keine Panik!*

Hiskija hat es gewagt, sich gegen die unbarmherzige Weltmacht Assyrien zu stellen! Das hat schlimme Folgen. Die Assyrer ziehen mit einer Übermacht gegen Juda. Aussichtslos! Alle befestigten Städte fallen. Gibt es noch eine Chance?
Mir scheint, dass Hiskija ein weiser Mann ist. Realistisch schätzt er die Situation ein. Bevor der Feind ihn gänzlich niedermacht, kommt er ihm entgegen. Er bietet einen (hohen!) Preis an, um seinem Volk das Überleben zu sichern. Zumindest Zeit gewinnt er durch diese Taktik.
Mir gefällt das! Keine panische Reaktion, keine völlige Selbstaufgabe. Er kommt dem Feind entgegen, soweit es geht. Und ich vermute: Er hat die Hoffnung, dass es noch einen anderen Ausweg aus dieser bedrohlichen Situation geben könnte.
Der Assyrerkönig antwortet Hiskija mit einer Demonstration seiner Macht. Seine höchsten Leute schickt er mit einem großen Heer gegen Jerusalem. Der Feind hat es abgesehen auf die Herrschaft in Juda. Bedrohung pur.
Bedrohliche Situationen bergen immer die Gefahr in sich, dass man alles verliert.
Welche Situationen empfinden Sie als bedrohlich? Wie reagieren Sie darauf - kopflos oder weise?
*Astrid Eichler*

# Freitag, 18. Oktober

*2 Könige 18,28-32* → *GNB/AT 370*

## Gefährliche Stimmen

Militärische Bedrohung von außen und Entmutigung als Zersetzung von innen! Der Feind scheint überall. Und das nicht nur damals bei Hiskija.

Denn kennen wir diese Stimmen nicht auch? Diese Stimmen, die sich in uns festsetzen wollen und uns damit das Leben rauben. Die gerade dann in uns hochkommen oder an uns herangetragen werden, wenn es schwierig ist im Leben. Stimmen wie: *„Lass dich nicht täuschen. Es hat sowieso keinen Zweck. Denk doch nicht, Gott wird dir helfen. Dein Vertrauen ist vergeblich. Schau dir doch an, wie schlecht es dir geht. Du könntest es viel leichter haben."*

Es sind immer noch dieselben Kämpfe. Es ist immer noch dieselbe Taktik. Die Entmutigung als Angriff auf das Gottvertrauen. Und dann die verlockenden Versprechen: *„Jeder darf von seinem Weinstock und seinem Feigenbaum essen."* Das bedeutete für die Menschen damals Wohlstand und Frieden. Ist es das nicht wert, dafür alles hinzugeben? Aufzugeben? Auch das Land, die Stadt, den Tempel, alle Verheißungen Gottes?

Wenn wir Ruhe und Sicherheit haben können, wäre es dann nicht vernünftig, dem Feind zuzustimmen und seine Angebote anzunehmen?

Wie Hiskija mit dieser Versuchung umgeht, davon morgen mehr.

*Astrid Eichler*

# Samstag, 19. Oktober

*2 Könige 18,36-19,8* → *GNB/AT 370*

## Vertrauen lohnt sich

Hiskija lässt sich auf keine Diskussion mit den Feinden ein! Seine hohen Beamten schweigen und zerreißen ihre Gewänder. Das sind Zeichen tiefer Betroffenheit und Trauer, die auch der König mit ihnen teilt. Aber er bleibt fest: Keine Panik!

Er geht in den Tempel zu seinem Gott und schickt seine Beamten zum Propheten Jesaja.

Die lästernden Feinde sollen nicht das letzte Wort haben. Hiskija weiß um die Macht der Sünde, die die Wurzel allen Übels ist. Die Kraftlosigkeit des Volkes gegen die Feinde hat darin ihren Grund. Er leidet darunter, dass der Feind letztlich Gott selbst lästert. Das wiegt für ihn schwerer als die Bedrohung seines Lebens.

Der König, der Gott sucht, kann durch den Propheten Jesaja die ganz andere Stimme hören. Sie gibt Ermutigung und Zuspruch. Gott verspricht seinen Beistand und sein Eingreifen. Er sagt damit Hiskija zu, dass sein Glaube und sein Vertrauen belohnt werden! Das finde ich sehr ermutigend.

Wohin wenden Sie sich in schwierigen Situationen? Kommen Sie damit zu Gott. Das Vertrauen in ihn erspart uns nicht Not, Leid oder Probleme. Aber wir können in den Herausforderungen unseres Lebens seine Stimme hören und bei ihm Zuspruch, Ermutigung und Hilfe erfahren.

*Astrid Eichler*

## Sonntag, 20. Oktober

*2 Könige 19,9-19 → GNB/AT 371*

*Naiver Glaube?*

„Gott wird uns versorgen, denn er hat uns berufen." Diese Aussage gefiel meinem Vater damals nicht. Er hielt dagegen, dass es keinen Gott gibt, der Geld vom Himmel fallen lässt. Er mutmaßte, dass wir auf das soziale Netz des Staates spekulieren. Dennoch stiegen meine Frau und ich aus unseren Berufen aus, um auf eine Bibelschule zu gehen.
Dann wurde es eng. Nach zwei Jahren verfügten wir über kein Geld mehr, denn wir hatten unerwartet hohe Ausgaben für unsere kranke Tochter. Zurück in die alten Berufe konnten wir nicht. Eine andere Anstellung blieb aus. Wir hatten ein echtes Problem. Wie Hiskija. In den Augen des assyrischen Bevollmächtigten wirkt er wohl ziemlich naiv. Die Ereignisse in den Nachbarstaaten sprechen gegen ihn. Hiskija ist am Ende. Und das weiß er auch. Mit dieser Erkenntnis tritt er vor Gott.
„Herr, jetzt bist du dran", betete ich damals. Hiskijas Gebet wurde mir zum Vorbild. Ich gab alles in Gottes Hand - und wir erlebten seine Hilfe.
Gott lässt uns nicht in Schwierigkeiten kommen, damit wir daran scheitern. Daran sollten Sie denken, wenn es bei Ihnen eng wird.
*Ralf Mühe*

## Montag, 21. Oktober

*2 Könige 19,20-22.29-37*
*→ GNB/AT 371*

*Gott schweigt nicht*

Hiskija betet. Und bekommt postwendend Antwort, dachte ich beim Lesen des Textes leicht verstimmt. Der Neid wäre gar nicht nötig gewesen. Denn ich habe das auch schon erlebt. Vor Jahren betete ich in der Nacht für eine Frau, die sich für den nächsten Tag zu einem Gespräch bei mir angemeldet hatte. Dabei nahm ich deutlich die Aufforderung wahr: „Frage sie, ob sie eine Abtreibung hinter sich hat." Sie hatte! Und das war ihr Grundproblem, das sie freiwillig nie preisgegeben hätte.
Auch die Antwort an Hiskija zeigt, dass Gott über alles Bescheid weiß (20-25). Er selbst ist zur Zielscheibe des Spotts geworden, darum ist Jerusalems Verteidigung nun ganz seine Sache.
Die Zahlenangabe in Vers 35 ist erstaunlich, aber nicht einmalig. Der Militärhistoriker Carl von Clausewitz stellte fest, dass etliche Kriege aufgrund der schlechten hygienischen Verhältnisse durch Seuchen und nicht durch Waffen entschieden wurden.
Das schreckliche Ende des feindliches Heeres und seines Heerführers ist die Konsequenz der Auflehnung gegen Gott. Für alle, die ihm vertrauen, bestätigen diese Ereignisse, dass Gottes Worte kein leeres Gerede sind.
*Ralf Mühe*

## Dienstag, 22. Oktober

*2 Könige 20,1-11* → *GNB/AT 372*

*Absolut unmöglich?*

Der Schatten der Sonne soll sich im Rückwärtsgang über die Treppenstufen bewegen? Das muss bei jedem Kopfschütteln auslösen, der diese Zeilen mit Logik betrachtet. Dafür müsste die Erdrotation nicht nur stoppen, sondern sich sogar umkehren. Völlig absurd!
Hiskija ist fromm, aber nicht leichtgläubig. Deshalb wählt er die schwierigere Variante. Er will genau wissen, ob diese wunderbare Zusage von Gott kommt. Wird er wirklich gesund werden und weitere 15 Jahre leben? Für ihn ist klar: Der Gott, der Macht über die Sonne und damit die Zeit hat, der kann auch das Leben verlängern oder verkürzen. Ich hätte entschieden wie Hiskija. Und Sie?
Feste Gewissheit braucht eine stabile Basis. Wunder erschüttern unseren Erfahrungshorizont; denn sie durchbrechen Naturgesetze. Sie sind Zeichen, dass die geschaffene Welt nicht in sich geschlossen ist. Es gibt noch eine andere Wirklichkeit mit ihren Möglichkeiten – *Gottes* Wirklichkeit. Was dem Verstand unzugänglich bleibt, öffnet sich dabei dem, der Gott vertraut. Denn der Glaube ist der Zugang zu *dieser* Wirklichkeit.
Wir müssen das Geschehen nicht verstehen, um über Gottes Allmacht zu staunen und ihm danken zu können.
*Ralf Mühe*

## Mittwoch, 23. Oktober

*2 Könige 20,12-19* → *GNB/AT 372*

*Offenherzig ins Unglück*

Bei Reisen ins Ausland liegt mir daran, dass wir als Westeuropäer kulturelle Unterschiede beachten. Es ist in bestimmten Regionen der Welt nicht angebracht, wenn Frauen zu sehr ihren Körper zur Schau stellen oder Männer ihr technisches Spielzeug. So können unnötig Begehrlichkeiten provoziert werden. Wir Westeuropäer sind insgesamt freiere Umgangsformen gewöhnt. Und wir gehören zu den Privilegierten. Selbst dann, wenn wir uns - nach unserem Verständnis – nicht zu den Reichen zählen würden.
Hiskija nutzt die ihm geschenkte Lebenszeit falsch. Ausgerechnet den Feinden von morgen präsentiert er freizügig seinen Reichtum und seine militärische Stärke. Damit weckt er unnötig Neid. Das bringt ihn ins Unglück. Nein, eigentlich eher seine Nachfolger. Der Einblick in Hiskijas Befriedigung darüber macht sein Fehlverhalten nur noch schlimmer. Es sind Gedanken eines Menschen, dem am eigenen Wohlergehen mehr liegt als am Geschick kommender Generationen. Ich wünschte, wir selbst wären da anders gestrickt.
Halten Sie kurz inne und überlegen Sie, was der Bibeltext heute mit Ihnen zu tun hat. Sprechen Sie darüber mit Gott.
*Ralf Mühe*

*2 Könige 22,1-10 → GNB/AT 374*

### Die Zeiten überdauert

Joschija war 26 Jahre jung, als er die Ausbesserung des Tempels in Angriff nahm. Allerdings saß er da schon 18 Jahre auf dem Thron. Das entscheidende Ereignis im Text ist aber weder der späte Baubeginn noch der unbekümmerte Umgang mit dem Geld der Leute. Es ist der Umstand, dass die Abschrift eines entscheidenden Teils der Bibel den Weg zum König und damit in die Öffentlichkeit findet! Es handelt sich hier zu großen Teilen um die fünf Bücher Mose, auch „das Gesetz" genannt. Die Abläufe im Text erinnern mich an ein persönliches Erlebnis.

Ein guter Bekannter in Österreich schenkte mir ein Briefkuvert, das Pflanzensamen enthielt. Ich nahm es mit nach Hause - und vergaß es. Als ich Jahre später in meinem Büro gründlich aufräumte, fiel mir der Umschlag mit den Samen wieder in die Hände. Jetzt wollte ich es wissen! Und wahrhaftig, die Samen begannen zu keimen, als ich sie einpflanzte und wässerte. Ihre Lebenskraft war ungebrochen. Genau wie die Lebenskraft der Bibel als Gottes Wort. Und das ist das eigentlich Erstaunliche!

*Ralf Mühe*

## Freitag, 25. Oktober

*2 Könige 22,11-20a → GNB/AT 374*

### Unerwartete Gnade

Karla Faye Tucker saß bereits in der Todeszelle im US-Bundesstaat Texas. Eines Tages stahl sie eine Bibel, als eine Gruppe von Frauen für die Gefangenen einen Gottesdienst gestaltete. Immer wieder las sie heimlich darin. Die Botschaft traf Karlas Gewissen mit voller Wucht. Zum ersten Mal erkannte die Doppelmörderin das Ausmaß ihrer Schuld. Sie weinte über sich und suchte Vergebung. Als sie hingerichtet wurde, starb sie im Frieden mit Gott.

Die Worte der Schriftrolle wühlen den König von Juda auf. Hulda erweist sich als echte Prophetin. Ihre Worte bestätigen die prophetischen Ankündigungen der Bibel. Gottes Absicht für Jerusalem und für sein Volk steht fest. Aber für Joschija leuchtet inmitten des angekündigten Gerichts die Gnade Gottes auf.

Dass Joschija in seinem Innern tief betroffen auf das Wort Gottes reagiert, lässt Gott nicht unberührt. Sein Handeln gleicht nicht dem starren Ablauf von Programmen wie bei Maschinen. Darin liegt die Chance für Joschija.

Das ist auch die Hoffnung für Sie und für mich. Sie gilt für jeden Menschen, selbst für jemanden wie Karla Faye Tucker.

*Ralf Mühe*

## Samstag, 26. Oktober

*2 Könige 22,20b-23,3 → GNB/AT 375*

### Wenn einer anfängt

Eine Erzieherin in einem kirchlichen Kindergarten erzählt eine *biblische* Geschichte. Und löst damit einen Aufruhr aus! Kolleginnen mobben sie, Eltern protestieren. Kirchlicher Kindergarten - okay! Aber *so was* wollen sie doch nicht. Die Verantwortlichen im Trägerkreis der Einrichtung schrecken auf. Und ihnen wird klar, dass biblische Geschichten zu ihrem Selbstverständnis gehören! Deshalb kehrt man zurück zu den Wurzeln.

Die Leute in Juda reiben sich verwundert die Augen. Der Ort, an dem der Tempel als museales Bauwerk immer baufälliger wird, ist mit Menschen gefüllt. Was mit dem Gehorsam eines Mannes anfing, wird zur Massenbewegung. Joschija nutzt seine Position als König, um sein Volk neu in eine Beziehung zu Gott zu führen. Dabei appelliert er nicht, sondern lässt die Umherstehenden selbst die Worte der Schrift hören. Und er geht mit gutem Beispiel voran. Lassen Sie sich von dieser Geschichte ermutigen. Was Sie als Einzelperson sagen oder tun, kann erstaunliche Auswirkungen haben.

„Der Tropfen auf den heißen Stein kann der Anfang eines Regens sein."

*Ralf Mühe*

## Sonntag, 27. Oktober

*2 Könige 23,21-27* → *GNB/AT 376*

*Festgefahren*

Den Mietwagen mit dem für mich ungewohnten Aufbau hatte ich buchstäblich vor die Wand gesetzt. Ich war zu eng an einem Haus um die Kurve gefahren. Nun saß ich fest. Der Betonvorsprung eines Vordachs hatte mit furchtbarem Knirschen die rechte Seite des Kastenwagens aufgeschlitzt und ragte in den Laderaum. Ich war vor Schreck wie gelähmt. Mein Schwager kam mir zu Hilfe. Zwar konnte er den Schaden nicht ungeschehen machen. Aber er vermied größeren, indem er das Fahrzeug beherzt freisetzte. König Joschija kann trotz seiner religiösen Reformen Gottes Gericht nicht mehr abwenden. Die Tage für Juda, für Jerusalem und den Tempel sind bereits gezählt. So gesehen zahlt sich die Abkehr von okkulten Praktiken und die Hinkehr zu Gott für ihn und das Volk nicht unmittelbar aus. Doch wenn Gehorsam keine Frage der Überzeugung, sondern des Kalküls ist, bleibt er ohnehin nur ein abgeschmacktes frommes Getue. „Friede wird da, wo Glaube und Gehorsam sich beugen unter den Willen Gottes." (Hanna Hümmer)
*Ralf Mühe*

## Montag, 28. Oktober

*Jeremia 1,1-12* → *GNB/AT 696*

*Gottes Auswahlkriterien*

Der junge Mann in meinem Missionsteam hatte auf den ersten Blick nicht viel zu bieten. Singen konnte er nicht. Und wenn er redete, fing er an zu stottern. Ich gab zunächst kaum etwas auf ihn. Doch mehr und mehr faszinierte er mich. Er zeigte sich als jemand, der überall da anpackte, wo andere gern wegsahen: Er putzte Kindern die triefenden Nasen. Er band ihnen die Schnürsenkel. Er begegnete ihnen immer auf Augenhöhe, indem er in die Hocke ging, wenn er mit ihnen sprach. Durch ihn lernte ich eine entscheidende Lektion: Gott beruft oft diejenigen, die augenscheinlich nichts gelten.
Auch bei Jeremia stimmen gleich mehrere Faktoren nicht. Er stammt aus einer Priesterfamilie mit skandalöser Vergangenheit. Sein Heimatdorf Anatot gilt nicht als Ausflugsziel, sondern ist ein Verbannungsort (1 Könige 2,6). Jeremia versucht auch zu kneifen. Denn Milchgesichter haben in einer Kultur, in der das Alter einem Menschen Autorität verleiht, keine Konjunktur.
Bei Gott zählen all diese Fakten nicht. Er beruft nach Gesichtspunkten, die nicht den unseren entsprechen. Deshalb hat jeder eine Chance, von ihm in den Dienst genommen zu werden. Auch Sie und ich.
*Ralf Mühe*

## Dienstag, 29. Oktober

*Jeremia 1,13-19 → GNB/AT 696*

### Legitimiert

Das Sperr-Schild war unüberseh-
bar. Doch ich hatte mich innerlich
so sehr auf diese Strecke festgelegt, dass ich auch die folgenden
Hinweiszeichen ignorierte.
Schließlich fuhr ich mich an einer Baustelle ernsthaft fest. Mir
dämmerte, dass das Ganze keineswegs die Idee von Spielverder-
bern war, sondern durchaus ernst
gemeint. Zwei Polizisten halfen
freundlich, aber entschieden
meiner zu späten Einsicht nach.
Die Geldstrafe hatte ich meinem
Eigenwillen zuzuschreiben.
Gott lässt die Invasion aus dem
Norden als Strafgericht ankün-
digen. Niemand soll auf die
Idee kommen, die Ereignisse als
schicksalhaften Zufall zu deuten. Für Gott sind die Pläne der
heidnischen Machthaber, eine
Vormachtstellung auszuüben,
Werkzeuge in seiner Hand. Ebenso Jeremia. Er hat die undankbare
Aufgabe, seinem Volk den Zusammenhang von Gottlosigkeit
und Unheil aufzuzeigen. Hören
mag das niemand gern. Am al-
lerwenigsten die politischen und
religiösen Führer.
Auch wir tun gut daran, unsere Ohren nicht auf Durchzug
zu stellen. Einer steht gegen
alle. Das sind sehr ungünstige
Mehrheitsverhältnisse. Doch die
Ankündigung hat für sich, dass es
eine Botschaft von Gott ist. Das
legitimiert die Worte von Jeremia.
Auch für uns.
*Ralf Mühe*

## Mittwoch, 30. Oktober

*Jeremia 2,1-9 → GNB/AT 697*

### Zerstörte Beziehung

Der Mann, der mir gegenüber
saß, war jung, sympathisch und
erfolgreich in seinem Beruf.
Dennoch hatte seine Frau ihn
verlassen. Sünde benötigt nicht
unbedingt Vernunftgründe. Oft
genügen der Charme der Versuchung und die günstige Gelegenheit zur Untreue. Seine schönen
Erinnerungen an die gemeinsa-
me Zeit sind durch die Updates
der Gegenwart längst überlagert.
Die große Liebe ist Vorwürfen,
Zerrüttung und gerichtlichen
Regelungen gewichen.
Gott spricht durch Jeremia die
Sprache des Herzens. Beachten
Sie besonders die Aussagen, die
von seiner Beziehung zu Israel
sprechen! Darin wird deutlich:
Glaube ist weitaus mehr als
überzeugt sein von religiösen
Wahrheiten. Er drückt sich aus
durch wechselseitige und liebe-
volle Zuwendung, vertrauensvolle
Weggemeinschaft und einzigar-
tige Momente.
Eine von Wohlwollen geprägte
Beziehung ist Gnade. Wenn Gott
sich auf den Standpunkt des
Rechts stellt, ziehen wir als sein
Gegenüber stets den Kürzeren.
Denn Untreue ist eine menschli-
che, keine göttliche Eigenschaft.
Leidtragende sind damals wie
heute immer auch die Kinder.
*Ralf Mühe*

*Jeremia 2,10-13 → GNB/AT 697*

*Voll daneben*

Die Vorschulkinder diskutierten darüber, wie viele Kirschen sie sich aus der Schüssel nehmen wollten. Ein Junge warf die Zahl Hundert in den Raum. „Aber ich nehme zwanzig!" konterte ein anderer. Etliche lachten. „Das sind doch weniger als Hundert!" Der Junge blieb dabei. Zwanzig klang in seinen Ohren nach viel mehr. Für ihn zählte die gefühlte Größe. Ähnlich unreif verhält sich Israel. Es gibt seine Privilegien als Gottes Volk auf, obwohl sich ihnen der offenbart hat, der Ursprung allen Lebens ist. Israel wendet sich stattdessen lieber Götzen zu, die von Menschen gefertigt sind. Gebilden, die zwar gesehen werden können, die aber leblos und zu keiner Reaktion fähig sind. Unfassbar! Oder?
Wie viele Entscheidungen treffen wir, nur weil wir uns für eine bestimmte Zeit damit besser fühlen? Schnelles Geld, sexuelle Abenteuer oder eine gehobene berufliche Position üben oft eine unwiderstehliche Anziehungskraft aus und werden zu Götzen. Für die wir allzu schnell bereit sind, gewachsene Beziehungen zu zerstören und Ewiges einzutauschen für flüchtigen Genuss. Auch wir liegen voll daneben, wenn wir das Bauchgefühl - wider besseres Wissen - über die Einsicht stellen.
*Ralf Mühe*

*Jeremia 5,1-6 → GNB/AT 701*

*Religiös und doch fern von Gott*

Mein Patenonkel reagierte äußerst gereizt, als ich mich im Glauben Jesus zuwandte. Damit hatte er nicht gerechnet. Und es auch nie gewollt. Seine Stellung als Taufpate war für ihn ausreichend darin begründet, „dass man es eben so macht". Mehr nicht. Besser hätte es der Kaplan wissen müssen. Er hat mir über Jahre Religionsunterricht erteilt. Eine Beziehung zu Gott sei schon dadurch gegeben, wetterte er, dass ich zur Kirche gehöre. Basta. Beliebigkeit gehört zur Lebensform der religiösen, aber nicht an Gott gebundenen Menschen. Wahrheit wird durch sie definiert. Und Recht ist, was sie für richtig halten. Sie geben sich tolerant, solange sie dem „lieben Gott" den Arbeitsplatz beschreiben können. Eine Beziehung zu ihm hat sich hinter dem Schutzschild ihrer religiösen Zugehörigkeit nie entwickeln können. Diese Beobachtungen von Jeremia über sein Volk treffen ohne Abstriche auch auf das Kulturchristentum unserer Tage zu.
Dass diese Haltung ein böses Ende haben wird, kann man natürlich als Angstmache abschmettern. Abgewendet ist es damit aber nicht.
Dazu gehört, dass ein Mensch umkehrt, indem er sich aufrichtig zu Gott hält.
*Ralf Mühe*

## Samstag, 2. November

*Jeremia 5,12-17 → GNB/AT 701*

*Als Schwätzer abgetan*

Ich habe sie lange gefürchtet. Jene Gottesleugner, die mit einer erstaunlichen Gewandtheit viele Diskussionen zu ihren Gunsten entschieden. Dabei brachten sie Argumente, auf die ich nie gekommen wäre. Inzwischen kann ich gelassener sein. Was wahr ist und was nicht, entscheidet sich nicht an der Beredsamkeit. Ich kann bei einer Diskussion den Kürzeren ziehen und dennoch die Wahrheit auf meiner Seite haben. Und nicht immer vollzieht sich Gottes Eingreifen so dramatisch wie in einem fränkischen Dorf. „Wenn das die richtige Religion ist", wetterte der Pfarrer gegen eine andere Konfession, „dann will ich auf der Stelle tot umfallen." Und er fiel tot um, kaum dass er die Kanzel verlassen hatte.

Diejenigen, die in Israel Gott so gründlich missachten, glauben am besten zu wissen, wie Gott handelt und wie nicht. Halbwissen macht oft vorlaut. Für Jeremia, den sie aufgrund seiner Botschaft ablehnen, sind das ziemlich schwierige Zeiten. Doch diese selbstsicheren Leute werden mit eigenen Augen sehen, dass Gottes Ankündigungen eintreffen. Allerdings wird es dann für sie zu spät sein.

Die Frage nach der Wahrheit sollten wir prüfen, solange wir unsere Haltung noch korrigieren können. Warum nicht heute?
*Ralf Mühe*

## Sonntag, 3. November

*Jeremia 5,26-31 → GNB/AT 702*

*Bestürzend aktuell*

Wüssten wir, wie Jeremia ausgesehen hat, dann würden „Occupy Wall Street" - Demonstranten nicht grinsende Guy-Fawkes-Masken tragen, sondern sein Gesicht. Die *Fallen* heute heißen: riskante Anlage-Tipps, dubiose Steuersparmodelle und faule Staatsanleihen. Die *Fallensteller* heißen Investmentbanking, Hedgefonds und virtueller High-speed-Aktienhandel. *Unrecht erworben* sind Vermögen, die durch Kurswetten auf steigende Lebensmittelpreise angehäuft wurden. Rund 20.000 Kinder täglich verhungern nicht, sie „werden ermordet". Sagt der Ex-UNO-Beauftragte Jean Ziegler. Es ist schwer erträglich, dass Gott und Jeremia hier klingen wie Heiner Geißler (CDU) und Sarah Wagenknecht (Die Linke) zusammen. Noch unerträglicher aber ist: *Ich gehöre weder zu den Armen.* Also zu den 7,6 Millionen Deutschen, die von weniger als 929,- Euro im Monat leben. Noch bin ich einer von den *Dicken und Fetten*, also den 924.000 Millionären in Deutschland.

Ich gehöre aber zu denen, die Gottes Frage nicht beantworten können: „Was wollt ihr machen, wenn das Ende da ist?!"

Deshalb bete ich: „*Herr, lehre uns bedenken, dass wir sterben müssen, damit wir klug werden." (Psalm 90,12 ) Und das gilt auch im Umgang mit meinem Geld.*
*Andreas Malessa*

*Jeremia 7,1-11* → *GNB/AT 704*

### Die Taufe als Talisman?

Der versaut ja die schöne Sonntagsstimmung! Trillerpfeife statt Bach-Kantate? Gesellschaftskritik statt Erbauung? Kein Wunder, dass man Jeremia umbringen wollte.

Die *Fremden, Witwen und Waisen* heißen heute Asylbewerber, Alleinerziehende und Scheidungsgeschädigte. Oder Illegale, Altersverarmte, Wohlstandsverwahrloste. Wer für die kein Herz hat und auch im eigenen Leben *stiehlt, lügt und die Ehe bricht,* der soll bloß nicht seine Zugehörigkeit zum Tempel wie ein Mantra wiederholen. Heißt heute: Soll nicht seine Taufe als Talisman missverstehen. Als magische Garantie, dass der „Herrgott ein Auge zudrückt". Wie es regelmäßig beim Karnevalsbeginn heißt. Kirchensteuer ist keine Versicherung fürs ewige Leben.

Gott sieht Gottesdienst und Alltagsmoral aus derselben Perspektive.

„Nur wer für die Juden schreit, darf auch gregorianisch singen", drückte Dietrich Bonhoeffer es für seine Zeit im Dritten Reich aus. Ich kann nicht Gottes Segen und Beistand beanspruchen, wenn ich im Alltag *dem Götzen Baal Opfer bringe.* Also jedes Mal meine Werte und Prinzipen in die Tonne trete, sobald es Geld, Aufstieg und Ansehen bringt.

Mein Gebet: *Herr, nimm mir die fromme Selbstzufriedenheit. Ich will barmherzig tätig sein.*
Andreas Malessa

2. – 4. November

## Dienstag, 5. November

Jeremia 7,16-20 → GNB/AT 704

### Den Schöpfer achten, nicht die Schöpfung vergötzen

Ich bin schockiert! Gott sagt zu Jeremia: „Hör auf zu beten!" Dass ganze Familien die Himmelskönigin *Astarte* verehren, die *Venus* mit der Mondsichel, das Symbol für Menstruationszyklus und Fruchtbarkeit – warum stört sich Gott daran? Weil es dem Menschen schadet, wenn er *die Schöpfung* vergöttert. Statt *den Schöpfer* zu lieben. „Götzendienst" heißt ja immer: Sich eine übermenschliche Macht denken, die ich mit Opfern bestechen, mit Wohlverhalten beschwichtigen und mit Gebeten beschwören kann. „Nicht mit mir!", sagt Gott. „Spar dir deine Bitten fürs erste." Auf Sterne und Tierkreiszeichen zu vertrauen, auf esoterische Kräfte und die Magie der Elemente zu hoffen, ist ziemlich dumm. Denn es bedeutet die Schöpfung zu vergötzen anstatt sie dem Schöpfer zu danken. Die Natur vergibt nämlich keine Fehler. *Himmelskönigin Astarte* – das ist, wenn alles kommt, wie`s kommen muss. Unaufhaltsam wie die Mondphasen. Unauslöschlich wie die Kernschmelzen von Tschernobyl und Fukushima. Ich hoffe: „*Nur einen Augenblick trifft uns sein Zorn, doch lebenslang umgibt uns seine Güte.*" (Psalm 30,6)
*Andreas Malessa*

## Mittwoch, 6. November

*Jeremia 8,8-12 → GNB/AT 705*

### Keine Bischofs-Verunglimpfung bitte!

Die Bibel verdrehen, sich selbstgerecht auf Gott berufen, seinen Willen missverstehen, das Volk einlullen und nur den eigenen Vorteil suchen. Was Jeremia 590 v.Chr. hier den Priestern vorwirft, hat Jesus 30 n.Chr. den Pharisäern vorgeworfen. Und Martin Luther 1517 dem Papst. Und Täufer Menno Simons im 16. Jahrhundert dem Martin Luther.
Klappt bis heute: Freikirchler werfen das Landeskirchlern vor, selbsternannte „geistliche Leiter" den gewählten Bischöfen, Fernsehprediger den Theologieprofessoren, Konservative den Liberalen – und dann umgekehrt...
Der Unterschied: Jeremias Drohung wurde 587 v.Chr. wahr und die Prophetenrede von Jesus im Jahre 69 n.Chr.! Jerusalem wurde tatsächlich zerstört. Das Untergangs-Geraune aller anderen trat noch nie ein.
Und ich heute? Bin weder anklagender Prophet noch beklagter Priester, sondern ein Bibelleser, der aus Jeremias Wortgewitter positiv lernen kann. Nämlich was Gott will: Dass ich nicht meine, alles zu wissen. Mich nicht auf Kosten anderer bereichere. Probleme nicht zukleistere, sondern mutig benenne. Mich noch schäme, wenn Unrecht geschieht. Ich bete: „*Herr, zeig mir den Balken im eigenen Auge, bevor ich die Splitter bei anderen erwähne.*" (Matthäus 7,3)
*Andreas Malessa*

*Jeremia 9,22-23* → *GNB/AT 707*

*Jeremia 11,18-23* → *GNB/AT 709*

## Worauf ich wirklich stolz sein kann

In der Bewerbungsmappe steht, was Sie sich beruflich zugute halten. In der Kontaktanzeige oder bei Facebook steht, was Sie persönlich so alles drauf haben. *Weisheit, Stärke und Reichtum.* Also Intelligenz, Fitness und Begabungen. Bildung, Ausdauer, Talent. Wer damit angibt, der nervt. Aber wer immer tiefstapelt und seine Defizite so lange beteuert, bis er getröstet und gelobt wird – der nervt auch. Dabei *rühmen* Sie sich ja nicht nur anderen, sondern zuerst sich selbst gegenüber: Ich brauche Selbstvergewisserung und Selbstbestätigung, um seelisch stabil zu sein. Die ideale Balance zwischen Selbstüberschätzung und Minderwertigkeits-komplex? Auf das stolz zu sein, was *Gott* in mich gelegt hat und durch mich tun kann. Denn: *Gott erkennen und begreifen, was er will,* kann ich erst, seit Gott sich gezeigt, geoffenbart hat. In seinem Wort, in Jesus Christus, in meiner Biographie, im Gespräch mit anderen Christen. Nicht ich selbst muss *Liebe, Recht und Treue auf Erden schaffen.* Sondern Gott schafft, dass ich es schaffe. Mein Gebet: *„Bewahre mich vor Selbstüberschätzung, aber auch vor falscher Bescheidenheit. Lass mich so klug sein, mir zuerst deine Gnade zugute zu halten."* (1 Korinther 1,30)
Andreas Malessa

## Von Rachedurst und reinen Herzen

Von *lammfromm* ist es nicht weit zu *schafsblöd.* Jeremia sagt, arglos und ahnungslos sei er gewesen, wie ein Lamm. Naiv, oder? Braucht heute nicht jeder Berufstätige ein sensibles Frühwarnsystem, um gegen Intrigen und Mobbing gewappnet zu sein? In einem Wolfsrudel aufrichtige Motive und freundliche Absichten zu behalten, ist schwer. Gott, der *Herz und Nieren prüft,* zieht uns nicht wie ein TÜV aus dem Verkehr. Er solidarisiert sich mit den Fehlerhaften. Bei Jeremia radikaler, als mir lieb ist: Die Priester versuchen ihn umzubringen und Jeremia bittet Gott um Rache. Kann ich verstehen. Nicht verstehen kann ich, dass Gott sie ihm auch zusagt und obendrein noch die Kinder der Killer verhungern lassen will! Ja, manche Eltern haben ihre Kinder körperlich, seelisch, sozial oder emotional um ihr Leben gebracht. Schrecklich genug. Ich verstehe aber nicht, wie sich die Verse 22 und 23 mit der Willenskundgebung Gottes in Jesus Christus vertragen: „Nicht mehr Auge um Auge, Zahn um Zahn! Sondern: Verzichtet auf Gegenwehr. Liebet Eure Feinde." (Matthäus 5,38 ff) Ich bete: *„Erforsche mich Gott, sieh mir ins Herz, prüfe meine Wünsche und Gedanken!"* (Psalm 139,23)
*Andreas Malessa*

**185**

## Samstag, 9. November

*Jeremia 13,1-11 → GNB/AT 710*

*Ein aussagestarkes Kunstwerk*

Zugegeben: Es gibt populärere Symbol-Gegenstände in der Bibel als einen breiten Stoffgürtel bzw. Lendenschurz, der in der Uferböschung verrottet.

In der Antike konnte man anhand des eingestickten oder eingeritzten Namens den Besitzer am Gürtel identifizieren. Man trug sein Geld im Gürtel und man gürtete sich, wenn`s auf Reisen ging. Das Symbol ist klar: Zugehörigkeit, Besitz, Aufbruch.

Gott sagt zu seinem Volk: Ihr gehört zu mir. Ihr seid mein Schatz. Ich hatte ein Ziel mit euch. Jeremias prophetische Zeichenhandlung dazu (wir würden heute sagen: seine Kunst-Performance) sagt deutlich: *Diese* Zugehörigkeit, *diese* Wertschätzung und *dieser* Aufbruch vergammeln gerade. Weil ihr nicht hört, nichts fühlt und nichts kapiert.

Solche geistliche Schwerhörigkeit, ein *verstocktes Herz* und *Starrsinn*, die findet Gott auch bei mir, oder? Wenn ich beim Beten nur plappere statt zu hören. Wenn mich das Leid anderer nicht mehr anrührt. Wenn ich den modernen Götzen Opfer bringe statt den lebendigen Gott zu achten.

Ich bete: *„Herr, gib mir ein Herz, das völlig dir gehört. Und einen Geist, der beständig zu dir hält."* (Psalm 51,12)
*Andreas Malessa*

## Sonntag, 10. November

*Jeremia 15,10.15-21 → GNB/AT 713*

*Nicht schachmatt, sondern Patt!*

Wer Schach kennt, der weiß, dass es bei diesem Spiel ums Gewinnen geht. Nur gelegentlich kommt es zum Unentschieden, dem sogenannten *Patt*. Dann ist es dem unterlegenen Spieler geglückt, seine Spielfiguren so zu positionieren, dass der vermeintlich stärkere dennoch keinen Zug mehr machen kann.

Es kommt mir vor, als befände sich Jeremia in einer solchen Situation. Er schwankt zwischen der Rolle eines traurigen Gewinners und eines glücklichen Verlierers. Er weiß nicht vor und nicht zurück. In dieser Situation erlebt er: Gott hebt seinen Blick! Nicht immer sind die anderen Schuld an seiner Situation. Gottes Anrede macht deutlich, dass auch Jeremias Haltung sich noch einmal neu und grundlegend ändern muss. Nur dann kann er zu dem Menschen werden, den Gott sich wünscht. Und bei allem Widerstand wird Gott an seiner Seite sein!

Ich entdecke mal wieder: Das Leben ist weder schwarz noch weiß. Auch wenn ich meine, im Sinne Gottes gehandelt zu haben, darf ich mich nicht darauf ausruhen und denken: Bei mir ist alles richtig. Bei mir ist Veränderung nicht nötig. Wenn sogar bei einem bedeutenden Propheten wie Jeremia Umdenken und Neuanfang nötig sind, warum dann nicht auch bei mir?
*Christian Brenner*

*Jeremia 17,5-8 → GNB/AT 715*

### Gottes grüner Daumen

Wenn ich mich um die Blumen oder Pflanzen bei uns im Haus kümmern muss, ist ihr Ende vorherbestimmt: Tod durch Verdursten oder Ertrinken. Dagegen bewundere ich Menschen mit einem „grünen Daumen". Egal, welche Pflanze sie in die Finger bekommen, sie wächst und gedeiht!
Deshalb liebe ich auch das Bild von einem Menschen, der wie ein Baum tief verwurzelt ist und seinen Halt in Gott hat. Er kann trockene und nasse Lebensphasen aushalten. Jeremia ist zu einem solchen Menschen geworden. Er hat neu mit Gott angefangen und ist bereitwillig einen ungewöhnlichen Weg gegangen (Kapitel 16). So wurde er zu dem Menschen, den Gott als Propheten für sein Volk benötigt.
Was gibt mir Sicherheit, wenn es unruhig wird? Bin ich in Gott verwurzelt? Wie er es sich wünscht? Wie er es mir anbietet? Wie sehr bin ich in seinem Wort und im Gebet verwurzelt? Beides schenkt Nähe zu ihm. Es sind seine Angebote an mich, die ich gerne annehmen möchte. Denn damit sind verheißungsvolle Zusagen verbunden.
*Christian Brenner*

*Jeremia 17,19-27 → GNB/AT 715*

### Achtung: Heilig!

Der Sonntag ist ein leichtes Opfer. Wann immer es in unserem dichten Familienalltag mit zwei Berufstätigen und vier Kindern eng wird, neigen wir dazu, den Sonntag als letzte Option zu sehen. Da versuchen wir dann aufzuholen, was wir die Woche über nicht geschafft haben...
Jeremia hat von Gott den Auftrag erhalten, die Menschen des Volkes Israel an etwas Wichtiges zu erinnern: Der Sabbat ist heilig und gehört mir! Eure Vorfahren haben mein Gebot ignoriert. Sie haben sich um sich selbst und ihre eigenen Interessen gekümmert und nicht um das, was ich Ihnen geboten habe. Folgt nicht diesem schlechten Beispiel!
Ich halte inne und bin mal wieder beeindruckt von der Aktualität der Bibel. Jeremias Botschaft für das Volk Israel wird zur Botschaft für mich. Er sagt mir: Mit deiner Haltung verfügst *du* über diesen Tag. Und das, obwohl Gott gesagt hat: Dieser Tag ist heilig und gehört mir. Heilig ist alles, was (zu) Gott gehört. Ausgehend von diesem Gedanken frage ich mich: Wie kann ich Gottes Tag so gestalten, dass *er* sich darüber freut?
*Christian Brenner*

*Jeremia 18,1-6* → *GNB/AT 716*

*Jeremia 20,7-11* → *GNB/AT 718*

*Die Verhältnisse auf den Kopf gestellt*

Ein guter Freund von mir ist hervorragend im Diskutieren. Wenn wir eine Meinungsverschiedenheit haben oder in eine Auseinandersetzung geraten, gehe ich meist als Verlierer daraus hervor. Am Ende hat er immer Recht, selbst wenn er im Unrecht ist. Irgendwie schafft er es jedes Mal, die Verhältnisse in seinem Sinne auf den Kopf zu stellen. Offensichtlich geht es dem Volk Israel in seiner Beziehung zu Gott nicht anders. Die Menschen sehen sich selbst als diejenigen, die ihr Leben in der Hand haben und über ihre Zukunft bestimmen. Gott dabei zu haben ist zwar schön. Aber seine Rolle erschöpft sich darin, sie in ihren Entscheidungen zu bestätigen. Das Bild vom Töpfer, das Gott benutzt, um sein Volk durch Jeremia zum Umdenken aufzurufen, finde ich genial. Damit verbunden ist auch der Gedanke: „Wenn ihr euch selbst zum Maßstab macht, werdet ihr maßlos." Eine harte und herausfordernde Botschaft. Und doch wird dadurch der Mensch nicht klein gemacht. Im Gegenteil: Er findet seinen Platz und darf sich eingebettet wissen in einen Plan, den Gott selbst entworfen hat.

*Christian Brenner*

*Hauptsache „light"?*

In einem Werbespot aus den 90er Jahren tritt eine hübsche junge Frau auf und verkündet: "Ich heiße Ulrike Jokiel und esse unheimlich gern Schokolade. Ich steh' sogar manchmal nachts auf und hol' mir welche aus dem Kühlschrank! Aber sie muss leicht sein, das ist unheimlich wichtig! So wie die Yogurette!" Dabei ist das ein Widerspruch in sich: Ich kann nicht Schokolade naschen und denken, dass das keine Konsequenzen für mein Gewicht hat. Das ist Selbsttäuschung. Aber so denken und handeln wir oft. Wir nehmen die guten Dinge des Lebens mit und ignorieren oder verdrängen die andere Seite der Medaille. Auch in unserer Beziehung zu Gott. Jeremia erlebt Gott einerseits als seinen treuen Beschützer. Zugleich leidet er darunter, dass sein Gehorsam Gott gegenüber sich so negativ für ihn selbst auswirkt. Dass sein Glaube ihn so viel kostet. Wie schnell fallen wir doch dem Gedanken zum Opfer, es gäbe „Glaube *light*". Einen Glauben, der uns nichts kostet, sondern unser Leben nur sicherer, schöner und leichter macht. Weit gefehlt! Gott macht uns hier nichts vor. Wenn ich mit ihm lebe, muss ich mit Gegenwind rechnen. Zugleich darf ich wissen, dass mir der Herrscher der Welt nie von der Seite weichen wird.

*Christian Brenner*

*Jeremia 23,5-6* → *GNB/AT 720*

## Anders als erwartet

Als Teenager beeindruckte mich sehr die Geschichte von *Rocky*, der mit bürgerlichem Namen Gerd Bauer hieß. Als volltätowierter Rocker mit Irokesenschnitt und Lederkluft hatte er sich in den achtziger Jahren auf dem Hamburger Kiez einen Namen gemacht. Dann wurde er Christ und begann ein neues Leben. Ein radikaler Neuanfang! Damals wie heute für mich ein Beleg dafür, wie Gott – und nur er – Menschen helfen kann, noch einmal neu zu beginnen.

Inzwischen blicke ich selbst auf ein längeres Stück Lebensweg zurück. Und ich entdecke, wie Gott auch in meinem Leben und in dem von Freunden Neuanfänge möglich gemacht hat.

Gott verspricht im Text seinem Volk einen Neuanfang. Dieser Neuanfang wird an Zeiten erinnern, in denen das Verhältnis zwischen Mensch und Gott vertrauensvoll und einander zugewandt war.

Und doch wird diese Rettung ganz anders aussehen als erwartet. Sie wird mit einem neuen Namen verbunden sein: Jesus Christus. Denn sein Name bedeutet: „Der Herr rettet."

*Christian Brenner*

*Psalm 2 → GNB/AT 512*

*1 Thessalonicher 1,1-5*
*→ GNB/NT 268*

*16. – 19. November*

## Ein machtvoller Freund

Neulich erzählte mir einer meiner besten Freunde von einem Erlebnis, das ihm Mut gemacht hat. Er hatte sich mit einer Bekannten ein Projekt überlegt. Dabei wollten sie Leuten aus ihrem Umfeld kostengünstig Bioprodukte zugänglich machen. Als das Projekt Wirklichkeit wurde, sagte die Bekannte zu ihm: „Toll, mit dir kann man die Welt verändern." Was für ein Kompliment! Vor allem, weil es ernst gemeint war.
Wer *Gott* zum Freund hat, hat den *Herrscher über Himmel und Erde* zum Freund. Sind wir uns der Möglichkeiten bewusst, die daraus erwachsen? Der Psalmist ist sich sicher: Mit Gott an seiner Seite liegt ihm die Welt zu Füßen. William MacDonald hat einmal gesagt: „Wir leben *geistlich* von der Fürsorge, obwohl wir Multimillionäre sein könnten."
Wenn ich an den heutigen Tag denke: Welche Möglichkeiten habe *ich*, ihn positiv zu gestalten? Und um wie viel größer sind *Gottes* Möglichkeiten?
In diesem Sinne möchte ich mich vom Psalm-Beter motivieren lassen, an Gottes Seite Schutz zu suchen und danach zu fragen, wie er sich diesen Tag vorstellt.
*Christian Brenner*

## Meine Großmutter und ich

Wie oft haben wir es gemeinsam gesungen, das Lied von den Waldvögelein. Ich saß auf der Anrichte vor dem Küchenfenster, während meine Großmutter den Hefeteig knetete. „Wie hab ich doch die kleinen Waldvögelein so gern. Sie sitzen in den Zweigen und loben ihren Herrn. Und dieser Gott im Himmel will auch dein Vater sein. Er hat dich noch viel lieber als tausend Vögelein." Sie haben mich geprägt, diese gemeinsamen Stunden mit meiner Großmutter. Ihre Lieder. Ihre Geschichten. Von einem Vater im Himmel, der mich noch viel lieber hat als ich meine Waldvögelein. Später im Theologiestudium war die Anrichte meiner Großmutter viele hundert Kilometer entfernt. Aber wenn mich ein Brief von ihr erreichte oder gar ein Päckchen mit Gebäck, dann saß ich in Gedanken wieder auf ihrer Anrichte. Mittlerweile kann meine Großmutter keine Briefe mehr schreiben. Aber es vergeht kein Anruf ohne die Worte: „Kind, meine Gebete begleiten dich." Und dass meine Großmutter Wort hält, das spüre ich jeden Tag.
Worte, die mein Herz berühren. Briefe, die mir Heimat schaffen. Gebete, die mir Halt geben. Himmelsgeschenke von Lebensbegleitern und Glaubens-Mutmachern. Ein bisschen ist meine Großmutter wohl so wie Paulus.
*Katharina Bärenfänger*

## Montag, 18. November

*1 Thessalonicher 1,6-10*
→ *GNB/NT 269*

*Gefährten des Lebens*

„Einer lehrte mich laufen. Einer lehrte mich tanzen. Einer schenkte mir Worte. Und ein anderer ein Lied. Einer formte mein Denken. Einer prägte mein Leben. Einer zeigte mir das, was man mit Augen nicht sieht." So heißt es in einem Lied von Jürgen Werth.  So könnte auch ein Lied der Gemeinde von Thessalonich lauten. Und während ich es lese, mache ich es zu meinem Lied. Fülle es mit meinen Menschen. Mit den Stationen meines Lebens. Und stimme ein: „Vielen Dank, ihr Gefährten in den Gefahren des Lebens. Vielen Dank, ihr Begleiter durch das Lachen, das Leid. Gerne will ich euch geben, was ich selber bekommen. Und ich will für euch da sein als Gefährte auf Zeit." Wie schön, wenn unsere Gefährten einmal sagen können: Ich habe meinen Sohn nicht vergebens gelehrt zu laufen, denn seine Füße suchen den Weg des Lebens. - Ich habe meine Freundin nicht vergebens gelehrt zu tanzen, denn ihr Körper preist damit Gott. - Ich habe meine Schülerin nicht vergebens gelehrt zu reden, denn ihre Worte verkündigen den Herrn. Wie schön, wenn Menschen dies über uns sagen können. Wie viel schöner noch, wenn Gott einmal sagen wird: Es war nicht vergebens, dass ich meinem Kind diese Menschen als Begleiter geschenkt habe.
*Katharina Bärenfänger*

## Dienstag, 19. November

*1 Thessalonicher 2,1-8*
→ *GNB/NT 269*

*Mütterlich gesinnt*

Ist unsere Gemeinde finanziell stark genug, um diese Großveranstaltung zu schultern? Ist unser Hauskreis kreativ genug, um diesen Straßeneinsatz zu gestalten? Bin ich schlagfertig genug, um mit meinem Nachbarn über Gott zu diskutieren? Paulus, der große Missionar der ersten Christengeneration, würde diese Fragen vermutlich anders stellen. Ich höre ihn fragen: Bist du mütterlich genug gesinnt, um einen Menschen zu Christus zu führen? Hast du einen Menschen so lieb gewonnen, dass du mit ihm das Evangelium teilen willst und dein ganzes Leben – wie eine Mutter? Hast du Herzenslust an einem Menschen bekommen, so dass du ihm Gott zum Vater wünschst und nicht aufhörst, in Geduld und Glauben um ihn zu ringen – wie eine Mutter?
„Ich hatte eine solche Zuneigung zu euch", schreibt Paulus den Menschen, die durch ihn zum Glauben an Jesus Christus gefunden haben, „dass ich bereit war, nicht nur Gottes Gute Nachricht mit euch zu teilen, sondern auch mein eigenes Leben."
Wie das geht? Bischof Cyrill von Alexandrien wurde einmal gefragt, was er tun würde, um einen Menschen zu Christus zu führen. Er antwortete: „Ich lasse ihn ein Jahr bei mir wohnen".
*Katharina Bärenfänger*

## Mittwoch, 20. November

1 Thessalonicher 2,9-12
→ GNB/NT 269

*Stolpersteine*

Wie viele ermogelte Doktortitel
verträgt das Amt eines Ministers?
Wie viele unlautere Absprachen
das Amt eines Bundespräsiden-
ten? Wie viele Verkehrswidrig-
keiten das Amt einer Bischöfin?
Die entsprechenden Amtsträger
haben darauf sehr unterschiedliche Antworten gegeben. Auf die
Frage, wie viel Habsucht und Ehr-
sucht das Amt eines Menschen
verträgt, das Christus verkündigt,
gibt Paulus eine praxisbezogene
Antwort: „Mein Verhalten gegen
euch, die ihr die Gute Nachricht
annahmt, war gottgefällig, red-
lich und untadelig."
Auf der anderen Seite hat Paulus
nie einen Hehl daraus gemacht,
dass wir Menschen Sünder sind.
Dass er selbst Sünder ist. Abhängig von Gottes Gnade. Und
immer wieder angewiesen auf
Vergebung. Paulus meint nicht,
vor Versuchungen gefeit zu sein.
Nicht als Mensch vor Gott. Und
nicht als Mensch in der Öffentlichkeit.
Und genau deswegen erkennt er
die Stolpersteine, die einen Menschen zu Fall bringen können.
Die seiner Autorität schaden und
seine Glaubwürdigkeit mindern
können.
Indem Paulus sich selbst und
sein Amt realistisch einschätzt,
erkennt er diese Stolpersteine.
Indem er Gottes Kraft für sich
und sein Amt in Anspruch nimmt,
gelingt es ihm, nicht an ihnen zu
scheitern.
*Katharina Bärenfänger*

## Donnerstag, 21. November

1 Thessalonicher 2,13-16
→ GNB/NT 269

*Menschenwort oder Gotteswort*

Ich war 19 Jahre alt. Hatte gerade
mein Abitur in der Tasche. Und
machte mich zusammen mit
meinen beiden Freundinnen auf
den Weg nach Estland zu einem
missionarischen Kurzeinsatz. Als
Vorbereitungstraining für zwei
Jahre Mitarbeit auf der *Logos*, einem der beiden Schiffe der Mis-
sions-Organisation „Operation
Mobilisation (OM)". Ich war voller
Einsatzbereitschaft, Begeisterung
für Gott und Abenteuerlust. Die
Welt bereisen „im Auftrag des
Herrn". In Estland dann stellte
sich mir plötzlich die Frage: Ist
der Schiffseinsatz wirklich Gottes Idee für mich? Oder meine
eigene? Der Kapitän sprach diese
Fragen aus. War das nun Menschenwort oder Gotteswort?
Diese Frage ist so alt wie der
Glaube an Gott selbst. Und sie
stellt sich für uns Menschen
immer wieder. Jesus Christus
selbst traut seinen Jüngern zu,
Menschenwort und Gotteswort
voneinander zu unterscheiden.
Durch den Glauben an ihn. Und
durch die Hilfe des Heiligen
Geistes.
Ich bin damals nicht auf die *Logos*
gegangen, sondern habe angefangen, in Krelingen Theologie zu
studieren. Von heute aus betrachtet war das richtig und gut. Das
Wort des Kapitäns war ein Wort
von Gott für mich. Gut, dass ich
es als solches gehört habe.
*Katharina Bärenfänger*

*1 Thessalonicher 2,17-3,5*
→ *GNB/NT 270*

*1 Thessalonicher 3,6-10*
→ *GNB/NT 270*

*Aus den Augen, aus dem Sinn*

*Es könnte uns besser gehen*

Eine Silvesterfreizeit geht zu Ende. Eine Woche lang haben wir zusammen gesungen und gebetet. Sind Ski gefahren und gewandert. Und haben uns gegenseitig Anteil gegeben an unserem Leben. Mancher Freizeitteilnehmer weiß wohl nach diesen Tagen mehr Aktuelles über mich als mein weiterer Bekanntenkreis. Und natürlich haben wir uns vorgenommen, in Kontakt zu bleiben. Füreinander zu beten. Dann die Rückkehr in den Alltag. Alltagstrott. Bereits ein halbes Jahr später weiß ich kaum noch einen Namen. Hängengeblieben sind nur einige intensive Augenblicke. Mein Gebetsversprechen habe ich in den meisten Fällen wohl gar nicht eingelöst. Aus den Augen, aus dem Sinn. Weil es einfach nicht anders geht. Weil neue Aufgaben und Menschen warten.

Da wundere ich mich über Paulus - den Briefeschreiber, den Beter, den Kontakthalter. Und ich erinnere mich an seine Erklärung: Gott hat ihm ein mütterliches Herz geschenkt für die Menschen in Thessalonich. Paulus hat sie stets vor Augen. Trägt sie im Herzen. Sie gehen ihm nicht aus dem Sinn. Loslassen können ist eine Gnade. Festhalten können auch. Ich will achtsam sein: Für manche Menschen schenkt Gott mir ein mütterliches Herz.
*Katharina Bärenfänger*

„Hallo, Oma, wie geht`s denn Gabi in Hamburg?" – „Naja, Kind, du weißt ja, sie hat halt schon zu kämpfen." Als ich den Hörer auflege, bin ich bedrückt. „Paulus, Paulus, Timotheus ist zurück!" – „Und, was berichtet er aus Thessalonich?" – „Er erzählt von der Liebe der Thessalonicher untereinander. Von ihrem Glauben. Und von ihrer Hoffnung, dich bald wiederzusehen. Sie haben noch so viele Fragen. Müssen noch so vieles von dir lernen." Es wirkt wie Lebenselixier für den besorgten Paulus – das Gute, das Timotheus von den Thessalonichern erzählt. Die positiven Ansätze, die er von seinem Besuch bei ihnen zu berichten weiß. „Jetzt leben wir wieder auf", schreibt Paulus den Thessalonichern wenig später in seinem Antwortbrief. Nicht alles ist gut in Thessalonich. Aber vieles. Und dem Guten vor Ort gilt Timotheus´ Aufmerksamkeit. Das gibt er weiter. Und macht das Herz von Paulus dadurch leicht und nicht schwer.

„Gott, es könnte uns besser gehen, wenn wir mehr Gutes aneinander finden würden.
Gott, es könnte uns besser gehen, wenn wir mehr Gutes voneinander denken würden.
Gott, es könnte uns besser gehen, wenn wir mehr Gutes voneinander erzählen würden." (Michael Schinner)
*Katharina Bärenfänger*

## Persönlich

**„Duuu, Frau Bärenfänger...**

... warum glaubt Ihr eigentlich an Jesus?" Vor mir
steht Farhan. Sieben Jahre alt. Aus Pakistan. Er und
seine Eltern sind Moslems.
Uff - was für eine Frage! An mich als Vikarin. Mitten
auf dem Schulhof. Aber dann erzähle ich Farhan: Wie
Jesus geboren wurde als kleines Baby. Und wie er
später vielen Menschen geholfen hat. Kranken Menschen, so dass sie wieder laufen konnten. Traurigen
Menschen, so dass sie wieder lachen konnten. Und
immer, wenn Menschen mit Jesus zu tun hatten,
dann fühlten sie sich Gott einfach nahe. So, dass sie
erkannten: Jesus ist Gottes Sohn.
„Ach so ist das" sagte Farhan und zwinkert mir ver-
schmitzt zu. „Dann finde ich das ja doch nicht so doof."
Farhan geht mir nicht mehr aus dem Sinn. Ich trage
ihn im Herzen. Er ist mir vor Augen. Und ich bringe
ihn im Gebet zu Jesus, nach dem er gefragt hat.
Für manche Menschen schenkt Gott uns ein mütterliches Herz.
**Katharina Bärenfänger**

*Ich mag Tiefschneehänge und Berggipfel. Adonia,
Strandmission und Pro Christ.
Ich mag Lehre und Forschung. Krelingen, Göttingen,
Heidelberg und Jena.
Ich mag Bären – klar! Süße und lebendige.
Und ansonsten bin ich gerade Vikarin und unterrich-
te Farhan und die 2b in Maintal.*

*1 Thessalonicher 4,13-18*
→ *GNB/NT 271*

*1 Thessalonicher 5,12-15*
→ *GNB/NT 271*

### Eigentlich unfair

„Du, Mama, eigentlich ist das unfair. Die Menschen, die gelebt haben, als Jesus noch auf der Erde war, die hatten es viel leichter an ihn zu glauben. Die haben Jesus schließlich gesehen und alle Wunder miterlebt." Meinte ich als Kind. Später, im Studium, habe ich begriffen, dass sie es wohl doch nicht leichter hatten als wir. Denn sie hatten den Heiligen Geist noch nicht. Hatten den noch nicht, der ihnen erklärt und beglaubigt, dass Jesus der Sohn Gottes ist.

„Du, Mama", höre ich ein Kind in Thessalonich sagen, „eigentlich ist das unfair. Die Menschen, die schon gestorben sind, haben es viel schlechter als wir. Sie können ja nicht mehr miterleben, dass Jesus wiederkommt!" Vermutlich hat Paulus geschmunzelt. So wie meine Mutti damals. Aber seine Antwort verweist ganz auf das Wesen Gottes: Gott selbst wird dafür sorgen, dass niemand zu kurz kommt. Dass niemand einen Vorteil und niemand einen Nachteil hat. Die nicht, die damals mit Jesus gelebt haben. Die nicht, die heute mit Jesus leben. Die nicht, die schon gestorben sind. Die nicht, die bei der Wiederkehr von Jesus noch am Leben sind. Gottes Wunderwege kennen wir noch nicht alle. Aber einer ist uns verheißen - unsere Auferstehung.
*Katharina Bärenfänger*

"Heiraten Sie nie...

...einen Mann aus Mitleid. Und heiraten Sie nie einen Mann um seines Geldes willen. Das gibt es auf der Bank billiger." Es gab lautes Gelächter im Krelinger Seminarraum angesichts dieser Worte unseres Lehrers. Spätestens beim Heiratsantrag eines reichen Iraners drei Jahre später fielen sie mir wieder ein. Diese Worte meines Lehrers.

Es ist gut hinzuhören. Es ist gut zuzuhören. Wenn Eltern und Lehrer mir etwas sagen. Mich vor Fallen warnen, die ich noch lange nicht sehe. Vorstellungen von mir korrigieren, die mich in eine falsche Richtung locken. Ich brauche Korrektur. Ich brauche Menschen, die sich die Mühe machen, an mir zu arbeiten. Das Chaos zu korrigieren, das sich in mein Leben eingeschlichen hat. Das falsche Selbstbild zu korrigieren, das ich mir mit den Jahren zugelegt habe. Meine Angst und meine Mutlosigkeit zu korrigieren, die mich daran hindern, mit Gottvertrauen in die Zukunft zu gehen. Korrektur hat viele Gesichter. *Wohlwollende* Korrektur ist ein kostbarer Schatz. „Gott, den Eltern und Schulmeistern kann man nimmer genugsam danken noch vergelten", schreibt Luther im Großen Katechismus.
*Katharina Bärenfänger*

## Dienstag, 26. November

*1 Thessalonicher 5,16-18*
→ *GNB/NT 272*

### Immerzu und unablässig

„Soweit nichts anderes verordnet, nehmen Erwachsene 3-mal täglich 1 Tablette." Das mag helfen, um körperlich gesund zu werden. Um geistlich gesund zu bleiben, empfiehlt Paulus aus seiner eigenen Lebenserfahrung gleich drei Dinge auf einmal: Fröhlichkeit, Gebet und Dankbarkeit. Und diese drei Dinge jeden Tag durchaus hoch dosiert. Also: immerzu, unablässig und in jeder Lebenslage. Aber wer ist schon immer fröhlich? Wer ständig am Beten? Und wer für alles dankbar? Paulus sagt damit: Konzentriert euch immer wieder auf Gottes Heil, das er uns in Jesus Christus geschenkt hat! Wenn ich glaube, dass Gott auch meine schwerste

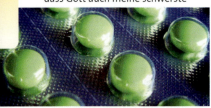

Schuld vergibt und mein Leben heil macht, dann kann ich nicht anders: Ich jubele vor Freude. Wenn ich wahrnehme, wie Gott mich Tag für Tag mit allem versorgt, was ich zum Leben brauche, dann kann ich nicht anders: Ich muss ihm einfach von Herzen „Danke!" sagen. Wenn ich mit Gott rede und erlebe, wie er mir zuhört, mich versteht und mir sogar antwortet, dann kann ich nicht anders: Ich werde immer wieder mit ihm reden. Immerzu. Unablässig. Und in jeder Lebenslage.
*Katharina Bärenfänger*

## Mittwoch, 27. November

*Psalm 111* → *GNB/AT 577*

### Ein ABC des Glaubens

Was ich hier schreibe, ist sicher nicht der Weisheit letzter Schluss. Das haben Sie auch nicht erwartet? Dann bin ich beruhigt. Am Schluss dieses großartigen Psalms wird gesagt, dass jede Weisheit damit anfängt, Gott ernst zu nehmen. Denn alle Weisheit kommt von ihm. Wenn es uns an Weisheit mangelt, dürfen wir Gott bitten, dass er sie uns schenkt (Jakobus 1,5). Das ist ja wohl pure Ironie, denn wem fehlt es nicht an Weisheit? Wenden wir uns also klugerweise, ehrfürchtig und von Herzen, Gott zu und lassen den Psalm in uns wirken. Wir könnten so eine Art „ABC des Glaubens" schreiben, indem wir an den Aussagen des Psalms entlanggehen. Dabei dürfen auch persönliche Erfahrungen mit einfließen.
Der Dichter dieses Psalms hat nämlich genau das getan. Er hat das Alphabet auf ein Blatt geschrieben und sich zu jedem Buchstaben einen kurzen Satz ausgedacht. Es ist ein kunstvolles Gedicht geworden.
Ihr „ABC des Glaubens" muss nicht kunstvoll sein. Hauptsache es kommt **A**us dem Herzen. Sie sind **B**eeindruckt von Gottes Werken. Und **C**- da fällt Ihnen sicher etwas ein. Viel Freude und Weisheit bei Ihrem persönlichen „ABC des Glaubens".
*Reinhold Frey*

### Blauer Brief

Der blaue Brief aus der Schule hatte eine deutliche Botschaft: Meine Versetzung war gefährdet. Und er zeigte Wirkung. Ich strengte mich danach an und schaffte das Klassenziel.
Gott schickt seinem abtrünnigen Volk sozusagen auch einen *blauen Brief*. In ihm sind alle Gerichtsworte schriftlich festgehalten, die Jeremia im Lauf der Jahre in Gottes Auftrag gepredigt hatte. Bis jetzt sind sie leider ohne Wirkung geblieben. Doch diese Worte sind auch eine Einladung zur Umkehr. Denn „vielleicht werden sie sich dann von ihrem verkehrten Weg abwenden und den Herrn um Gnade anflehen."
Vielleicht... Nicht alle blauen Briefe erreichen ihr Ziel. Weil die Eltern oder der Schüler die Warnung ignorieren. Oder sie nicht ernstnehmen. Oder einfach nicht wollen.
Auch heute ruft Gott Menschen zur Umkehr. Durch sein Wort – in der Bibel gesammelt. Oder durch andere Menschen. Die uns wie Jeremia vor Augen führen, wo wir auf Abwegen sind.
Bis heute treibt Gott dabei nur eine große Sehnsucht: „Vielleicht geben sie ihr verkehrtes Leben auf und ich kann ihnen ihre Schuld vergeben." Diese Sehnsucht gilt auch Ihnen und mir.
*Gerd Mankel*

### Betroffen

Geschickt wählen Baruch und Jeremia den Zeitpunkt, an dem sie das aufgeschriebene Wort Gottes verlesen. Denn an dem Fasttag, der wohl wegen der anrückenden babylonischen Armee einberufen wurde, strömen viele Menschen in „Bußstimmung" in den Tempel. Und die Rechnung der beiden Männer scheint aufzugehen. Denn zumindest einer ist betroffen – Micha. Er erkennt, dass diese Worte schnelles Handeln erfordern. Er sorgt dafür, dass sie auch im Ministerrat gelesen werden. Dort lösen die Gerichtsworte ebenfalls tiefe Betroffenheit aus – besonders wohl angesichts des herannahenden Feindes...
Wann waren Sie das letzte Mal wirklich betroffen von den Worten Gottes? Weil diese einen wunden Punkt in Ihrem Leben berührt haben? Oder weil Ihnen plötzlich aufging, dass Sie eine längst fällige Versöhnung nicht mehr aufschieben dürfen? Oder weil eine Lebenshaltung infrage gestellt wurde, die tief in Ihnen verwurzelt ist?
Sie können solche Betroffenheit nicht machen. Doch wenn Gott sie schenkt, sollten Sie handeln und diese Gelegenheit nicht ungenutzt verstreichen lassen. Vielleicht gerade heute?
*Gerd Mankel*

*Jeremia 36,20-32 → GNB/AT 737*

### Mundtot?

Jojakim ist als König gottlos und ungerecht. Er führt sein Volk in die Katastrophe von Zerstörung und Verbannung. Auch, weil er sich von Gottes Wort nicht zur Umkehr rufen lässt. Im Gegenteil! Er verbrennt die Schriftrolle mit den Worten Gottes eigenhändig. Doch wird er das ermahnende Wort Gottes so nicht los. Gott lässt Jeremia ein zweites Mal alles mit Hilfe von Baruch aufschreiben. Ergänzt mit den verschärften Gerichtsworten über Jojakim, die er sich durch seinen Frevel zugezogen hat. Gott lässt sich nicht mundtot machen!

Zu allen Zeiten wurde die Bibel als Wort Gottes bekämpft. Doch Gott selbst sorgte durch die Jahrhunderte dafür, dass sein heiliges und ewiges Wort erhalten blieb. Und wir erleben heute, wie zum Beispiel durch das Internet Menschen in allen Winkeln der Welt Zugang zum biblischen Wort haben.

Doch es reicht im Grunde schon aus, die Bibel zu ignorieren. Dass Sie jetzt *mittendrin* lesen, lässt mich vermuten, dass Sie das nicht tun. Oder vielleicht doch? Wenn nämlich Gottes Wort Sie *trifft* und es deshalb unbequem wird? Es wäre fatal, wenn Sie sich Gottes Anspruch dann vom Leib halten würden. Denn damit schneiden Sie sich vom *Wort des Lebens* ab.

*Gerd Mankel*

*Jeremia 37,1-10 → GNB/AT 737*

### Durch Schaden nicht klug

Mir ging es körperlich wirklich schlecht. Als Konsequenz daraus nahm ich mir fest vor: Wenn das wieder besser wird, treibst du endlich regelmäßig Sport. Das ist jetzt acht Jahre her. Mir geht es wieder besser. Und Sie erraten es vielleicht: Ich treibe immer noch keinen Sport.

So ähnlich handelt der neue König Zidkija. Als die Babylonier Jerusalem besetzen und seinen Vorgänger Jojakim entmachten, öffnen ihn diese Ereignisse für das Reden Gottes durch Jeremia. Doch sobald die babylonische Armee wieder abgezogen ist, schlägt er denselben gottlosen Weg ein wie sein Bruder Jojakim. Er setzt sein Vertrauen lieber auf den vermeintlichen Verbündeten Ägypten anstatt auf Gott. Doch Gott geht auf das Spielchen, das Zidkija mit ihm spielen will, nicht ein. Es bleibt dabei: Die Ägypter werden nicht helfen.

Wer sich auf Menschen statt auf Gott verlässt, der ist verlassen. Und muss mit den Konsequenzen dieser Entscheidungen leben. Das gilt auch heute noch. Auf wen verlassen Sie sich? Auf wen setzen Sie Ihr Vertrauen? Menschen können nur begrenzt helfen. Gerade, wenn es um die Frage des ewigen Lebens geht. Hier hilft allein das Vertrauen auf Gott.

*Gerd Mankel*

### Leiden für Gott

Mit 14 Jahren hörte ich auf, im Verein Fußball zu spielen. Ich wollte lieber in den Jugendkreis der Gemeinde gehen. Für diese Entscheidung erntete ich viel Unverständnis und Spott bei meinen Sportfreunden. Das war nicht einfach auszuhalten.

Das ist natürlich wenig Leiden im Vergleich mit Jeremia, der für seinen mutigen Einsatz für Gottes Botschaft ins Gefängnis geworfen wird. Denn hatte er nicht immer wieder den Sieg des babylonischen Königs vorhergesagt? Und war ihm deshalb nicht zuzutrauen, dass er ein Verräter ist? Jeremia leidet unter der Situation und tut alles in seiner Macht Stehende, um sie erträglicher zu machen. Denn für Gott zu leiden, bedeutet nicht, dass man sich darüber freuen muss. Und sein Leben in Gottes Hand zu wissen, heißt nicht, dass man alles passiv über sich ergehen lässt. Auch Jesus (Johannes 18,23) und Paulus (Apostelgeschichte 16,37ff; 22,24ff) ließen sich nicht alles gefallen, sondern wehrten sich. Wenn Sie also wegen Ihres Glaubens bedrängt, vielleicht sogar gemobbt werden, brauchen Sie sich nicht alles gefallen zu lassen. Doch wichtiger als die Selbsthilfe ist, dass Sie sich immer wieder bewusst machen: Gott hält Sie gerade dann in seiner Hand, wenn der Wind Ihnen ins Gesicht bläst. Weil Sie treu zu ihm halten.

*Gerd Mankel*

## Dienstag, 3. Dezember

*Jeremia 38,1-13* → *GNB/AT 738*

### Zivilcourage

Jeremia verdankt sein Leben dem mutigen Einsatz von Ebed-Melech. Dem hätte Jeremias Schicksal wirklich egal sein können, zumal er Ausländer war. Doch Ebed-Melech handelt und setzt sich für Jeremia beim König ein. Niemand sitzt in Deutschland wegen seines Glaubens im Gefängnis – Gott sei Dank! Doch in vielen Ländern der Welt sieht das völlig anders aus. Da werden Christen unterdrückt und verfolgt. Und immer wieder werden sie auch wie Jeremia unschuldig verhaftet und gequält. Viele bezahlen die Treue zu Jesus auch mit ihrem Leben.

Ob Gott nicht will, dass wir für diese Christen zum Ebed-Melech werden? Wir, die wir in Freiheit leben und die Möglichkeit haben, uns für andere einzusetzen? Wir brauchen dazu nicht unser eigenes Leben zu gefährden. Wir müssen noch nicht einmal persönlich irgendwo vorstellig werden. Es reicht oft aus, einen Brief oder eine E-Mail zu schreiben. Vordrucke, Entwürfe und Informationen dazu finden Sie z. B. unter *www.opendoors-de.org* bzw. *www.opendoors-ch.org*.

Wie gesagt: Es kostet uns nicht viel, uns für verfolgte Christen einzusetzen. Aber vielleicht retten wir auf diese Weise wie Ebed-Melech das Leben von Menschen.
*Gerd Mankel*

## Mittwoch, 4. Dezember

*Jeremia 39,1.15-18* → *GNB/AT 793*

### Belohntes Vertrauen

Gestern lasen wir, wie Ebed-Melech das Leben von Jeremia rettet. Heute erfahren wir, dass er so handelte, weil er auf Gott vertraut. Das gab ihm den Mut, sein eigenes Leben zu gefährden, um für Jeremia zu bitten. Denn leicht hätte ihn das selbst in den Verdacht des Landesverrates bringen können.

Immer wieder wagen in der Bibel Menschen Unmögliches, weil sie auf Gott vertrauen. Gideon zieht mit 300 Männern, die nur mit Tonkrügen und Fackeln „bewaffnet" sind, in den Kampf gegen einige Zehntausende Midianiter. Der Teenager David tritt nur mit ein paar Kieselsteinen „bewaffnet" gegen den Riesen Goliat an. Weil Ebed-Melech Gott vertraut, schenkt ihm Gott sein Leben, als Jerusalem erobert und zerstört wird.

Immer wieder erlebten und erleben Menschen, dass sie schon hier auf der Erde für ihr Vertrauen belohnt werden. Doch das ist nicht immer so. Das weiß auch die Bibel. Lesen Sie mal im Neuen Testament Hebräer 11.

Darum muss der entscheidende Blick über diese Welt hinaus gehen - auf die Ewigkeit. Spätestens dort wird unser Vertrauen auf Gott belohnt. Für immer. *Vertrauen* Sie auf Gott, auch wenn Sie nicht wie Ebed-Melech schon in diesem Leben dafür belohnt werden.
*Gerd Mankel*

## Donnerstag, 5. Dezember

*Jeremia 39,2-14* → *GNB/AT 739*


*Ende mit Schrecken*

400 Jahre lang wurde das König-
reich Juda seit König David meist
von Herrschern regiert, über die
das Urteil lautete: Er tat nicht,
was Gott gefiel. Und die Bürger
Judas ließen sich nur allzu gern
mit auf den Weg ihrer gottlosen
Könige nehmen. 400 Jahre lang
hatte Gott Geduld mit seinem
Volk. Immer wieder schickte er
Propheten, die das Volk zur Umkehr riefen und zu Gott einluden.
Doch selten fanden sie Gehör. Die
meisten wurden einfach ignoriert, manche sogar getötet. Ist es
da ein Wunder, dass Gott genug
hat? Dass Volk und König die
Quittung für ihren fortgesetzten
Ungehorsam bekommen? Der
Sünder erntet, was er gesät hat.
Ihn trifft Gottes Gerichtshandeln
zu Recht.
Solche harten Worte hören wir
nicht gern. Und einen Gott, der
Sünder derart bestraft, wollen
wir nicht haben, oder? Doch auch
diese Geschichte(n) stehen in der
Bibel, um „uns ein warnendes
Beispiel zu geben." (1 Korinther
10,6)
Denn bis heute gilt: Wer Gott ig-
noriert, wird eines Tages dafür die
Quittung bekommen. Und Gottes
Gericht trifft immer zu Recht.
Doch wir haben eine einzigartige
Chance: Jesus Christus unser Le-
ben anzuvertrauen, der am Kreuz
für unsere Sünde gestorben ist.
Was tun Sie?
*Gerd Mankel*

## Freitag, 6. Dezember

*Klagelieder 3,19-26* → *GNB/AT 760*


*Darf ich das?*

Jerusalem ist zerstört. Viele Einwohner sind tot oder nach Baby-
lon verschleppt. Einige wenige
leben noch in den Trümmern der
Stadt, unter ihnen Jeremia. Wir
wissen nicht sicher, ob diese herz-
zerreißende Klage aus seinem
Mund stammt. Doch würde sie
gut zu ihm passen, weil er auch
sonst Gott immer ehrlich gesagt
hat, wie es in ihm aussieht.
Hier schreit nämlich einer seine
Verzweiflung über Gott richtig
heraus. Darf man das so Gott
gegenüber? Ja, man darf! Denn
wenn Gott uns auffordert, unser
Herz vor ihm auszuschütten
(Psalm 62,9), gilt das auch für
unsere finsteren Gedanken und
tiefsten Gefühle. Gott weiß ja
sowieso, wie es in uns aussieht.
Doch bleibt der Beter nicht im
Klagen stecken. Er blickt in seiner
großen Not auf Gott, dessen
Erbarmen, Liebe und Treue mit
ihm nicht am Ende ist. Im Gegenteil: Gott ist gerade bei denen, die
ganz tief unten sind.
Schließlich war er selbst am
Kreuz in Jesus so tief unten wie
sonst kein Mensch. Auch Jesus
schreit am Kreuz: „Mein Gott,
warum hast du mich verlassen!"
Darum: Klagen Sie Gott Ihre Not,
schreien Sie sie heraus. Dann
wird Ihr Blick wieder frei und
Sie können Gottes anhaltendes
Erbarmen, seine Liebe und Treue
entdecken!
*Gerd Mankel*

## Samstag, 7. Dezember

*Klagelieder 5,16-22 → GNB/AT 762*

*Alles aus?*

Aus und vorbei! So fühlen sich Sportler, wenn sie aus einem Wettkampf ausscheiden. Das ist besonders bitter, wenn man sich auch noch selbst die Schuld daran geben muss. Weil man z.B. gegen die Regeln verstoßen hat und disqualifiziert wurde.
Aus und vorbei! So fühlten sich die Überlebenden der Zerstörung Judas, die zwar noch lebten, aber sonst keine Hoffnung hatten. Und so langsam wurde ihnen klar, dass sie durch ihren Ungehorsam Gott gegenüber selbst schuld sind an der Katastrophe. Aus und vorbei! Wirklich? Nein, solange Gott noch da ist, gibt es Hoffnung auf neues Leben für das Volk. Denn Gott will nicht das Verderben des Sünders, sondern dass er umkehrt und lebt. Daran klammert sich der Beter zu Recht. Daran dürfen auch Sie sich klammern, wenn drückende Schuld auf Ihrem Leben liegt. Es gibt Hoffnung! Weil Jesus Christus am Kreuz die Schuld der ganzen Welt auf sich genommen und die Strafe dafür bezahlt hat.
Ihnen und mir gilt darum die Zusage: „Wenn wir aber unsere Verfehlungen eingestehen, können wir damit rechnen, dass Gott treu und gerecht ist: Er wird uns dann unsere Verfehlungen vergeben und uns von aller Schuld reinigen." (1 Johannes 1,9)
*Gerd Mankel*

## Sonntag, 8. Dezember

*Jesaja 40,1-2 → GNB/AT 670*

*Wieder gut*

Als ich den Krach aus dem Treppenhaus höre, fährt mir der Schreck in die Glieder. Unser 15 Monate alter Sohn hat sich samt Rutsch-Fahrzeug abwärts überschlagen. Während ich ihn tröste, hadere ich mit mir. Wie konnte ich nur vergessen, das Treppenschutzgitter zu schließen! Gott sei Dank geht alles glimpflich ab. Ich weiß nicht, ob ich mir selbst hätte verzeihen können, wenn er sich ernsthaft verletzt hätte. Menschen, die über ihre Schuld verzweifelt sind, haben Vergebung und Trost nötig. Wie Jesajas Zuhörer. Das Volk Israel hatte Gott den Rücken gekehrt und infolgedessen schlimme Jahre unter fremder Herrschaft und im Exil erlebt. Jesaja bringt denen Ermutigung, die verzweifelt bereuen, dass sie Gott missachtet haben: Es ist wieder gut! Eure Schuld trennt euch nicht mehr von eurem liebenden Schöpfer. Das dürfen Sie auch für sich persönlich lesen. Sie mögen noch so viel versäumt oder falsch gemacht haben. Wenn es Ihnen ehrlich leidtut und Sie Sehnsucht nach Gott haben, dann vergibt er Ihre Schuld. Und er beginnt behutsam, Ihr Leben zu heilen und zurechtzubringen. „Wer an seiner Gottesferne leidet, dem ist Gott schon nicht mehr fern." (Paul Breymaier)
*Ingrid Jope*

*„Bahn frei, Gott ist dabei!"*

Drei Arbeiter im Mittelalter heben ein Erdloch aus. Der erste arbeitet gelangweilt und langsam, der zweite pflichtbewusst und fleißig. Der dritte ist leidenschaftlich und sehr effektiv. Danach gefragt, was sie machen, antwortet der erste: „Ich grabe ein Loch". Der zweite: „Wir legen ein Fundament." Und der Dritte: „Ich gehöre zu einem Team, das eine Kathedrale baut."

Wenn ich im Dickicht meines Alltags stecke, fehlt mir oft der Blick für die Größe und Herrlichkeit Gottes. Da rotiere ich dann als Mutter zwischen Brei kochen, Matschhosen waschen und Schulfrust aushalten. Aber Jesajas Verse erinnern mich daran: Der Schöpfer des Universums ist an meinem Leben interessiert. Hier und jetzt ist das, was ich tue, nicht gleichgültig. Es ist mein Beitrag zur „Kathedrale". Gott möchte ankommen, bei mir und bei Ihnen (*Advent* bedeutet ja *Ankunft*). Er will Sie berühren, beschenken und gebrauchen. Dafür sollen und dürfen Sie ihm den Weg bahnen.

Nicht wie die Kinder bei uns am Rodelberg rufen: „Bahne frei, Kartoffelbrei!" Sondern: *„Bahn(e) frei, Gott ist dabei!"*

Wie wäre es, wenn Sie sich diesen Spruch an den Kühlschrank, den Schreibtisch, die Werkbank oder das Armaturenbrett heften?

*Ingrid Jope*

## Dienstag, 10. Dezember

*Jesaja 40,6-8 → GNB/AT 670*

### Gottes letztes Wort

Ich verbrachte die Nacht mit meiner damals zweijährigen Tochter im Krankenhaus. Sie lag schwitzend in meinen Armen und schlug in Albträumen um sich. Die Ärzte konnten die Ursache für ihr hohes Fieber nicht finden! In dieser Situation wurde mir wieder bewusst, wie zerbrechlich unsere menschliche Existenz ist. Nichts anderes drückt Jesaja mit dem Bild aus, dass wir Menschen sind wie vergängliches Gras. Aber in diese Zerbrechlichkeit und Unvollkommenheit hinein spricht der lebendige Gott sein ewiges Wort: „Ich liebe euch. Euch gibt es, weil ich euch wollte. Ich will euch nahe sein." Die Menschen waren damit überfordert, von ihrer Seite diese Beziehung zu pflegen. Darum setzt Gott eins drauf und lässt seinen Sohn Mensch werden. Jesus ist gewissermaßen das letzte und endgültige *Wort* Gottes. Es steht über allem menschlichen Versagen und aller Vergänglichkeit. Dieses Wort bleibt immer in Kraft. Jesus kam, um uns nach Hause zu lieben. Denn „wer an den Sohn glaubt, der hat das ewige Leben." (Johannes 3,36)
Wenn Sie Jesus Christus glauben, dass er das Beste mit Ihnen vorhat und dieser Glaube immer mehr Ihr Leben prägt, hat Gottes Wort sein Ziel erreicht. Ihre zerbrechliche Existenz hat Ewigkeitswert!
*Ingrid Jope*

## Mittwoch, 11. Dezember

*Jesaja 40,9-11 → GNB/AT 671*

### Bestellt und nicht abgeholt

Wir vertrieben uns mit 20 Jugendlichen die Zeit auf einer Raststätte an der A 67. Gegen 21 Uhr sollte ein Bus uns abholen und zu einer Freizeit nach Spanien mitnehmen. Aber um 22.30 Uhr war immer noch kein Bus in Sicht. Wir standen da wie bestellt und nicht abgeholt. Irgendwann kam der erlösende Anruf: Der Busfahrer hatte die vereinbarte Raststätte vergeblich an der A5 gesucht! Aber inzwischen war er auf dem Weg zu uns...
Fühlen Sie sich manchmal von Gott verlassen und vergessen? Dann hören Sie die Botschaft, die Jesaja damals seinem Volk zuruft, auch für sich persönlich. Gott sucht Sie nicht an der falschen Autobahn. Er hat Sie nicht vergessen. Er kommt. Nein, er ist schon da, auch wenn Sie seine Nähe nicht fühlen. Ihm entgleitet Ihr Leben nicht, auch wenn vieles keinen Sinn zu haben scheint. Seine Liebe und Macht sind größer als alles, was Ihnen das Leben schwer macht.
Gott kümmert sich - wie ein guter Hirte. Es kümmert ihn, wie es um Sie steht. Er will aus den Stolpersteinen auf Ihrem Lebensweg Bausteine für Ihre Zukunft machen.
*Ingrid Jope*

## Donnerstag, 12. Dezember

*Jesaja 40,12-17 → GNB/AT 671*

### Unbegreiflich und doch zum Greifen nah

Es war der erste Abend des Glaubensgrundkurses. Ein Teilnehmer äußerte in der Vorstellungsrunde, er sei nur hier, weil ein guter Freund ihn eingeladen habe. Er brauche Gott und den Glauben nicht. Sein Leben sei in Ordnung. Vier Wochen später standen demselben Mann Tränen in den Augen, weil er zu erkennen begann, wie viel Zerbruch unter der Oberfläche seines Lebens verborgen war. Nochmal drei Wochen später vertraute er sein Leben Gott an. Bei mir selbst und bei anderen erlebe ich immer wieder: Der Weg zu Gott ist nicht mit Erfolgen und Hochmut gepflastert. Bevor wir Zugang zu Gottes Wesen finden, brauchen wir Menschen es offensichtlich, dass wir in unsere eigenen Abgründe schauen. Dass wir spüren, wie sehr wir Gott nötig haben. Dass wir anfangen, die Größe und Heiligkeit Gottes staunend zu erahnen. Wer bin ich denn schon, wenn die ganze Erde vor Gott wie ein Staubkorn ist? Wie könnte ich mir anmaßen, Gott sagen zu wollen, was er zu tun hat? Gott ist immer noch größer, als wir es uns je vorstellen können.
Das Faszinierende daran ist: Dieser majestätische Gott sagt zu uns: „Wenn ihr mich von ganzem Herzen sucht, werde ich mich von euch finden lassen." (Jeremia 29,13.14a)
*Ingrid Jope*

## Freitag, 13. Dezember

*Jesaja 40,27-31 → GNB/AT 671*

### Sicher und gelassen

Heute ist also Freitag, der dreizehnte! Möglicherweise begegnen Ihnen im Laufe des Tages Menschen, die sich wegen dieses Datums Sorgen machen. Zum Beispiel, dass ihnen ein Unglück zustoßen könnte.
Im Umgang mit diesen Menschen oder falls Ihnen selbst heute etwas misslingen sollte: Bleiben Sie gelassen. Denken Sie an das, was Ihnen Gott durch Jesaja „ins Stammbuch schreibt": *Gott ist der Herr für alle Zeiten und über die ganze Erde. Ihm geht nie die Kraft aus. Seine Weisheit ist unerschöpflich.*
Wer an Jesus Christus glaubt, macht sein Leben an diesem Gott fest. Und wenn er auch selbst mit seiner Weisheit am Ende ist, sich schwach und ausgeliefert fühlt – Gott wird immer wieder Kraft geben, den Rücken stärken, retten und bewahren. Das ist auch meine persönliche Erfahrung. Wer sich auf diesen Gott verlässt, braucht keine Angst zu haben vor schwarzen Katzen, Leitern oder kalendarischen Zufällen. „Der Herr ist mein Licht, er befreit mich und hilft mir; darum habe ich keine Angst. Bei ihm bin ich sicher wie in einer Burg; darum zittere ich vor niemand." (Psalm 27,1)
*Ingrid Jope*

## Samstag, 14. Dezember

*Jesaja 41,8-13* → *GNB/AT 672*

### Ich helfe dir!

Ein Nachmittag mit quirligem Besuch liegt hinter uns. Das Kinderzimmer ist auf den Kopf gestellt. Wenn ich meiner glücklichen, aber erschöpften Tochter jetzt sagen würde, sie soll ihr Zimmer aufräumen, würde allerdings das „heulende Elend" losbrechen. Also sage ich: „Da wartet eine Menge Arbeit auf uns. Fängst du schon mal an? Ich komme und helfe dir, wenn ich in der Küche fertig bin." Ohne Unterstützung würde sie gleich aufgeben. Weil sie aber weiß, dass ich ihr helfe, packt sie zuversichtlich an.

Gott sagt in diesem Text damals seinem zerstreuten Volk und heute uns als seinen Kindern zwei entscheidende Tatsachen. Das erste: „Du stehst in meinem Dienst." Das heißt: Gott hat einen Auftrag für Sie. So sehr schätzt er Sie, dass Sie Teil seines Handelns in dieser Welt sein sollen.

Das zweite: „Ich mache dich stark, ich helfe dir!" Wenn Sie sich vom Auftrag Gottes für Ihr Leben überfordert fühlen, spüren Sie etwas Richtiges. Sie können das gar nicht mit Ihrer menschlichen Kraft schaffen. Aber er selbst sagt Ihnen von höchster Stelle verbindlich seine Unterstützung zu. Wagen Sie hinzuhören, was Gott heute von Ihnen möchte. Und dann packen Sie es an – im Vertrauen auf *seine* Nähe und Kraft.

*Ingrid Jope*

## Sonntag, 15. Dezember

*Jesaja 42,1-4* → *GNB/AT 673*

### Neu entfacht

Eine Kerze am Adventskranz, deren Docht nur noch glimmt, kann durch den kleinsten Lufthauch ganz zum Erlöschen kommen. Es sei denn, einer entfacht ihn neu. Gott gebraucht dieses Bild vom glimmenden Docht, der aber dennoch nicht erlischt. Er sagt damit zu seinem Volk Israel: Ihr seid nicht am Ende, auch wenn es so scheint. Ich habe Großes mit euch vor.

Doch diese Worte weisen weit über die damalige Situation hinaus. Mit ihnen prophezeit Jesaja das Kommen von Jesus Christus. Er, der Bevollmächtigte Gottes, wird behutsam heil machen, was geknickt und verletzt ist. Er wird Menschen aufrichten, damit durch sie Gottes Licht strahlt und sein Wille geschieht.

Was assoziieren Sie mit dem glimmenden Docht? Ihre eigene Mutlosigkeit und Erschöpfung? Dass Sie so wenig von Gott in Ihrem Alltag erleben? Die Sackgasse in einer Beziehung? Einen Menschen, bei dem Hopfen und Malz verloren scheint?

Jesus Christus möchte Sie genau an Ihrem Verzweiflungspunkt berühren und den Docht, der am Verlöschen ist, neu anfachen. Aber er drängt sich nicht auf. Er klopft an. Er wirbt um Ihr Vertrauen. Jesus wartet darauf, dass Sie ihn hineinbitten in Ihr ganzes Leben. Ihre Herzenstür lässt sich nur von innen öffnen.

*Ingrid Jope*

## Montag, 16. Dezember

*Jesaja 42,5-7* → *GNB/AT 673*

*Frieden auf Erden*

Freunde besuchen uns zum ersten Mal an unserem neuen Wohnort. Beim Blick aus dem Fenster staunen sie: „Ihr habt ja einen schönen Ausblick!" Stimmt, wir haben eine tolle Sicht. Aber das war uns gar nicht mehr bewusst, weil wir uns daran gewöhnt hatten. Manchmal ist es gut, wenn uns jemand wieder auf das Besondere aufmerksam macht, das wir selbst gar mehr wahrnehmen.

Jesaja malt uns die Herrlichkeit Gottes vor Augen. Seine liebevolle Kreativität, mit der er alles, was lebt, erschaffen hat. Es ist gut, wenn wir uns immer wieder bewusst machen, wie fantastisch Gott ist!

Und dieser Gott will „Fleisch werden", wie es in einer alten Ausdrucksweise heißt. Er will konkret werden, für uns Menschen erfahrbar. Er will etwas mit uns zu tun haben. Deshalb kommt er in Jesus als Mensch auf die Erde, um uns den *Schalom Gottes* zu bringen. Schalom bedeutet: Wir haben Frieden mit Gott. Daraus erwächst ein tiefer Friede mit uns selbst und mit unseren Mitmenschen. Menschen, die von diesem Schalom erfüllt sind, werden selbst zu Friedensbringern. In ihnen wird Gott auch heute noch konkret erfahrbar.

Das meint der Engelschor, wenn er an Weihnachten singt: „Ehre sei Gott in der Höhe und Frieden auf Erden!"

*Ingrid Jope*

## Dienstag, 17. Dezember

*Jesaja 43,14-21* → *GNB/AT 674*

*Alles frisch?*

Mit Einkäufen im Rucksack, einem Baby im Arm und einer quasselnden Fünfjährigen kämpfe ich mich leicht genervt in den zweiten Stock. Eine Nachbarin begrüßt uns freundlich und schwärmt dann: „Das war die schönste Zeit in meinem Leben, als die Kinder noch klein waren." Mir geht dieser Satz nach. Ja, es stimmt, Kinder ins Leben zu begleiten ist eine wunderschöne, wenn auch Schweiß treibende Berufung. Aber später möchte ich nicht von der Vergangenheit träumen, sondern die Chancen der Gegenwart ergreifen.

Das Volk Israel hat sensationelle Erlebnisse mit Gott gemacht. Das erzählen sie sich immer wieder, davon leben sie. Und das ist gut! Aber eine lebendige Beziehung zu Gott braucht mehr als schöne Erinnerung. Ein Glaube, der nur aus der Konserve lebt, wird irgendwann schal.

Lebendiges Christsein braucht frische Nahrung. Braucht die reale Erwartung, dass Gott heute eingreift: „Ich schaffe *jetzt* etwas Neues!"

Das gilt für Sie – hier und heute. Ihr Gottesbild ist nicht fertig. Ihre Gotteserfahrungen sind nicht abgeschlossen. Jetzt und immer wieder jetzt ist der Moment, in dem Gott in Ihrem Leben Neues wachsen lassen will – neue Hoffnung, neue Vergebung, neues Vertrauen, neue Freude, neue Liebe …

*Ingrid Jope*

## Mittwoch, 18. Dezember

*Jesaja 49,13-17 → GNB/AT 681*

*Noch besser als bei Muttern*

Simona und Peter hatten sich lange Kinder gewünscht. Endlich war es soweit. Nach einer schwierigen Schwangerschaft brachte Simona in einer kräftezehrenden Geburt eine Tochter zur Welt. Peter war überglücklich. Aber Simona fühlte sich vor allem erschöpft, leer und traurig. Nur mit Mühe brachte sie die Kraft auf, das Mädchen zu stillen. Doch nach und nach wuchs in ihr die Liebe zu ihrem Kind.

Gott, der Erfinder von Elternschaft, weiß am allerbesten, wie einzigartig die Liebe einer Mutter zu ihrem Neugeborenen ist. Darum nimmt er dieses starke Bild, um seine Zuwendung anschaulich zu machen. Und auch wenn es bei Menschen den fast unvorstellbaren Fall gibt, dass eine Mutter ihr Kind (noch) nicht lieben kann – bei Gott kann das nie eintreten. Seine Liebe ist vollkommen krisenfest und zuverlässig. Das lässt er durch Jesaja dem Volk Israel in seine Situation hinein sagen.

Und das gilt für Sie als Gotteskind im Jahr 2013 ebenso. Der himmlische Vater liebt Sie noch mehr als eine Mutter ihr Baby lieben kann. Das ist der beste Grund, Advent zu feiern. Egal, ob Ihr Alltag stimmungsvoll friedlich oder unruhig stressig ist. Diese Weihnachtsfreude kann nichts und niemand Ihnen nehmen.

*Ingrid Jope*

## Donnerstag, 19. Dezember

*Jesaja 50,4-7 → GNB/AT 682*

*Worte mit Gewicht*

Eine Zweitklässlerin sagt: „In der ersten Klasse haben wir nur leichte Sachen gelernt. Aber jetzt, in der zweiten Klasse, lernen wir schwere Sachen." Meine Tochter, die die erste Klasse besucht, er-  zählt mir das. Sie fügt mit gerunzelter Stirn hinzu: „Bei uns ist das anders. Wir lernen schon in der ersten Klasse voll schwere Sachen."

Im heutigen Text wird das Martyrium von Jesus Christus angedeutet. Er hat Unvorstellbares gelitten, um uns zu Gottes Kindern zu machen. In den allermeisten Fällen ist das, was wir zu leiden haben, nicht mit seinem Leiden vergleichbar. Trotzdem kann uns das, was wir durchstehen müssen, unheimlich hart und schmerzvoll werden. Gerade an diesen Schmerzpunkten sind wir eingeladen, auf den zu hören, der weiß, was Leiden ist. Er hat Ihnen Worte der Ermutigung zu sagen, wo Sie müde geworden sind, Worte der Liebe, der Hoffnung, der Vergebung. Ich wünsche Ihnen ein offenes Herz, mit dem Sie hören können, welchen Zuspruch und Auftrag Gott in Ihr Leben hinein spricht. Lesen Sie mal Johannes 6,68-69

*Ingrid Jope*

## Freitag, 20. Dezember

*Jesaja 52,7-10 → GNB/AT 684*

*Doppelt und dreifach Advent*

Im Advent feiern wir Christen die Ankunft von Jesus in mehreren Dimensionen. Erstens pflegen wir die Vorfreude auf sein Geburtstagsfest an Weihnachten. Als zweites will der Advent ins Bewusstsein rufen, dass Jesus Christus eines Tages endgültig wiederkommen wird. Dann wird er sichtbar für alle sein Reich in dieser Welt aufrichten. Als dritten Aspekt feiern wir, dass Jesus bereits hier und heute bei uns Menschen angekommen ist und uns in unseren Alltagsherausforderungen nahe sein will.
Jesaja verkündet Freude und Frieden, weil Gott kommt und sein Volk rettet. Lassen Sie sich von seinen Worten zu echter Adventsfreude anstiften. Gott kommt im Kind in der Krippe, um uns nach Hause zu lieben. Er ist selbst das Ziel unseres Lebens, auf das wir zuleben. Und er ist hier und heute da, will Ihr Herz erfüllen und Ihren Alltag prägen.
Wie können Sie ihm gerade in der Adventszeit Raum schaffen? Worauf könnten Sie bewusst verzichten, um hier und da eine stille Viertelstunde mit dem zu verbringen, der bei Ihnen ankommen will?
*Ingrid Jope*

## Samstag, 21. Dezember

*Jesaja 52,13-15 → GNB/AT 684*

*Vom Zweifeln zum Staunen*

Im alten Rom kritzelte jemand eine Spottzeichnung, auf der ein gekreuzigter Esel zu sehen ist. Dieser „Karikaturist" konnte nicht nachvollziehen, dass Menschen an einen Gott glauben, der ans Kreuz genagelt wurde.
Irgendwie kann ich diese Bedenken verstehen: Ein im Stall geborener Gott, der sein Dasein als Wanderprediger fristet und sich am Ende zu Tode foltern lässt. Das klingt bis heute absurd.
Gibt es in Ihrem Leben etwas, bei dem das (Nicht-)Handeln Gottes Ihnen Rätsel aufgibt? Oder Sie verzagen lässt? Vielleicht erhört Gott ein inständiges Gebet nicht? Vielleicht lässt er etwas zu, das so gar nicht ins Konzept zu passen scheint?
In der Absurdität des Leidens von Jesus hat Gott im Verborgenen gehandelt. Jesus hat im Sterben den Tod überwunden. Unglaublich, aber wahr.
Auch in den Rätseln Ihres Lebens ist Gott nicht abwesend. Er handelt - oft ganz anders, als Sie es erwarten. Aber Sie werden eines Tages zurückschauen und staunend einen Sinn darin erkennen. „Mein Plan mit euch steht fest: Ich will euer Glück und nicht euer Unglück. Ich habe im Sinn, euch eine Zukunft zu schenken, wie ihr sie erhofft. Das sage ich, der Herr." (Jeremia 29,11)
*Ingrid Jope*

### Tränen des Glücks

Ich sitze am Frühstückstisch und beobachte meine beiden erwachsenen Kinder, wie sie ihre Sachen zusammenpacken für den Tag. Ich sehe sie an und freue mich. Ich bin stolz auf das, was sie schon erreicht haben. Aber noch viel mehr freue ich mich daran, was für Menschen sie geworden sind: kompetent und lebenstauglich, beziehungsfähig und liebenswert. Ich bin unendlich dankbar, dass ich sie habe. In diesem Moment könnte ich weinen vor Glück.

Da kommt mir ein Gedanke: Freut sich Gott nicht genauso an mir? Nicht zuerst an dem, was ich für ihn tue. Sondern vielmehr daran, wer ich bin und wie ich bin? Mit meiner ganz besonderen Art? Kann ich mir vorstellen, dass auch er manchmal weint vor Glück, weil ich sein Kind bin? Ein ungewohnter Gedanke, der zu meiner selbstkritischen Gefühlswelt nicht so recht passen will. Aber ich lasse mich jetzt auf Gottes Liebeserklärung ein (Johannes 1,12). Ich will ihr glauben.

*Hansjörg Ebert*

*Ich bin Jahrgang 1957 und lebe mit meiner Frau und unseren beiden erwachsenen Kindern in einem schönen Dorf bei Bruchsal. Ich arbeite als Redakteur bei einer Tageszeitung. Ehrenamtlich engagiere ich mich in der Freien evangelischen Gemeinde in Bruchsal. Zu meiner Lieblingslektüre zählt eine renommierte Wochenzeitung, in der die ganze Familie zuerst die Kolumne von H. Martenstein liest.*

## Sonntag, 22. Dezember

*Jesaja 55,1-5 → GNB/AT 685*

*Was macht die Seele satt?*

Seit einigen Wochen kämpft wieder die weihnachtliche Glitzerwelt um unsere Aufmerksamkeit - und vor allem um unseren Geldbeutel. Die Schnäppchenversprecher suggerieren uns, dass das Glück in bunten Päckchen unterm Weihnachtsbaum liegt. Und wir glauben es und kaufen ein. Doch was macht die *Seele* satt? Was stillt unseren Hunger und Durst nach *Leben*?
Auch im Text lädt einer zum Einkaufen ein. Da gibt es Milch und Wein und ein üppiges Festmahl. Das sind Bilder für ein *erfülltes Leben*. Und das Beste daran: Es kostet nichts! Gott selbst spricht hier durch seinen Propheten. Und er lädt ein zu einer engen Lebensverbindung, einem Bund mit ihm. Es geht um Heil und Heilwerden. Das Schlüsselwort dabei ist *Hören*. Aufmerksam hinhören. Zum einen auf unser Herz. Das uns sagt, was wir wirklich brauchen. Zum anderen auf Gottes Zusagen. Mit denen er uns beschenken und unser Leben reich machen will. Die wichtigsten Dinge kann man nämlich gar nicht kaufen. Die gibt es nur umsonst. Zum Beispiel Liebe und Barmherzigkeit.
Was macht Ihre Seele heute satt?
*Hansjörg Ebert*

## Montag, 23. Dezember

*Jesaja 55,6-13 → GNB/AT 686*

*Wirksame Worte*

Worte haben eine große Macht, die Welt zu verändern. Oder genauer gesagt: Die Idee oder der Gedanke, den die Worte transportieren. „I have a dream" – dieser Satz von Martin Luther King hat Berge von rassistischen Vorurteilen versetzt. „Wir sind das Volk" – damit haben DDR-Bürger 1989 die Mauern eines ideologischen Gefängnisses zum Einsturz gebracht.
Wie viel mehr verändert das lebendige Wort Gottes diese Welt. Die Idee seiner Gnade – ein himmelhoher Gedanke, der unser Vorstellungsvermögen weit übersteigt. Sein Hinabsteigen in diese Welt bis zu Krippe und Kreuz ist ein Weg – so erhaben über alles, was Menschen planen und sich ausdenken können. Dazu kommt das Versprechen, dass alles, was Gott spricht und verkünden lässt, nicht ohne Wirkung bleibt. Wie der Kreislauf der Jahreszeiten und der von Saat und Ernte, der Frucht wachsen und reifen lässt. Dieses Bild empfinde ich als starke Zusage, die unser Vertrauen in Gottes Wort stärken und in unserem Herzen verwurzeln will. Sein Wort hält unsere Hoffnung und unseren Glauben wach, auch wenn die Ernte noch nicht in Sicht ist. Das Wort des lebendigen Gottes ist im Verborgenen wirksam.
Auf welche Zusage Gottes wollen Sie heute besonders Ihr Vertrauen setzen?
*Hansjörg Ebert*

# Heiligabend, 24. Dezember

*Lukas 2,1-7 → GNB/NT 76*

### Zumutungen

Die Weihnachtsgeschichte steckt voller Zumutungen: Ein Machthaber will seine Ausbeutung perfektionieren, und die Untertanen müssen marschieren. Ein hochschwangeres Mädchen ist deshalb gezwungen, eine beschwerliche Reise zu unternehmen – mit allen damit verbundenen Sorgen und Ängsten um ihr ungeborenes Kind. Ihr Verlobter muss mit der Situation zurechtkommen, dass er nicht der leibliche Vater dieses Kindes ist. Und als Unterkunft für die Geburt hätte man sich ein behagliches Zuhause gewünscht und kein Not-Asyl...

Wo erleben Sie gerade Zumutungen? Wer kommandiert Sie herum? Welche Enttäuschungen haben Sie zu verkraften? Welche Lasten schleppen Sie? Wo läuft es in Ihrem Leben ganz anders als gewünscht?

Weihnachten - ein Fest der Zumutungen? Ja! Denn der Abstieg des Sohnes Gottes aus der himmlischen Herrlichkeit in eine Krippe im Stall war auch eine Zumutung. Wie Jesus überhaupt seinen ganzen Weg in diese Welt als einzige Zumutung hätte empfinden können. Hat er aber nicht! Denn die Liebe denkt in anderen Kategorien. Sie kann sogar einen ärmlichen Stall und die Zumutungen unseres Lebens in einem ganz neuen Licht erscheinen lassen.

*Hansjörg Ebert*

# 1. Weihnachtstag, 25. Dezember

*Lukas 2,8-14* → GNB/NT 76

*Die Visitenkarte des Engels*

Ist *Angst* die Grundbefindlichkeit des Menschen? Das kann man so sehen. Vor allem, wenn man die oft verborgenen Ängste mit in den Blick nimmt: Die Angst vor Ablehnung; die Angst, nicht zu genügen; die Angst, es nicht zu schaffen oder zu versagen. Und nicht zuletzt die Angst vor Gott. Die unheimliche Begegnung mit den Boten einer anderen Welt rührt an die Ängste der Hirten: „...und sie fürchteten sich sehr." Hier können wir uns mit unseren offenen und verborgenen Ängsten hineinlesen in die Weihnachtsgeschichte. Und dann ganz persönlich „die Visitenkarte" des Engels wahrnehmen: „Habt keine Angst!"
Denn das ist die erste Botschaft des Evangeliums: Dass die Angst ein Ende hat. Und die zweite lautet: Dass es großen Grund zur Freude gibt. Ein Kind ist uns geboren, und in diesem Kind kommt Gott zu uns. Es gibt sicher nichts, das in uns stärkere Liebe und Zuneigung weckt als ein neugeborener Säugling.
Das Kind in der Krippe lädt Sie und mich ein zu einer angstfreien, staunenden und Mut machenden Gottesbegegnung.
*Hansjörg Ebert*

# 2. Weihnachtstag, 26. Dezember

*Lukas 2,29-32* → GNB/NT 77

*Mit den Augen des Glaubens*

„Arbeit war sein ganzes Leben," steht auf dem verwitterten Grabstein. Ein Friedhofbesucher kommentiert diese Inschrift: „Das ist ein Nachruf für einen Ochsen, aber nicht für einen Menschen." Ich frage mich: Was soll auf meinem Grabstein stehen? Was wünsche ich mir als Bilanz meines Lebens?
„Meine Augen haben deinen Heiland gesehen."* Lautet die glückliche Lebensbilanz des frommen Simeon. Der greise Weise blickt auf ein langes gottesfürchtiges Leben zurück. Ein Leben, das geprägt war von der Hoffnung auf die Ankunft des versprochenen Messias. Doch macht nicht eine fromme Lebensleistung am Ende sein Glück und seine Freude aus. Nein, es ist eine kurze Begegnung mit einem Kind. Mit den Augen des Glaubens erkennt er in diesem Kind den verheißenen Retter Israels und der Welt. Für Simeon erfüllt sich in ihm seine Lebenshoffnung. Lange bevor der Sohn Gottes sein öffentliches Wirken beginnt.
„Meine Augen haben deinen Heiland gesehen."* Das kann auch unsere dankbare Lebensbilanz sein. Wenn wir uns einlassen auf die Mensch gewordene Liebe Gottes in der Krippe. Wenn wir hinter die trostlose Kulisse auf das Eigentliche schauen: Auf die Schönheit, Gnade und Güte Gottes, die uns in diesem Kind begegnen.
*Hansjörg Ebert*

*Vers 30 nach Martin Luther

## Freitag, 27. Dezember

*Johannes 1,1-5 → GNB/NT 119*

### Am Anfang war das Wort

Wer kann die Fülle und die Tiefe der Gedanken ausloten, mit denen hier versucht wird, das Geheimnis der Person von Jesus Christus zu beschreiben?
Worte informieren. Mit Worten vermitteln wir Wissenswertes und Wissen. Worte bedeuten Information und Information bedeutet Orientierung. Mit Worten kommunizieren wir. Worte erklären, verbinden, schaffen Beziehungen. Wissen, Orientierung und Beziehungen sind die Grundlage für gelingendes Leben. Wo komme ich her? Wer bin ich? Wohin führt mein Leben?
*Jesus Christus*, Gott selbst, gibt uns Antwort. Jesus ist das Wort, das die Welt ins Leben rief – und mich dazu. Das Wort, das Leben schenkt – auch mir. Das Wort, das in der Finsternis leuchtet und den Weg zeigt – auch für mich.
*Jesus*, das lebendige Wort, kommt in diese Welt, um uns Nachricht, Information zu bringen von unserem Vater im Himmel. Um uns wissen zu lassen, wer er ist und wie er ist.
*Jesus*, das Wort, kommt, um eine Verbindung zu Gott anzubahnen und die gestörte Beziehung zu ihm wieder herzustellen. Er kommt, um uns Leben zu bringen. Leben, so wie Gott es sich von Anfang an vorgestellt hat. Lassen Sie sich heute auf dieses Wort des Lebens ein!?
*Hansjörg Ebert*

## Samstag, 28. Dezember

*Johannes 1,6-9 → GNB/NT 119*

### Steine aus dem Weg räumen

Manchmal fühle ich mich ziemlich überfordert von dem Anspruch, ein mutiger und glaubwürdiger Zeuge für Jesus zu sein. Allzu oft bin ich gar nicht mutig und mitunter auch nicht glaubwürdig. Da hilft mir der Blick auf Johannes den Täufer. Der so schlicht und klar eins ist mit seiner Berufung: ein Wegbereiter für Jesus zu sein.
Johannes wusste: Nicht ich bin das Licht. Ich bin einer, der es bezeugt. Nicht ich bin der verheißene Messias. Ich bin sein Wegbereiter, der „Steine-aus-dem-Weg-Räumer".
Wie befreiend! Auch ich muss nicht das Licht sein und der Messias schon gar nicht. Ich kann keinen retten. Ich kann aber auf den hinweisen, der das Licht ist. Der es hell und warm und klar in meinem Leben macht. Es genügt, wenn ich ein leserlicher Wegweiser bin. Und auch ich kann Steine aus dem Weg räumen. Hindernisse, die Menschen den Weg zu Jesus versperren: Vorurteile, Enttäuschungen, falsche Gottesbilder. Intellektuelle Vorbehalte oder emotionale Blockaden. Und auch schlechte Erfahrungen mit dem ach so menschlichen Bodenpersonal Gottes...
Wo und wem können Sie heute Steine aus dem Weg räumen?
*Hansjörg Ebert*

*Johannes 1,10-13 → GNB/NT 119*

*Draußen vor der Tür*

Eine renommierte Wochenzeitung machte ein interessantes Experiment. Wenige Tage vor Weihnachten schickt sie ein obdachloses junges Paar, die Frau schwanger, mit der Bitte um Unterkunft durch eine noble Wohngegend in Deutschland. Die Erfahrung der angehenden Familie war nichts anders als die ihrer heiligen Vorläufer vor gut 2000 Jahren: Ablehnung. Die ist heute so schmerzlich und entwürdigend wie damals.

Die Erfahrung der Ablehnung sollte sich durch das ganze Leben von Jesus ziehen. Er kommt zu seinem Volk, doch das will nichts von ihm wissen und weist ihn ab. Der Hausherr kommt nach Hause, doch die Hausgenossen verschließen die Tür. Die Finsternis will das Licht nicht. Und so bleibt es in der Welt dunkel und kalt. Doch es geht auch anders. *Ich* kann die Tür aufmachen und mein Herz öffnen. *Ich* kann das Licht hereinlassen: Jesus, das ewige Wort, den Urheber meines Lebens, den Erlöser. Er nimmt mich hinein in die innige Gottesbeziehung, die er zu seinem himmlischen Vater hat. So erfahre ich das Privileg, ein Kind Gottes zu sein. Und in meiner Lebensführung auch immer mehr eines zu werden. Dann wird es hell in meinem Leben.

Haben Sie die Tür Ihres Herzen für Jesus geöffnet?

*Hansjörg Ebert*

*Johannes 1,14 → GNB/NT 119*

*„Mach's wie Gott, werde Mensch!"*

So lautet der zunächst etwas flapsig anmutende Spruch eines christlichen Aktionskünstlers. Doch bei tieferem Nachdenken erkennt man, dass damit der Kern des Evangeliums treffend beschrieben ist.

Um nichts anderes geht es auch Johannes in dem kompakten Vorwort zu seinem Evangelium (1,1-18). Er versucht das Geheimnis der Menschwerdung Gottes zu beschreiben. Bevor er vom Leben und Sterben Jesu berichtet, macht er eindringlich deutlich, mit wem wir es in Jesus überhaupt zu tun haben: Dem ewigen Wort Gottes, das ein echter Mensch wird.

Das soll uns davor bewahren, am unscheinbaren Äußeren dieses Menschen aus Fleisch und Blut hängenzubleiben. Es soll uns die Augen öffnen für die ganze Wirklichkeit: „Wir sahen seine *Herrlichkeit*." Gemeint ist damit das wahre, göttliche Wesen dieses Jesus aus Nazareth. In dem sich das wahre Wesen Gottes zeigt. Wer Jesus anschaut, mit den Augen des Herzens und des Glaubens, der sieht in ihm Gott. Seine Güte und Freundlichkeit, seine Weisheit und Barmherzigkeit. Wie liebevoll er seinen Menschen und seiner Welt zugewandt ist. Wo erkennen Sie die *Herrlichkeit* Gottes in Jesus?

*Hansjörg Ebert*

## Dienstag, 31. Dezember

*Psalm 127,1-2 → GNB/AT 587*

*Das gehört einfach zusammen*

Es gibt Dinge, die gehören einfach zusammen. Nur in ihrer Kombination finden sie ihre wahre Bestimmung.
Zum Beispiel die Currywurst. Erst die Kombination einer Wurst mit Curryketchup und viel Currypulver macht sie zu einer unverwechselbaren und echten Currywurst. Und als Schweizer muss ich an dieser Stelle hinzufügen, dass zum Verzehr einer echten Currywurst zwingend ein Aufenthalt in Deutschland gehört. In der Schweiz isst man Würste traditionell ohne Sauce, dafür mit dunklem Brot. Das gehört bei uns zusammen.
Oder was wäre eine Windmühle ohne Wind und ohne Korn? Nur ein Gebäude. Das seiner Bestimmung nicht gerecht wird. Denn die Erbauer hatten eine klare Absicht, als sie das Windrad aufrichteten und den Mühlstein in Position brachten.
Gott als unser Schöpfer hat den Menschen mit einer Absicht geschaffen: Gemeinschaft mit ihm zu haben. Unsere Bestimmung lautet: Gemeinsam mit ihm zu leben. Wir gehören einfach zusammen! Leider leben viele Geschöpfe ohne ihren Schöpfer. Und damit an ihrer Bestimmung vorbei.
Leben *Sie* Ihre Bestimmung?
*Markus Giger*

## Die Autorinnen und Autoren

**Januar**
Markus Giger
Constanze Nolting
Marion Buchheister
Monika Ramsayer
Volkher Brinkmann
Jürg Hochuli
Reinhold Frey

**Februar**
Rüdiger Jope
Hartmut Steeb
Martina Hutler

**März**
Susanne Bosch
Ruth Heil
Ulrike Chuchra
Dr. Thomas Markus Meier

**April**
Bettina Wendland
Volkher Brinkmann
Reto Nägelin
Daniel Bilz

**Mai**
Heddo Knieper
Michelle Rath
Friedrich Aschoff
Monika Ramsayer
Edelgard Jenner

**Juni**
Michelle Rath
Matthias Uhlig
Kerstin Wendel
Sibylle Stegmaier
Eva Leitinger

**Juli**
Elisabeth Vollmer
Thierry Oppliger
Dexter Nieswiodek
Tanja Jeschke
Marieluise Bierbaum

**August**
Jens Peter Erichsen
Hans Joachim Heil
Rudi Diezel
Ulrike Chuchra

**September**
Andreas Utsch
Anneke Pilgrim
Dr. Kathrin Grüner
Constanze Nolting
Reinhold Frey

**Oktober**
Tanja Jeschke
Astrid Eichler
Ralf Mühe

**November**
Andreas Malessa
Dr. Christian Brenner
Katharina Bärenfänger
Reinhold Frey
Gerd Mankel

**Dezember**
Gerd Mankel
Ingrid Jope
Hansjörg Ebert
Markus Giger

*Wir danken den Autorinnen und Autoren herzlich für ihre Auslegungen. Sie alle stehen **mittendrin** im Leben und haben Erlebnisse mit Gott aus ihrem Erfahrungsbereich eingebracht. Gerade das kann den Leserinnen und Lesern helfen, auch selbst das Wagnis des Glaubens in den täglichen kleinen und großen Herausforderungen einzugehen.*

# *mittendrin* – Bibel im Alltag

## *mittendrin*
*Bibellese-Hörbuch 2013*

Alle 365 Bibeltexte mit den Auslegungen im MP3-Format auf
einer CD!

## *mittendrin* als Buch *und* Hörbuch
können Sie als besonderes *Paket*
auch zusammen bekommen.

## *mittendrin*
*das Bibel-Set*

Es gibt in der „Edition *mittendrin*"
die Gute Nachricht Bibel und das
Bibellesebuch *mittendrin* in einem *Paket*. Das ist ein besonderes
Angebot des Bibellesebundes.
Denn diese Bibelausgabe ist
ansonsten nicht separat über den
Buchhandel erhältlich. Auch eine
tolle Geschenkidee!

## *mittendrin*
*für die ganze Familie*

*mittendrin* richtet sich nach
dem offiziellen ökumenischen
Bibelleseplan für Einsteiger.
Diesem Text-Plan folgen auch
die Bibellesezeitschriften *Guter
Start* (für Kinder) und *pur* (für
Teenager). Sie sind also im Paket
mit *mittendrin* ideal für Familien,
die sich gern über einen gemeinsamen Bibeltext austauschen
möchten. Weitere Informationen
dazu finden Sie auf den nächsten Seiten.

## *mittendrin*
*als App für iPhone und iPad*

Alle Texte überall lesen. Oder
hören – das ist in Deutsch und
in Schweizer-Deutsch möglich.
Suchen Sie im App Store nach
*mittendrin* Bibellesen.

**pur**

„Ich wünsche mir, dass *pur* den Lesern und Leserinnen hilft, die Bibel besser zu verstehen und Gott ganz persönlich kennenzulernen. In *pur* soll deutlich werden: Die Bibel ist alles andere als ein altes, verstaubtes Buch. Sie ist bunt, vielfältig und aktuell. Sie hat auch heute noch jedem etwas zu sagen. *pur* lädt Teenager auf die Reise ein, genau das zu entdecken!"

*Serge Enns*, Redakteur von *pur*

## Nur für Teens!

*pur* ist die Bibellese-Zeitschrift für alle Teens, die es genau wissen wollen: Jesus und mein Leben – wie passt das zusammen? Wie finde ich einen Weg durch die Bibel, auch wenn manches nicht so leicht zu verstehen ist? Es gibt für jeden Tag einen Bibeltext, dazu Erklärungen, Hintergrundinfos, Tipps und Zitate.

*pur* arbeitet - wie *mittendrin* - mit dem ökumenischen Bibelleseplan für Einsteiger.

*pur* – Leseprobe unter **www.bibellesebund.net**

### Guter Start

„Ich mag die Bibel, weil Gott durch sie zu uns spricht."
„Ich mag die Bibel, weil ich so viele Antworten auf meine Fragen finde."
So und ähnlich äußerten sich kürzlich *Guter Start*-Leser. Als Autorenteam und Redaktion ist uns genau das ein Anliegen: Wir

möchten Kinder dazu ermutigen, in der Bibel zu lesen. Wir möchten sie ermutigen, auf Gott zu vertrauen und so Antworten für ihr Leben zu finden.
*Marion Plag*, Redakteurin von *Guter Start*

### Spaß am Bibellesen von Anfang an!

Die Bibellese-Zeitschrift *Guter Start* ist der ideale Einstieg ins Bibellesen für Kinder von 9-13 Jahren. Täglich wird ein Bibeltext erklärt, den Kinder selbst in der Bibel suchen und lesen können. Dazu gibt es spannende Rätsel, lustige Comics und ein buntes Club-Magazin. Das alles soll Kinder motivieren, der Bibel als Gottes Wort vom Start weg auf der Spur zu bleiben.

*Guter Start* arbeitet - wie *mittendrin* – mit dem ökumenischen Bibelleseplan für Einsteiger.

*Guter Start* Leseprobe unter **www.bibellesebund.net**

# Bibel-Entdecker-Klub

## Liebe Leserinnen und Leser von *mittendrin*!

Sicher haben Sie schon erlebt, dass Gott durch die Bibel in Ihre persönliche Situation hineingesprochen hat. Damit auch Kinder diese Erfahrung machen, gibt es im Bibellesebund *Guter Start* – die Bibellese-Zeitschrift für Kinder. a

Doch gerade Kinder brauchen jemanden, der sie beim Bibellesen begleitet. Deshalb möchten wir Frauen und Männer ermutigen, sich mit Kindern zum Bibellesen zu treffen. In so einem *Bibel-Entdecker-Klub* können Kinder gemeinsam mit anderen entdecken: „Das, was in der Bibel steht, hat etwas mit meinem Alltag zu tun!" Das macht hoffentlich Lust auf mehr. Wir möchten auf diese Weise Kindern helfen ein eigenes Interesse zu entwickeln, regelmäßig in der Bibel zu lesen. So kann ihre Beziehung zu Gott wachsen. So können sie zu mündigen Christen werden.

Eine solche Bibel-Entdecker-Klub-Gruppe kann jeder leiten. Es kommt darauf an, dass Sie die Kinder ernst nehmen und sich gemeinsam mit ihnen auf Entdeckungsreise in der Bibel machen. Erfahrungen in der Arbeit mit Kindern oder großes Bibelwissen sind keine zwingende Voraussetzung.

Wäre das vielleicht eine Aufgabe für Sie? Oder kennen Sie jemanden, dem Sie davon erzählen können? Unter www.bibel-entdecker-klub.net erfahren Sie, in welchem Rahmen ein *Bibel-Entdecker-Klub* angeboten werden kann und wie wir als Bibellesebund die Leiter in dieser wichtigen Arbeit unterstützen möchten. Schauen Sie mal rein.

*Inge Neuhaus, Kinderreferentin*

**bibellesebund**

*mit der Bibel leben*

## Der Bibellesebund

> ist ein internationales Werk, gegründet 1867 in England. Er arbeitet vor allem unter Kindern, jungen Menschen und Familien.

> arbeitet nach den Richtlinien, die vom internationalen Rat des Bibellesebundes festgelegt wurden.

> finanziert seine missionarische Arbeit durch Spenden; Zuschüsse gibt es weder vom Staat noch von der Kirche.

> versteht sich als überkonfessioneller Dienstleister für Kirchen, Freikirchen und Gemeinschaften.

Weitere Informationen unter www.bibellesebund.net

# Bibellesen mit Spaß und guter Begleitung!

Wer sich danach sehnt, in der Bibel zu Hause zu sein, und Gottes Wort Tag für Tag aufs Neue entdecken und erleben will, der findet in den Bibellese-Zeitschriften des Bibellesebundes die richtige Unterstützung.

Weitere Informationen unter www.bibellesebund.net

ISBN 978-3-87982-944-6
© 2012 Bibellesebund e. V., Marienheide

In Kooperation mit dem Bibellesebund Schweiz und
in Zusammenarbeit mit der Deutschen Bibelgesellschaft
und der Schweizerischen Bibelgesellschaft

Redaktion: Anja Gundlach
Satz: Breklumer Print-Service, Breklum
    www.breklumer-print-service.com
Umschlaggestaltung: Georg Design, Münster
Umschlagfoto: Getty Images
Druck: CPI - Ebner & Spiegel, Ulm

Bibeltexte:
Gute Nachricht Bibel, revidierte Fassung,
durchgesehene Ausgabe in neuer Rechtschreibung
© 2000 Deutsche Bibelgesellschaft, Stuttgart

Adressen:
Bibellesebund Deutschland
Industriestr. 2
D-51709 Marienheide

Bibellesebund Schweiz
Industriestr. 1
Postfach
CH-8404 Winterthur

Deutsche Bibelgesellschaft
Gropiusplatz 10
D-70563 Stuttgart

Schweizerische Bibelgesellschaft
Spitalstrasse 12
CH-2501 Biel